김승봉
레전드 형사법
테마특강

INTRO 머리말

1. 이 책의 필요성
시험이 점점 어려워지는 추세에 있어서 기본서와 기출문제집만으로는 해결할 수 없는 고난도의 문제가 출제되고 있습니다. 이에 대비하기 위하여 본 교재를 출간하게 되었습니다.

2. 이 책의 구성
본 교재는 크게 학설과 심화이론 문제로 구성되어 있습니다. 시험에서 학설이 등장할 수 있는 모든 부분을 이론과 문제로 준비하였으며 심화된 이론 부분도 이와 마찬가지로 구성하였습니다.

3. 이 책의 사용법
우선 기본서로 학습하고 기출문제를 푸십시오. 그러고 나서 마지막 단계로 본 교재를 사용하기 바라며, 강의와 병행하기를 추천합니다.

수험생 여러분 반복만이 살 길입니다.
부디 원하시는 것을 얻으시길 기원합니다.

2024년 9월

김승봉

CONTENTS 차례

PART 01 | 형법 총론

Theme 01   범죄이론과 형벌이론 —————— 006
Theme 02   법인의 범죄능력 ———————— 008
Theme 03   인과관계 —————————————— 020
Theme 04   고의 ———————————————— 024
Theme 05   과실 ———————————————— 026
Theme 06   결과적 가중범 ———————————— 028
Theme 07   긴급피난 —————————————— 029
Theme 08   위법성의 평가 ———————————— 030
Theme 09   책임 ———————————————— 032
Theme 10   원인에 있어서 자유로운 행위 ————— 036
Theme 11   기대가능성 ————————————— 038
Theme 12   부작위 ——————————————— 039
Theme 13   실행의 착수 ————————————— 041
Theme 14   중지미수 —————————————— 044
Theme 15   불능미수 —————————————— 048
Theme 16   정범개념 —————————————— 053
Theme 17   정범과 공범의 구별 ————————— 055
Theme 18   공범종속성 ————————————— 057
Theme 19   공범과 신분 ————————————— 060
Theme 20   착오 ———————————————— 068
Theme 21   죄수 ———————————————— 084
Theme 22   경합범 ——————————————— 118

PART 02 | 형법 각론

Theme 23   주거침입죄 ————————————— 128
Theme 24   사기죄 ——————————————— 129
Theme 25   횡령죄 ——————————————— 134
Theme 26   배임죄 ——————————————— 141
Theme 27   장물죄 ——————————————— 150
Theme 28   권리행사방해죄 ——————————— 152
Theme 29   강제집행면탈죄 ——————————— 155
Theme 30   문서죄 ——————————————— 160

PART 03 | 형사소송법

Theme 31   전문법칙 —————————————— 174

1위, 그 이상의 존재감
경찰 수험의 절대공식

PART 01
형법 총론

김승봉 레전드 형사법 테마특강

Theme 01 / 범죄론과 형벌이론

01 범죄론

(1) 객관주의

범죄의 중점을 외부적 사실인 행위와 결과라는 객관적 요소에 두는 입장으로, 형벌의 종류와 경중도 이에 상응해야 한다고 주장하는 견해이다.

(2) 주관주의
① 범죄의 중점을 범죄인의 성격 내지 인격에 두는 견해이다.
② 처벌되어야 할 것은 행위가 아니라 바로 행위자이다.

(3) 객관주의와 주관주의의 비교

구분	객관주의	주관주의
책임의 근거	도의적 책임론(행위책임)	사회적 책임론(행위자책임)
미수범의 처벌근거	결과 실현의 위험	법적대적 의사
공동정범의 본질	범죄공동설	행위공동설
공범의 종속성 유무	공범종속성설	공범독립성설

02 형벌이론

(1) 의의

형벌이론이란 형벌목적에 관한 논의이다.

(2) 종류
① 응보형 이론
② 예방형 이론

(3) 내용
① 응보형 이론이란 발생한 범죄에 대해 그 범죄에 상응한 형벌을 부과하여야 한다는 형벌이론이다.
② 예방형 이론
  ㉠ 의의
    형벌을 통해 장래의 범행이 저지되어야 한다는 예방적 목적사상이다.
  ㉡ 종류
    Ⓐ 일반예방이론
      범죄자를 처벌하여 일반인의 심리에 영향을 미침으로써 범죄예방의 효과를 거둘 수 있다는 견해이다.
    Ⓑ 특별예방이론
      범죄인에게 부과되는 형벌이 범죄가 개인에게로 향해야 한다는 내용을 가진 형벌이론이다.

문 01 범죄의 본질에 관한 甲과 乙의 이론에 대한 설명 중 옳은 것은 모두 몇 개인가?

> 甲: 형법적 평가의 중심은 외부적인 행위와 현실적으로 발생한 결과에 두고 책임과 형벌을 결정해야 한다.
> 乙: 그렇지 않다. 외부적 행위와 현실적으로 발생한 결과가 아니라, 이를 발생시킨 행위자의 반사회적 성격에 두고 책임과 형벌을 결정해야 한다.

> ㉠ 甲은 미수범의 처벌근거를 구성요건적 결과 실현에 근접한 위험에 있다고 주장하고, 乙은 행위자의 법적대적(法敵對的) 의사에 있다고 주장한다.
> ㉡ 甲은 공동정범의 본질을 행위 속에 표현된 의식적인 공동작용이라고 주장하고, 乙은 공동정범이 각자 최소한 하나의 객관적 구성요건 실현에 스스로 참여한 것이라고 주장한다.
> ㉢ 甲은 책임의 근거를 행위자의 반사회적 성격에 기인해 행위자가 사회방위처분을 받아야 하는 지위가 책임이라 주장하고, 乙은 행위자가 적법행위를 할 수 있었음에도 불구하고 위법행위를 했기 때문에 가해지는 도의적 비난이라 주장한다.
> ㉣ 甲은 공범의 종속성에 대해 타인으로 하여금 죄를 범하게 하려는 의사 자체가 외부로 표명되는 이상 정범의 실행행위와 상관없이 독자적으로 가벌성이 인정된다고 주장하고, 乙은 정범의 실행행위가 있어야 그 정범의 실행행위에 종속해서만 공범이 성립할 수 있다고 주장한다.

① 1개 ② 2개 ③ 3개 ④ 4개

해설 甲은 객관주의(고전학파) 범죄이론을, 乙은 주관주의(근대학파) 범죄이론을 취하고 있다.
㉠ (○) 객관주의는 구성요건 결과 실현에 대한 위험에서 미수는 처벌한다고 주장하고, 주관주의는 법적대적 의사에서 미수범 처벌근거를 찾는다.
㉡ (×) 객관적 구성요건을 강조하는 객관주의는 공동정범이 하나의 구성요건을 실현하는 것으로 이해한다(범죄공동설).
㉢ (×) 객관주의는 도의적 비난을 책임의 근거로 하고, 주관주의는 반사회적 성격에서 책임의 근거를 둔다.
㉣ (×) 객관주의는 공범종속성을, 주관주의는 공범독립성을 주장한다.

정답 ①

Theme 02 / 법인의 범죄능력

01 학설

(1) 부정설(통설·판례)
① 법인에게는 의사와 육체가 없으므로 행위의 주체가 될 수 없다.
② 사형, 자유형은 법인에게 집행할 수 없다.
③ 법인을 처벌하면 범죄와 관계없는 법인의 구성원까지 처벌받는 결과가 되어 자기책임의 원칙에 반한다.
④ 법인은 기관인 자연인을 통하여 행위하므로 그 자연인에게 형사책임을 인정하면 충분하다.
⑤ 법인은 윤리적 자기결정을 할 수 없으므로 윤리적 책임비난이 불가능하다.

(2) 긍정설
① 법인도 기관(대표이사)을 통하여 의사형성과 행위를 할 수 있다.
② 생명형과 자유형에 해당하는 형벌로서 법인의 해산과 업무정지를 과할 수 있으며, 재산형·자격형은 법인에게도 효과적이다.
③ 법인 기관의 행위는 그 기관의 구성원인 개인의 행위임과 동시에 법인의 행위라는 양면성을 가지므로, 법인을 처벌해도 이중처벌이 아니다.
④ 책임능력을 형벌적응능력으로 이해한다면 법인에게도 범죄능력이 있다.

02 결론

원칙적으로 일반형법에서는 법인의 범죄능력을 부정하고(예 배임죄에서는 대표이사가 책임진다), 예외적으로 행정형법에서는 법인의 범죄능력을 긍정한다.

03 양벌규정에서 법인 처벌의 근거

무과실책임설과 과실책임설의 견해대립이 있으나, 헌법재판소는 과실책임설의 입장이다(헌재 2000. 6.1. 99헌바73).

문 01 법인의 범죄능력과 양벌규정에 관한 설명 중 가장 적절하지 않은 것은? (다툼이 있는 경우 판례에 의함)

① 양벌규정이 있는 경우에는 당해 양벌규정에 법인격 없는 사단이나 재단이 명시되어 있지 않더라도 그 법인격 없는 사단이나 재단에 양벌규정을 적용할 수 있다.
② 형벌의 자기책임원칙에 비추어 보면, 종업원의 위반행위가 발생한 그 업무와 관련하여 법인이 상당한 주의 또는 관리감독의무를 게을리한 때에 한하여 양벌규정을 적용한다.
③ 합병으로 인하여 소멸한 법인이 그 종업원 등의 위법행위에 대해 양벌규정에 따라 부담하던 형사책임은 그 성질상 이전을 허용하지 않는 것으로서 합병으로 인하여 존속하는 법인에 승계되지 않는다.
④ 법인이 아닌 약국을 실질적으로 경영하는 약사가 다른 약사를 고용하여 그 고용된 약사를 명의상의 개설약사로 등록하게 해두고 약사 아닌 종업원을 직접 고용하여 영업하던 중 그 종업원이 약사법 위반행위를 한 경우에 형사책임은 그 실질적 경영자가 진다.

> 해설 ① (×) 법인격 없는 사단이나 재단(실체는 있으나 등기하지 않은 사단이나 재단)에 대하여 양벌규정의 적용에 관하여 아무런 명문의 규정을 두고 있지 아니한 경우 이를 처벌하는 것은 죄형법정주의에 반한다(대판 1995.7.28. 94도3325).
>
> 정답 ①

문 02 S회사의 대표이사인 甲은 전임 대표이사가 A와 B에게 회사 소유의 상가를 분양하여 대금 전액을 완납받았음을 알면서도 乙과 공모하여 이중분양하기로 하고 乙에게 위 상가의 소유권이전등기를 해주었다. 甲과 乙의 죄책에 대한 설명으로 옳지 않은 것은? (다툼이 있는 경우 판례에 의함)

① 배임죄에 있어서 타인의 사무를 처리할 의무의 주체가 법인이 되는 경우라도 법인은 사법상의 의무주체가 될 뿐 범죄능력이 없다.
② 법인이 처리할 의무를 지는 타인의 사무에 관하여는 법인이 배임죄의 주체가 될 수 없고 그 법인을 대표하여 사무를 처리하는 자연인인 대표기관이 배임죄의 주체가 된다.
③ 형법은 배임죄에 관하여 양벌규정을 두고 있으므로 대표이사 甲 이외에 S회사에 대해서도 벌금형을 부과할 수 있다.
④ 乙이 상가가 A와 B에 매도된 사실을 알고 있으면서 甲과 공모하여 자기명의로 소유권이전등기를 경료함으로써 甲의 배임행위에 적극 가담한 경우 乙은 배임죄의 공동정범으로 처벌될 수 있다.

> 해설 ③ (×) 형법은 법인에 대한 양벌규정을 두고 있지 않으므로 회사에 대하여 벌금형을 부과할 수 없다.
>
> 정답 ③

문 03 양별규정에 관한 설명 중 옳은 것(○)과 옳지 않은 것(×)을 올바르게 조합한 것은? (다툼이 있는 경우 판례에 의함)

> ㉠ 헌법재판소는 양벌규정의 처벌근거를 과실책임설에서 구하고 있다.
> ㉡ 양벌규정에 의한 영업주의 처벌은 종업원의 처벌에 종속하여 그 자신의 종업원에 대한 선임감독상의 과실로 처벌되는 것이므로 종업원의 처벌이 영업주 처벌의 전제조건이 된다.
> ㉢ 양벌규정에 의하여 법인이 처벌받는 경우, 법인에게 자수감경에 관한 형법 제52조 제1항의 규정을 적용하기 위해서는 법인의 이사 기타 대표자가 자수한 경우에 한하고, 그 위반행위를 한 직원 또는 사용인이 자수한 것만으로는 위 규정을 적용할 수 없다.
> ㉣ '법인의 대표자나 법인 또는 개인의 대리인, 사용인, 그 밖의 종업원이 그 법인 또는 개인의 업무에 관하여' 위반행위를 한 경우의 양벌규정과 관련하여, '법인 또는 개인'은 단지 형식상의 사업주가 아니라 자기의 계산으로 사업을 경영하는 실질적인 사업주를 말한다.

① ㉠(○), ㉡(×), ㉢(○), ㉣(○)
② ㉠(○), ㉡(×), ㉢(×), ㉣(×)
③ ㉠(○), ㉡(○), ㉢(○), ㉣(○)
④ ㉠(○), ㉡(○), ㉢(×), ㉣(×)
⑤ ㉠(×), ㉡(×), ㉢(×), ㉣(○)

해설 ㉠ (○) 헌재 2000.6.1. 99헌바73
㉡ (×) 양벌규정에 의한 영업주의 처벌은 금지위반행위자인 종업원의 처벌에 종속하는 것이 아니라 독립하여 그 자신의 종업원에 대한 선임감독상의 과실로 인하여 처벌되는 것이므로 종업원의 범죄성립이나 처벌이 영업주 처벌의 전제조건이 될 필요는 없다(대판 2006.2.24. 2005도7673).
㉢ (○) 대판 1995.7.25. 95도391
㉣ (○) 대판 2000.10.27. 2000도3570

정답 ①

문 04. 법인의 범죄능력과 양벌규정에 관한 다음 설명 중 적절하지 않은 것은 모두 몇 개인가? (다툼이 있는 경우 판례에 의함)

㉠ 형사범에 대해서는 법인의 범죄능력을 부정하고, 행정범에 대해서는 법인의 범죄능력을 긍정하는 견해는 법인의 범죄능력에 관한 부분적 긍정설(절충설)의 입장이다.
㉡ 법인이 처리할 의무를 지는 타인의 사무에 관하여는 법인이 배임죄의 주체가 될 수는 없고 그 법인을 대표하여 사무를 처리하는 자연인인 대표기관이 바로 타인의 사무를 처리하는 자, 즉 배임죄의 주체가 된다.
㉢ 종업원이 법인의 업무에 관하여 위반행위를 한 경우 법인도 처벌하는 양벌조항은 위반행위가 발생한 업무와 관련하여 법인이 상당한 주의 또는 관리감독의무를 게을리한 때에 한하여 적용된다.
㉣ 종업원의 위반행위에 대하여 법인이 선임감독상의 주의의무를 다한 경우까지도 법인에게 형벌을 부과하는 것은 법치국가원리 및 책임주의원칙에 위반된다.
㉤ 지방자치단체라도 국가로부터 위임받은 기관위임사무가 아니라 그 고유의 자치사무를 처리하는 경우에는 국가기관의 일부가 아니라 국가기관과는 별도로 독립한 공법인으로서 양벌규정에 의한 처벌대상이 되는 법인에 해당한다.
㉥ 영업주의 과실을 별도로 규정하지 않은 양벌규정을 합헌적 법률해석을 통해 선임감독상의 과실있는 영업주만을 처벌하는 규정으로 보게 되면, 영업주를 종업원과 동일한 법정형으로 처벌하는 것은 책임주의에 반하지 않는다.
㉦ 특별한 근거규정이 없는 한 법인이 설립되기 이전에 자연인이 한 행위에 대해서는 양벌규정을 적용하여 법인을 처벌할 수 없다.

① 1개   ② 2개   ③ 3개   ④ 4개

해설 ㉤ (×) 법인이 종업원 등의 위반행위와 관련하여 선임감독상의 주의의무를 다하여 아무런 잘못이 없는 경우까지도 법인에게 형벌을 부과하는 것은 법치국가의 원리 및 죄형법정주의로부터 도출되는 책임주의원칙에 반하므로 헌법에 위반된다(헌재 2007.11.29. 2005헌가10).

정답 ①

문 05 양별규정 또는 법인의 범죄능력에 관한 다음 설명 중 옳지 않은 것은 모두 몇 개인가? (다툼이 있는 경우 판례에 의함)

> ㉠ 법인은 사법상의 권리의무의 주체가 될 수 있을 뿐 법률에 명문의 규정이 없는 한 범죄능력은 없고, 그 법인의 업무는 법인을 대표하는 자연인인 대표기관의 의사결정에 따른 대표행위에 의하여 실현될 수밖에 없다.
> ㉡ 재물을 보관하는 주체가 법인이 되는 경우라도 범죄능력이 없는 법인은 횡령죄의 주체가 될 수 없고 그 법인을 대표하여 사무를 처리하는 자연인인 대표기관이 타인의 재물을 보관하는 횡령죄의 주체가 된다고 보아야 한다.
> ㉢ 양벌규정에 면책규정이 신설된 것은 범죄 후 법률의 변경에 의하여 그 행위가 범죄를 구성하지 않거나 형이 구법보다 경한 경우에 해당한다.
> ㉣ 법인 대표자의 위반행위에 대하여 징역형의 형량을 정상참작감경하고 병과하는 벌금형에 대하여 선고유예를 한 경우 양벌규정에 따라 그 법인을 처단함에 있어서도 같은 조치를 취하여야 한다.
> ㉤ 법인의 직원이 위반행위를 하여 양벌규정에 의하여 법인이 처벌받는 경우, 그 위반행위를 한 직원이 자수하면 자수감경에 관한 형법 제52조 제1항의 규정에 의하여 법인의 형을 감경할 수 있다.
> ㉥ 지방자치단체 소속 공무원이 지정항만순찰 등 기관위임사무의 수행을 위해 관할 관청의 승인 없이 개조한 승합차를 운행함으로써 구 자동차관리법을 위반한 경우 해당 지방자치단체는 구 자동차관리법 제83조의 양벌규정에 따른 처벌대상이 되지 않는다.
> ㉦ 지입차주가 세무관서에 독립된 사업자등록을 하고 지입된 차량을 직접 운행·관리하면서 그 명의로 운송계약을 체결하였다고 하더라도, 지입차주는 객관적으로나 외형상으로나 그 차량의 소유자인 지입회사와의 위탁계약에 의하여 그 위임을 받아 운행·관리를 대행하는 지위에 있는 자로서 구 도로법 제100조 제1항에서 정한 대리인·사용인 그 밖의 종업원에 해당한다.

① 1개 ② 2개 ③ 3개 ④ 4개 ⑤ 없음

해설 ㉣ (×) 회사 대표자의 위반행위에 대하여 징역형의 형량을 정상참작감경하고 병과하는 벌금형에 대하여 선고유예를 한 이상 양벌규정에 따라 그 회사를 처단함에 있어서도 같은 조치를 취하여야 한다는 논지는 독자적인 견해에 지나지 아니하여 받아들일 수 없다(대판 1995.12.12. 95도1893).
㉤ (×) 양벌규정에 의하여 법인이 처벌받는 경우 법인에게 자수감경에 관한 형법 규정을 적용하기 위하여는 법인의 이사 기타 대표자가 수사책임이 있는 관서에 자수한 경우에 한하고 그 위반행위를 한 직원 또는 사용인이 자수한 것만으로는 형을 감경할 수 없다(대판 1995.7.25. 95도391).

정답 ②

문 06 양벌규정에 관한 다음 설명 중 가장 옳지 않은 것은?

① 甲 법인의 직원인 乙의 행위로 인하여 甲 법인이 양벌규정에 따라 부담하던 형사책임은 甲 법인이 丙 법인으로 합병되어 소멸되는 경우 丙 법인으로 승계되지 않는다.
② 甲 법인의 직원인 乙이 구성요건상 자격이 없어 처벌받지 않는다고 하더라도 甲 법인은 乙의 처벌과 무관하게 독립하여 乙의 행위에 관한 양벌규정으로 처벌받을 수 있다.
③ 甲 법인의 직원인 乙이 甲 법인이 설립되기 이전에 법 위반행위를 한 경우에는 특별한 근거규정이 없는 한 乙의 행위에 대하여 양벌규정을 적용하여 甲 법인을 처벌할 수 없다.
④ 甲 법인의 직원인 乙과 丙 법인의 직원인 丁이 범죄행위를 공모하였다고 하더라도 乙은 실행행위에 직접 가담하지 않고 丁만 실행행위를 분담하였다면 甲 법인까지 양벌규정에 따른 공동정범의 죄책을 지는 것은 아니다.
⑤ 甲 법인의 직원인 乙의 범죄행위에 대하여 乙에게 부과되는 징역형의 형량을 정상참작감경하고 병과하는 벌금형에 대하여 선고유예를 하였더라도 양벌규정에 따라 처벌되는 甲 법인에 대해서는 그와 같은 조치를 취하지 않아도 무방하다.

> **해설** ① (○) 형사책임은 상속이 안되므로 법인이 합병으로 소멸해도 형사책임은 승계되지 않는다(대판 2007.8.23. 2005도4471).
> ② (○) 양벌규정에 의한 영업주의 처벌은 금지위반행위자인 종업원의 처벌에 종속하는 것이 아니라 독립하여 그 자신의 종업원에 대한 선임감독상의 과실로 인하여 처벌되는 것이므로 종업원의 범죄성립이나 처벌이 영업주 처벌의 전제조건이 될 필요는 없다(대판 2006.2.24. 2005도7673).
> ③ (○) 대판 2018.8.1. 2015도10388
> ④ (×) 이러한 공모가 이루어진 이상 실행행위에 직접 관여하지 않은 자라도 다른 공모자의 행위에 대하여 공동정범으로서 형사책임을 진다(대판 2017.12.22. 2017도12649).
> ⑤ (○) 양벌규정에 의해 자연인과 법인을 함께 처벌하는 경우 행위자에 대하여 부과하는 형량을 작량감경 하더라도 법인을 처벌함에 있어서는 작량감경을 하지 않아도 된다(대판 1995.12.12. 95도1893).
>
> **정답** ④

문 07 법인 등의 형사책임에 관한 다음 설명 중 가장 옳지 않은 것은?

① 양벌규정에 의해 자연인과 법인을 함께 처벌하는 경우 행위자에 대하여 부과하는 형량을 정상참작감경하더라도 법인을 처벌함에 있어서는 정상참작감경을 하지 않아도 된다.

② 구 산업기술보호법 제38조는 "법인의 대표자나 법인 또는 개인의 대리인, 사용인, 그 밖의 종업원이 그 법인 또는 개인의 업무에 관하여 제36조 제1항부터 제3항까지의 어느 하나에 해당하는 위반행위를 하면 그 행위자를 벌하는 외에 그 법인 또는 개인에게도 해당 조문의 벌금형을 과한다. 다만 법인 또는 개인이 그 위반행위를 방지하기 위하여 해당 업무에 관하여 상당한 주의와 감독을 게을리하지 아니한 경우에는 그러하지 아니하다."라고 규정하고 있다. 이러한 양벌규정에 따라 법인은 위반행위가 발생한 그 업무와 관련하여 법인이 상당한 주의 또는 관리·감독의무를 게을리한 과실로 인하여 처벌된다.

③ 구 청소년보호법(2004.1.29. 법률 제7161호로 개정된 것) 제54조 중 "개인의 대리인·사용인 기타 종업원이 그 개인의 업무에 관하여 제51조 제8호의 위반행위를 한 때에는 그 개인에 대하여도 해당 조의 벌금형을 과한다."라는 부분은 영업주가 고용한 종업원 등이 그 업무와 관련하여 위반행위를 한 경우에, 그와 같은 종업원 등의 범죄행위에 대해 영업주가 비난받을 만한 행위가 있었는지 여부와는 전혀 관계없이 종업원 등의 범죄행위가 있으면 자동적으로 영업주도 처벌하는 것으로서 형벌에 관한 책임주의에 반하므로 헌법에 위반된다.

④ 구 건축법(2015.7.24. 법률 제13433호로 개정되기 전의 것) 제108조 제1항은 같은 법 제11조 제1항에 의한 허가를 받지 아니하고 건축물을 건축한 건축주를 처벌한다고 규정하고, 같은 법 제112조 제4항은 양벌규정으로서 "개인의 대리인, 사용인, 그 밖의 종업원이 그 개인의 업무에 관하여 제107조부터 제111조까지의 규정에 따른 위반행위를 하면 행위자를 벌할 뿐만 아니라 그 개인에게도 해당 조문의 벌금형을 과한다."라고 규정하고 있다. 甲교회의 총회 건설부장인 피고인이 관할 시청의 허가 없이 건물 옥상층에 창고시설을 건축하는 방법으로 건물을 불법증축한 경우, 甲교회는 乙을 대표자로 한 법인격 없는 사단이고, 피고인은 甲교회에 고용된 사람이므로, 乙을 구 건축법 제112조 제4항 양벌규정의 '개인'의 지위에 있다고 보아 피고인을 같은 조항에 의하여 처벌할 수 있다.

해설 ④ (×) [1] 구 건축법 제108조 제1항은 같은 법 제11조 제1항에 의한 허가를 받지 아니하고 건축물을 건축한 건축주를 처벌한다고 규정하고, 같은 법 제112조 제4항은 양벌규정으로서 "개인의 대리인, 사용인, 그 밖의 종업원이 그 개인의 업무에 관하여 제107조부터 제111조까지의 규정에 따른 위반행위를 하면 행위자를 벌할 뿐만 아니라 그 개인에게도 해당 조문의 벌금형을 과한다."라고 규정하고 있다. 그러나 법인격 없는 사단에 고용된 사람이 위반행위를 하였더라도 법인격 없는 사단의 구성원 개개인이 위 법 제112조 소정의 '개인'의 지위에 있다 하여 그를 처벌할 수는 없다.
[2] 甲 교회의 총회 건설부장인 피고인이 관할 시청의 허가 없이 건물 옥상층에 창고시설을 건축하는 방법으로 건물을 불법증축하여 건축법 위반으로 기소된 사안에서, 甲 교회는 乙을 대표자로 한 법인격 없는 사단이고, 피고인은 甲 교회에 고용된 사람이므로, 乙을 구 건축법 제112조 제4항 양벌규정의 '개인'의 지위에 있다고 보아 피고인을 같은 조항에 의하여 처벌할 수는 없다(대판 2017.12.28. 2017도13982).

정답 ④

문 08 법인의 형사책임 또는 양벌규정에 관한 설명 중 옳지 않은 것은? (다툼이 있는 경우 판례에 의함)

① 양벌규정의 '법인의 대표자'는 그 명칭 여하를 불문하고 당해 법인을 실질적으로 경영하면서 사실상 대표하고 있는 자를 포함한다.
② 법인 대표자의 법규 위반행위에 대한 법인의 책임은 법인 자신의 법규 위반행위로 평가될 수 있는 행위에 대한 법인의 직접책임으로서, 대표자의 고의에 의한 위반행위에 대하여는 법인 자신의 고의에 의한 책임을, 대표자의 과실에 의한 위반행위에 대하여는 법인 자신의 과실에 의한 책임을 부담한다.
③ 법률의 벌칙규정의 적용대상자가 일정한 '업무주'로 한정되어 있는 경우, 업무주가 아니면서 그 업무를 실제로 집행하는 자가 그 벌칙규정의 위반행위를 하였다면, 그 집행하는 자는 그 벌칙규정을 적용대상으로 하고 있는 '양벌규정'에 의해 처벌될 수 있다.
④ 회사 대표자의 위반행위에 대하여 징역형의 형량을 정상참작감경하고 병과하는 벌금형에 대하여 선고유예를 한 이상 양벌규정에 따라 그 회사를 처단함에 있어서도 같은 조치를 취하여야 한다.

> **해설** ③ (O) 구 건축법 제54조 내지 제56조의 벌칙규정에서 그 적용대상자를 건축주, 공사감리자, 공사시공자 등 일정한 업무주(業務主)로 한정한 경우에 있어서, 같은 법 제57조의 양벌규정은 업무주가 아니면서 당해 업무를 실제로 집행하는 자가 있는 때에 위 벌칙규정의 실효성을 확보하기 위하여 그 적용대상자를 당해 업무를 실제로 집행하는 자에게까지 확장함으로써 그러한 자가 당해 업무집행과 관련하여 위 벌칙규정의 위반행위를 한 경우 위 양벌규정에 의하여 처벌할 수 있도록 한 행위자의 처벌규정임과 동시에 그 위반행위의 이익귀속주체인 업무주에 대한 처벌규정이라고 할 것이다(대판 1999.7.15. 95도2870 전원합의체).
> ④ (×) 회사 대표자의 위반행위에 대하여 징역형의 형량을 정상참작감경하고 병과하는 벌금형에 대하여 선고유예를 한 경우, 양벌규정에 따라 그 회사를 처단함에 있어서도 정상참작감경을 하여야 하는 것은 아니다(대판 1995.12.12. 95도1893).
>
> **정답** ④

문 09 다음 중 양벌규정에 대한 설명으로 옳은 것은? (다툼이 있는 경우 판례에 의함)

① 법인의 대표자가 업무상배임죄를 범한 경우, 법인이 그 위반행위를 방지하기 위하여 해당 업무에 관하여 상당한 주의와 감독을 게을리하지 아니한 때에는 법인에 대하여서도 벌금을 부과한다.
② 법인의 영업규모, 행위자에 대한 감독가능성 또는 구체적인 지휘감독관계 등 구성원의 당해 법률 위반행위와 직접적으로 관련이 있지 아니한 사정을 고려하여 법인이 위반행위자에 대하여 상당한 주의와 감독을 게을리하였는가의 여부를 판단하는 것은 위법하다.
③ 법인이 형사처벌을 면탈하기 위한 방편으로 합병제도 등을 남용하는 경우에도 합병으로 인하여 소멸한 법인이 그 종업원 등의 위법행위에 대해 양벌규정에 따라 부담하던 형사책임은 합병으로 인하여 존속하는 법인에 승계되지 않는다.
④ 1인 회사에 있어서 행위자를 처벌하는 이외에 회사에 대하여 양벌규정에 의한 벌금형을 부과하는 것은 이중처벌에 해당하여 위법하다.

해설 ① (×) 업무상배임죄에서는 대표이사의 위반행위에 대하여 법인은 책임을 지지 않는다.
② (×) 법인의 영업규모 및 행위자에 대한 감독가능성이나 구체적인 지휘·감독관계, 법인이 위반행위 방지를 위하여 실제 행한 조치 등을 전체적으로 종합하여 판단하여야 한다(대판 2018.7.12. 2015도464).
③ (○) 대판 2015.12.24. 2015도13946
④ (×) 자본시장과 금융투자업에 관한 법률 제448조는 법인의 대표자 등이 그 법인의 업무에 관하여 제443조부터 제446조까지의 어느 하나에 해당하는 위반행위를 하면 그 행위자를 벌하는 외에 그 법인에게도 해당 조문의 벌금을 과하는 양벌규정을 두고 있다. 주식회사의 주식이 사실상 1인의 주주에 귀속하는 1인 회사의 경우에도 회사와 주주는 별개의 인격체로서, 1인 회사의 재산이 곧바로 1인 주주의 소유라고 할 수 없기 때문에, 양벌규정에 따른 책임에 관하여 달리 볼 수 없다(대판 2018.4.12. 2013도6962). 따라서 1인 회사에 있어서 행위자를 처벌하는 이외에 회사에 대하여 양벌규정에 의한 벌금형을 부과하는 것은 이중처벌에 해당하여 위법하다는 주장은 적법하지 않다.

정답 ③

문 10 법인의 처벌 등에 관한 다음 설명 중 옳지 않은 것은 모두 몇 개인가?

> ㉠ 법인을 처벌하는 양벌규정이 있는 경우에 예외적으로 법인에게도 범죄능력을 인정할 수 있다.
> ㉡ 조세범 처벌법에 따른 고발의 구비 여부는 양벌규정에 의하여 처벌받는 자연인인 행위자와 법인에 대하여 개별적으로 논하여야 한다.
> ㉢ 1인 회사의 경우도 자본시장과 금융투자업에 관한 법률에 따른 양벌규정에 기한 책임을 부담한다.
> ㉣ 회사가 해산 및 청산등기 전에 재산형에 해당하는 사건으로 기소되었으나, 그 후 청산종결의 등기가 경료되었다면, 위 회사는 형사소송법상 당사자능력을 상실하게 된다.

① 없음
② 1개
③ 2개
④ 3개

해설 ㉠, ㉣ 항목이 옳지 않다.
㉠ (×) 법인을 처벌하는 양벌규정이 있는 경우에 예외적으로 법인에게도 형벌능력을 인정할 수 있다.
㉣ (×) 회사가 해산 및 청산등기 전에 재산형에 해당하는 사건으로 소추당한 후 청산종결의 등기가 경료되었다고 하여도 그 피고사건이 종결되기까지는 회사의 청산사무는 종료되지 아니하고 형사소송법상 당사자능력도 존속한다고 할 것이다(대판 1982.3.23. 81도1450).

정답 ③

문 11 다음 설명 중 가장 옳지 않은 것은?

① 객관적 외형상으로 영업주의 업무에 관한 행위이고 종업원이 그 영업주의 업무를 수행함에 있어서 위법행위를 한 것이라면 그 위법행위의 동기가 종업원 기타 제3자의 이익을 위한 것에 불과하고 영업주의 영업에 이로운 행위가 아니라 하여도 영업주는 그 감독해태에 대한 책임을 부담한다.

② 지방자치단체 소속 공무원이 기관위임사무를 수행하는 중 위반행위를 한 경우, 지방자치단체도 양벌규정에 따른 처벌대상이 된다.

③ 구 저작권법(2011.12.2. 법률 제11110호로 개정되기 전의 것) 제140조 본문에서는 저작재산권 침해로 인한 같은 법 제136조 제1항의 죄를 친고죄로 규정하면서, 같은 법 제140조 단서 제1호에서 영리를 위하여 상습적으로 위와 같은 범행을 한 경우에는 고소가 없어도 공소를 제기할 수 있다고 규정하고 있는데, 같은 법 제140조 단서 제1호가 규정한 '상습적으로'라고 함은 반복하여 저작권 침해행위를 하는 습벽으로서 행위자의 속성을 말하고, 이러한 습벽 유무를 판단할 때에는 동종 전과가 중요한 판단자료가 되나 범행의 횟수, 수단과 방법, 동기 등 제반 사정을 참작하여 저작권 침해행위를 하는 습벽이 인정되는 경우에는 상습성을 인정하여야 한다. 한편 같은 법 제141조의 양벌규정을 적용할 때에는 행위자인 법인의 대표자나 법인 또는 개인의 대리인·사용인 그 밖의 종업원의 위와 같은 습벽 유무에 따라 친고죄 해당 여부를 판단하여야 한다.

④ 건설산업기본법 제98조 제2항은 "법인의 대표자나 법인 또는 개인의 대리인, 사용인, 그 밖의 종업원이 그 법인 또는 개인의 업무에 관하여 제94조, 제95조, 제95조의2, 제96조 또는 제97조 제1호·제2호·제3호의 위반행위를 하면 그 행위자를 벌하는 외에 그 법인 또는 개인에게도 해당 조문의 벌금형을 과한다."라고 정하고 있다. 이러한 양벌규정은 같은 법 제96조 제5호 등 벌칙규정의 적용대상인 건설공사 시공자가 아니면서 그러한 업무를 실제로 집행하는 자가 있을 때 해당 업무를 실제로 집행한 자에 대한 처벌의 근거규정이 된다.

해설 ② (×) 지방자치단체는 소속 공무원이 자치사무를 수행하는 과정에서 범법행위를 한 경우, 양벌규정의 처벌대상인 법인에 해당된다. 국가가 본래 그의 사무의 일부를 지방자치단체의 장에게 위임하여 그 사무를 처리하게 하는 기관위임사무의 경우에는 지방자치단체는 국가기관의 일부로 볼 수 있는 것이지만, 지방자치단체가 그 고유의 자치사무를 처리하는 경우에는 지방자치단체는 국가기관의 일부가 아니라 국가기관과는 별도의 독립한 공법인이므로, 지방자치단체 소속 공무원이 지방자치단체 고유의 자치사무를 수행하던 중 위반행위를 한 경우에는 지방자치단체는 양벌규정에 따라 처벌대상이 되는 법인에 해당한다(대판 2005.11.10. 2004도2657).

정답 ②

문 12 법인의 범죄능력 또는 양벌규정과 관련한 설명이다. 가장 옳지 않은 것은? (다툼이 있는 경우 판례에 의함)

① 법인격 없는 사단과 같은 단체는 법인과 마찬가지로 사법상의 권리의무의 주체가 될 수 있음은 별론으로 하더라도 법률에 명문의 규정이 없는 한 그 범죄능력은 없다.
② 양벌규정에 의해 법인이 처벌되는 경우, 공모한 수인의 사용인 가운데 A, B법인의 사용인은 직접 실행행위에 가담하지 않고 C법인의 사용인만 실행행위를 분담한 경우에도 A, B법인은 C법인과 공동정범이 될 수 있다.
③ 양벌규정에 의한 영업주의 처벌은 금지위반행위자인 종업원의 처벌에 종속하는 것이 아니라 독립하여 그 자신의 종업원에 대한 선임감독상의 과실로 인하여 처벌되는 것이므로 금지위반행위자인 종업원에게 구성요건상의 자격이 없다고 하더라도 영업주인 피고인의 범죄성립에는 아무런 지장이 없다.
④ 판례는 양벌규정의 적용대상자를 업무주가 아니면서 당해 업무를 실제 집행하는 자에게까지 확장하고 있어, 법인격 없는 공공기관도 개인정보 보호법상 양벌규정에 의해 처벌될 수 있고, 해당 업무를 실제로 담당하는 소속 공무원도 양벌규정에 의해 처벌받을 수 있다.

> **해설** ④ (×) 개인정보 보호법은 제2조 제5호·제6호에서 공공기관 중 법인격이 없는 '중앙행정기관 및 그 소속 기관' 등을 개인정보처리자 중 하나로 규정하고 있으면서도 양벌규정에 의하여 처벌되는 개인정보처리자로는 같은 법 제74조 제2항에서 '법인 또는 개인'만을 규정하고 있을 뿐이고, 법인격 없는 공공기관에 대하여도 위 양벌규정을 적용할 것인지 여부에 대하여는 명문의 규정을 두고 있지 않으므로 죄형법정주의의 원칙상 '법인격 없는 공공기관'을 위 양벌규정에 의하여 처벌할 수 없고 그 경우 행위자 역시 위 양벌규정으로 처벌할 수 없다(대판 2021.10.28. 2020도1942).
>
> **정답** ④

Theme 03 / 인과관계

01 학설

(1) 조건설(등가설·동등설)
   ① 의의: '만일 어떤 행위가 없었더라면 그러한 결과도 발생하지 아니하였을 것'이라는 논리적 조건관계(conditio sine qua non 공식, 절대적 제약공식)만 있으면 그 결과는 그 행위로 인해 초래된 것이라고 하여 인과관계를 인정하는 견해이다.
   ② 비판
      ㉠ 인과관계를 직접 규명하지 않고 일단 인과관계가 존재한다는 전제에서 가설적 사고과정을 통해 결과제거절차를 밟고 있다는 점에서 방법론상 순환모순에 빠져 있다.
      ㉡ 인과관계가 긍정되는 범위가 무한히 확대 또는 축소된다.

(2) 원인설(개별화설·원인조건구별설)
   ① 의의: 조건설에 의한 인과관계의 무한한 확장을 제한하려는 견해로서, 결과에 대한 여러 조건 중에서 결과발생에 중요한 영향을 준 조건(원인이 되는 조건)과 단순한 조건을 구분하여 전자에만 인과관계를 인정하는 견해이다.
   ② 비판: 원인과 조건을 이론상 명백히 구별하기 어렵다는 문제점이 있다.

(3) 인과관계중단설
   인과관계가 진행되는 중에 피해자 또는 제3자의 고의·과실행위가 개입된 경우 또는 예기치 못한 우연한 자연현상이 개입한 경우에는 인과관계가 중단된다는 견해이다.

(4) 상당인과관계설
   ① 의의: 사회생활상의 일반적인 생활경험에 비추어 그런 행위로부터 그러한 결과가 발생하는 것이 상당하다고 인정될 때 인과관계를 긍정하는 견해이다(판례·다수설).
   ② 상당성 판단의 방법: 행위자뿐만 아니라 일반인 특히 그중에서도 가장 우수한 자가 인식할 수 있었던 사정을 기초로 하여 상당인과관계를 판단하여야 한다고 본다(절충적 상당인과관계설; 판례·다수설).
   ③ 비판
      ㉠ 상당성의 판단기준이 모호하다.
      ㉡ 인과관계의 유무 판단과 인과관계의 형법상 중요성 판단이 혼란을 일으키고 있다.

(5) 합법칙적 조건설
   ① 의의: 결과가 행위에 시간적으로 뒤따르면서 그 행위와 자연법칙적으로 연결되어 있을 때 인과관계를 인정할 수 있다는 견해이다. 조건설의 결함을 합법칙적 조건공식(자연과학적 인과법칙)에 의하여 수정하려는 이론이다.

② 비판
  ㉠ 합법칙성의 내용이 분명하지 못하다.
  ㉡ 인과관계의 확정만으로는 결과귀속을 확정할 수 없으므로 객관적 귀속이론과의 결합이 필요하다.

> **참고** 중요설
> 1. 의의: 인과관계의 존부는 조건설에 의하여 판단하고 결과귀속은 개개의 구성요건에 반영된 형법적 중요성에 따라 판단하는 견해이다.
> 2. 비판: 실질적인 판단기준을 제시하지 못한다.

02 종류

(1) 추월적 인과관계

A가 B에게 독약을 먹여서 인과관계가 진행되고 있는 동안에 甲이 B를 총으로 살해한 경우 甲을 추월적 인과관계라고 한다. A는 단절적 인과관계이다.

(2) 이중적 인과관계(택일적 인과관계)

단독으로 결과가 발생할 수 있는 여러 원인이 결합하여 결과를 발생시킨 경우를 말한다.
  예) 치사량이 5g인 독약을 A, B가 각각 5g씩 커피에 타서 甲에게 먹임으로써 甲이 사망한 경우

(3) 누적적 인과관계(중첩적 인과관계)

단독으로 결과가 발생될 수 없는 수개의 조건이 합쳐져서 결과를 발생시킨 경우를 말한다.
  예) 치사량이 5g인 독약을 A가 2g, B가 3g을 타서 甲에게 먹임으로써 甲이 사망한 경우

(4) 가설적 인과관계

가설적 원인이 구성요건 결과에 현실적으로는 영향을 미치지 않았지만 만약에 현실적인 행위가 없었더라면 가설적 원인에 의하여 결과가 실현될 수 있었던 경우를 말한다.
  예) 비행기 탑승 전에 사살하였으나, 그 비행기가 이륙 후에 공중폭발한 경우

(5) 비유형적 인과관계

일정한 행위가 구성요건적 결과에 대해 원인이 되지만, 그 결과에 이르는 과정에 다른 원인이 개입되었거나 피해자의 잘못 또는 피해자의 특이체질 내지 상태가 결합한 경우를 말한다.
  예) A가 B를 코피 정도 나는 단순폭행을 하였으나, B가 혈우병환자로서 피가 멈추지 않아 사망한 경우

핵심지문 OX Quiz

가설적 제거절차에 의하여 인과관계를 판단하는 조건설에 따르면, 택일적 인과관계의 경우에 형법 제17조의 인과관계 성립을 부정하게 된다. O | X

정답 O

문 01 인과관계에 관한 설명 중 옳지 않은 것은?

① 상당인과관계설에 의할 경우에는 결과의 행위에 대한 귀속과 관련하여 객관적 귀속에 대한 평가가 필요 없지만, 합법칙적 조건설에 의할 경우에는 객관적 귀속에 대한 별도의 평가가 필요하다.
② 합법칙적 조건설에 의할 경우 이중인과관계·비유형적 인과관계에서는 행위와 결과 사이에 인과관계가 인정되지만, 추월적 인과관계에서는 제1행위와 결과 사이에 인과관계가 부정된다.
③ 인과관계중단론에 의하더라도 인과관계가 진행되는 중에 예기치 못한 우연한 자연현상이 개입하여 결과가 발생한 경우 인과관계가 중단되지 않는다.
④ 조건설에 의하면 인과관계의 인정범위가 지나치게 확장되고 심지어는 비유형적 인과관계에 있어서도 행위와 결과 사이에 인과관계가 인정된다.
⑤ 합법칙적 조건설은 전통적 조건설의 절대적 제약조건 대신에 앞의 행위와 뒤의 결과 사이에 합법칙적 연관성이 있어야 인과관계를 인정한다.

해설
① (○) 상당인과관계설은 인과관계의 검토와 동시에 이미 객관적 귀속도 포함하여 검토하므로 객관적 귀속에 대한 평가가 필요 없지만, 합법칙적 조건설에 의할 경우에는 객관적 귀속에 대한 별도의 평가가 필요하다.
② (○) 추월적 인과관계에서는 제1행위와 결과 사이에는 인과관계를 부정하고 제2행위와 결과사이에는 인과관계를 인정한다.
③ (×) 인과관계중단론은 예기치 못한 우연한 자연현상이 개입되어 결과가 발생한 경우에는 인과관계의 중단을 인정한다.
④ (○) 조건설은 "만일 어떤 행위가 없었더라면 그러한 결과도 발생하지 아니하였을 것"이라는 논리적 조건관계(conditio sine qua non 공식, 절대적 제약공식)만 있으면 그 결과는 그 행위로 인하여 초래된 것이라고 하여 인과관계를 인정하는 견해이다. 이 견해에 따르면 인과관계가 긍정되는 범위가 무한히 확대 또는 축소되고 비유형적 인과관계에 있어서도 행위와 결과 사이에 인과관계가 인정된다.
⑤ (○) 합법칙적 연관성에서 인과관계를 따지는 것이 합법칙적 조건설이다.

정답 ③

문 02 객관적 귀속이론에 관한 설명 중 옳지 않은 것은 모두 몇 개인가?

> ㄱ. 객관적 귀속 여부의 판단은 조건설 내지는 합법칙적 조건설 등에 의하여 인정되는 인과관계를 전제로 한다는 입장에 따르더라도, 부진정부작위범의 경우 객관적 귀속이론이 적용될 수 있다.
> ㄴ. 행위자가 야기시킨 위험이 예견하기 어려운 비유형적인 인과진행으로 결과에 이른 경우에도 행위자가 위험을 야기시킨 이상 그 결과는 행위자에게 객관적으로 귀속된다.
> ㄷ. 허용되지 않는 위험을 야기시킨 경우라고 하더라도 발생된 결과가 규범의 보호범위에 속하지 않는 경우에는 그 결과는 행위자에게 객관적으로 귀속되지 않는다.
> ㄹ. 객관적 귀속을 위하여는 위험의 창출이 있어야 하는데, 행위자가 이미 진행되고 있는 인과과정 속에서 자신의 행위를 통하여 결과의 발생을 지연시킨 경우에는 객관적 귀속이 부정된다.
> ㅁ. 행위자가 결과를 야기하지 않았더라도 다른 예비적 원인으로 동일한 결과가 발생될 가능성이 있었다고 판단된다 하더라도, 현실적으로 행위자가 결과를 발생시켰다면 그 결과는 행위자에게 객관적으로 귀속된다.
> ㅂ. 위험증대설은 적법한 대체행위를 하였다고 하더라도 동일한 결과가 발생하였을 것이 확실한 경우에 객관적 귀속을 인정하여 형법 제17조의 인과관계 성립을 긍정한다.

① 1개 ② 2개 ③ 3개 ④ 4개

> **해설** ㄴ, ㅂ 항목이 옳지 않다.
> ㄴ. (×) 결과가 행위자가 창출한 위험의 실현이 아니라 비유형적 인과진행으로 결과에 이른 경우에는 객관적 귀속이 부정되고, 미수범의 성립이 가능할 뿐이다.
> ㅂ. (×) 위험증대설은 위험을 증대시켜야 객관적 귀속을 인정하는데, 적법한 행위를 했더라도 동일한 결과가 발생하였다면 위험을 증대한 것이 아니므로 객관적 귀속을 부정한다.
>
> **정답** ②

Theme 04 / 고의

고의의 인식대상

고의의 지적 요소의 대상이 되는 것	모든 객관적 구성요건요소(행위, 결과, 인과관계, 행위의 주체, 행위의 객체, 행위상황)
고의의 지적 요소의 대상이 아닌 것	고의, 목적, 행위의 위법성, 처벌조건, 소추조건, 상습성 등

핵심지문 OX Quiz

01 친고죄에 있어서 피해자의 고소는 고의의 인식대상이다. ○ | ×
해설 친고죄에 있어서 '피해자의 고소'는 '소추조건'에 해당하므로 고의의 인식대상이 아니다.

02 존속살해죄에서의 '직계존속', 상습도박죄에서의 '상습성', 강도죄에서의 '폭행·협박'은 구성요건적 고의의 인식대상이다. ○ | ×
해설 상습성은 고의의 인식대상이 아니다.

03 결과적 가중범에서 발생된 '중한 결과', 추상적 위험범의 행위객체에 대한 '위험', '주관적 위법요소'는 고의의 인식대상이 아니다. ○ | ×

04 목적범에 있어서의 목적이 없으면 고의는 성립하지 않는다. ○ | ×
해설 목적범은 '고의' 이외에 '목적'도 필요한 것일 뿐, 목적이 없다고 해서 '고의'가 인정되지 않는 것은 아니다.

05 구체적 위험범에 있어서의 위험에 대한 인식이 없으면 고의는 성립하지 않는다. ○ | ×

06 구성요건적 고의의 인식대상은 객관적 구성요건요소이며, 진정신분범에서의 신분은 고의의 인식대상이 아니다. ○ | ×
해설 진정신분범에서의 신분은 고의의 인식대상이다.

07 친족상도례가 적용되기 위하여는 친족관계가 객관적으로 존재해야 하고, 행위자가 이를 인식해야 한다. ○ | ×
해설 친족관계의 존부와 같은 처벌조건은 객관적 구성요건요소가 아니므로 이는 고의의 인식대상이 아니고 이에 대한 인식 여부는 친족상도례 적용 여부에 아무런 영향을 미치지 아니한다.

정답 01 × 02 × 03 ○ 04 × 05 ○ 06 × 07 ×

08 결과범에서의 '인과관계'는 고의의 인식대상이다. ○ | ×

09 명예훼손죄에서의 '공연성'은 고의의 인식대상이다. ○ | ×

10 보증인적 지위는 고의의 인식대상이다. ○ | ×

11 사전수뢰죄에서 '공무원 또는 중재인이 된 때'는 고의의 인식대상이다. ○ | ×

> [해설] 사전수뢰죄(제129조 제2항)에 있어서 '공무원 또는 중재인이 된 사실'은 객관적 처벌조건이므로 고의의 인식대상이 아니다.

12 수뢰죄에 있어서 공무원이라는 신분은 고의의 인식대상이다. ○ | ×

13 특수폭행죄에 있어서 위험한 물건을 휴대한다는 사실은 고의의 인식대상이다. ○ | ×

14 '재물의 타인성'과 같은 규범적 구성요건요소도 고의의 인식대상이다. ○ | ×

정답 08 ○ 09 ○ 10 ○ 11 × 12 ○ 13 ○ 14 ○

Theme 05 / 과실

주의의무의 표준

주관설(행위자표준설)	행위자 개인의 주관적 주의능력을 표준으로 주의의무 위반을 판단하자는 학설이다.
객관설(평균인표준설)	평균인의 주의능력을 표준으로 해서 주의의무 위반을 판단하자는 견해이다.

문 01 과실범의 불법구성요건요소로서 주의의무 위반의 판단기준에 관한 주관설에 대한 설명으로 묶인 것은?

> ㉠ 행위자의 주의능력이 평균인 이상인 경우 행위자는 결과발생을 방지하기 위해 자신이 할 수 있는 모든 조치를 취할 의무가 있고, 이러한 의무의 불이행으로 인하여 결과가 발생한 경우 과실범의 불법이 인정된다.
> ㉡ 행위자의 주의능력이 평균인에 미달하여 자신의 능력을 모두 발휘하더라도 결과발생의 예견이 불가능하였다면 과실범의 불법이 배제된다.
> ㉢ 행위자의 특별한 주의능력은 원칙적으로 책임 단계에서 고려될 뿐이지만, 이 경우에도 행위자의 특별한 지식과 경험은 주의의무 위반 여부의 판단에 고려될 수 있다.
> ㉣ 정당방위상황에서 피공격자가 공격자의 주의의무 위반 여부를 알기가 어려워져 정당방위권의 행사가 어려워진다는 단점이 있다.
> ㉤ 국민에게 일반적 주의의무를 부과하기 때문에 평등의 원칙과 형법의 보장적 기능에 기여한다.

① ㉠, ㉢
② ㉠, ㉡, ㉢
③ ㉠, ㉡, ㉣
④ ㉡, ㉢, ㉣
⑤ ㉢, ㉣, ㉤

해설 주관설은 행위자의 주의능력을 기준으로 하는 것이므로 ㉠, ㉡, ㉣이 주관설의 입장이다. 한편, ㉢, ㉤은 일반인의 주의능력을 기준으로 하는 객관설의 입장이다.

정답 ③

문 02 다음 설명 중 옳은 것을 모두 고른 것은? (다툼이 있는 경우 판례에 의함)

> ㉠ 부진정부작위범은 행위자에게 고의가 있는 경우에만 성립할 수 있고 과실이 있는 경우에는 성립할 수 없다.
> ㉡ 피이용자에게 고의가 없는 경우는 물론 목적범에 있어서 피이용자에게 목적이 없는 경우에도 간접정범이 성립할 수 있다.
> ㉢ 정범의 행위가 고의행위인 이상 방조가 과실에 의한 것이라도 방조범이 성립할 수 있다.
> ㉣ 기본범죄에 대해서는 고의가 인정되고 중한 결과는 과실에 의해 발생한 범죄에 대해서도 "2인 이상이 공동으로 죄를 범한 때에는 각자를 그 죄의 정범으로 처벌한다."라고 규정하고 있는 형법 제30조가 적용될 수 있다.
> ㉤ 정범의 행위가 과실행위인 경우에도 그에 대한 방조범이 성립할 수 있다.
> ㉥ 형법 제314조 제2항은 '컴퓨터 등 정보처리장치 또는 전자기록 등 특수매체기록을 손괴하거나 정보처리장치에 허위의 정보 또는 부정한 명령을 입력하거나 기타 방법으로 정보처리에 장애를 발생하게 하여 사람의 업무를 방해한 자'를 처벌하도록 규정하고 있다. 여기서 '기타 방법'에는 과실로 인한 행위도 포함된다.

① ㉠, ㉡ ② ㉡, ㉣ ③ ㉣, ㉤
④ ㉠, ㉡, ㉣ ⑤ ㉡, ㉢, ㉣, ㉥ ⑥ ㉢, ㉣, ㉤, ㉥

해설
㉠ (×) 부진정부작위범은 고의에 의해서는 물론 과실범 처벌규정이 있는 한 과실에 의해서도 성립가능하다.
㉡ (O) 목적범에서 목적이 없으면 처벌되지 않는 자에 해당하므로 이러한 자를 이용한 자는 간접정범이 성립될 수 있다.
㉢ (×) 방조는 고의범이므로 과실에 의한 방조는 성립할 수 없다.
㉣ (O) 결과적 가중범의 공동정범은 가능하다.
㉤ (×) 정범의 행위가 고의범인 경우에만 방조가 가능하다.
㉥ (×) 컴퓨터 등 업무방해죄도 고의범이므로 과실에 의한 행위는 포함되지 않는다.

정답 ②

핵심지문 OX Quiz

과실범의 위법성이 조각되기 위해서도 주관적 정당화요소가 필요하다는 견해에 따르면, 자신을 살해하기 위해 공격해 오는 A를 격퇴하기 위하여 甲이 경고사격을 하였는데 뜻하지 않게 A가 그 총알에 맞아 중상을 입은 경우에는 甲에게는 주관적 정당화요소가 결여되어 있으므로 위법성이 조각되지 아니한다. O | X

해설 주관적 정당화요소가 있으므로 옳지 않은 지문이다. 설령 주관적 정당화요소가 없다고 하더라도 우연방위에 해당하므로 불능미수로 처벌되는데, 과실범은 미수가 불가하므로 무죄이다.

정답 ×

Theme 06 / 결과적 가중범

01 결과적 가중범과 책임주의
결과적 가중범은 지나치게 무거운 형벌을 적용하는 경우가 많다. 그러므로 결과적 가중범의 성립범위를 제한하려는 노력이 있는데, 직접적 인과관계를 주장하는 경우도 이에 속한다.

02 결과적 가중범의 미수
형법은 결과적 가중범의 미수를 처벌하는 규정을 두고 있으나, 판례는 결과적 가중범의 미수를 부정한다.

문 01 결과적 가중범에 관한 설명 중 옳지 않은 것은 모두 몇 개인가? (다툼이 있는 경우 판례에 의함)

> ㉠ 상해치사죄가 성립하기 위해서는 상해의 결과가 치명적일 것을 요한다는 주장은 결과적 가중범이 성립하기 위해서 기본범죄의 결과와 중한 결과 사이에 직접성이 요구된다는 견해에서 비롯된다.
> ㉡ 결과적 가중범의 미수를 부정하는 견해에 의하면 미수범 처벌규정(형법 제342조)에 결과적 가중범이 포함되어 있지만, 이 규정은 강도치사죄에는 적용되지 않고 강도살인죄에 적용된다.
> ㉢ 결과적 가중범은 그 중한 결과가 고의적인 기본범죄에 전형적으로 내포된 잠재적인 위험의 실현이라는 점에서 일반과실범의 결과야기에서 보다 결과반가치가 크다.
> ㉣ 형법에는 결과적 가중범의 미수에 관한 규정이 없지만, 성폭력범죄의 처벌 및 피해자 보호 등에 관한 법률에는 결과적 가중범의 미수범 처벌규정이 있다.

① 1개　　② 2개　　③ 3개　　④ 4개

해설
㉠ (○) 결과적 가중범의 성립범위를 제한하려는 입장은 직접성을 요구한다.
㉡ (○) 결과적 가중범의 미수를 부정하는 견해에 의하면 미수규정이 강도치사죄에는 적용되지 않고, 강도살인죄에만 적용된다.
㉢ (×) 결과적 가중범은 일반과실범에 비하여 고의의 기본범죄에 내포된 위험이 실현된 것이므로 행위반가치가 크다.
㉣ (×) 형법에도 인질치사상죄, 강도치사상죄, 현주건조물일수치상죄에 있어서 미수범 처벌규정이 있다. 성폭력범죄의 처벌 및 피해자보호 등에 관한 법률에도 결과적 가중범의 미수범 처벌규정이 있다.

정답 ②

Theme 07 / 긴급피난

긴급피난의 종류

방어적 긴급피난	위난을 야기한 자의 법익을 침해
공격적 긴급피난	위난과 무관한 제3자의 법익을 침해

문 01 정당방위와 긴급피난에 관한 설명 중 옳은 것(○)과 옳지 않은 것(×)을 바르게 표시한 것은?

> ㉠ 긴급피난에 있어서 위난의 현재성과 정당방위에 있어서 침해의 현재성의 성립범위는 동일하나, 보호될 수 있는 법익에는 차이가 있다.
> ㉡ 정당화적 긴급피난에서 피난행위는 위법성이 조각되는 행위이므로 이에 대하여는 정당방위와 긴급피난이 허용되지 않는다.
> ㉢ 긴급피난을 '정 대 정(正 對 正)'의 관계라고 말하는 것은 '방어적 긴급피난'의 경우 피난자의 정당화된 행위와 위난과 관계없이 침해되는 제3자의 법익과의 관계를 염두에 두었기 때문이다.
> ㉣ 이웃집 사람의 사주를 받은 맹견이 달려 나와 甲의 애완견을 물려고 하여 몽둥이로 후려쳐 다치게 한 행위는 정당방위에 해당한다.
> ㉤ 의사 甲이 진료환자 乙이 에이즈 환자임을 알고 乙의 처에게 알려준 행위는 긴급피난에 해당하나, 사회의 성풍속을 해치는 음란영화의 상영을 저지하기 위하여 영화관의 전선을 절단한 행위는 정당방위에 해당하지 않는다.

① ㉠(×), ㉡(×), ㉢(○), ㉣(○), ㉤(○)
② ㉠(×), ㉡(○), ㉢(○), ㉣(×), ㉤(×)
③ ㉠(×), ㉡(×), ㉢(×), ㉣(○), ㉤(○)
④ ㉠(○), ㉡(○), ㉢(×), ㉣(×), ㉤(○)
⑤ ㉠(○), ㉡(○), ㉢(○), ㉣(×), ㉤(○)

해설
㉠ (×) 침해의 현재성에 대한 판단도 다르다. 예컨대 지속적 위난의 경우 정당방위는 허용되지 않으나 긴급피난은 가능하다.
㉡ (×) 정당화적 긴급피난은 위법성조각사유에 해당하므로 이에 대한 정당방위는 허용되지 않는다. 긴급피난만 허용된다.
㉢ (×) 방어적 긴급피난은 긴급피난의 상대방이 위난을 야기한 당사자인 경우이므로, 정 대 정(正 對 正)의 관계라고 말하기 어렵다.
㉣ (○) 주인의 사주 또는 관리 소홀에 기인하여 공격해 오는 동물을 살해한 경우에는 정당방위가 된다.
㉤ (○) 원칙적으로 사회적 법익에 대한 정당방위는 허용되지 않는다.

정답 ③

Theme 08 / 위법성의 평가

학설

주관적 위법성론	위법성의 판단표준을 '행위자 개인'에게 두고 책임능력자의 행위만이 위법할 수 있다고 본다.
객관적 위법성론	위법성의 판단표준을 '일반인'에게 두는 견해로, 책임무능력자의 행위도 위법할 수 있다.

문 01 경찰관 甲은 순찰 도중 잠깐 휴식을 취하기 위해 장전된 권총을 잠시 길 위에 놓아두었는데, 그 옆을 지나가던 정신병자 乙이 갑자기 권총을 집어 들고 甲과 지나가는 사람을 겨냥하면서 "꼼짝 마. 움직이면 쏜다!"라고 말하고 있다. 이에 대한 설명으로 옳지 <u>않은</u> 것은?

① 객관적 위법성론에 따르면 乙의 행위는 위법하므로 甲은 乙에 대하여 정당방위를 할 수 있다.
② 주관적 위법성론에 따르면 乙의 행위는 위법하지 않으므로 甲은 乙에 대하여 정당방위를 할 수 없다.
③ 사회윤리적 관점에서 정당방위를 제한하는 견해에 따르면 乙과 같은 책임무능력자의 침해에 대해서는 정당방위가 제한된다.
④ 乙의 행위는 의도적으로 도발된 침해에 해당하므로 정당방위가 허용되지 않는다.

> **해설**
> ① (○) 객관적 위법성론은 일반인입장에서, 객관적으로 해당 행위를 바라봤을 때 위법하냐 위법하지 않냐를 판단하기 때문에 책임무능력자의 행위도 일단 위법한 행위가 된다. 따라서 甲은 乙에 대하여 정당방위를 할 수 있다.
> ② (○) 주관적 위법성론은 해당 행위를 행위자입장에서 위법하냐 위법하지 않냐를 따져보기 때문에 책임무능력자의 행위는 위법한 행위로 보지 않는다. 따라서 甲은 乙에 대하여 정당방위를 할 수 없다.
> ③ (○) 사회윤리적 관점에서 정당방위를 제한하는 견해에 따르면 책임무능력자의 침해도 위법은 하기 때문에 정당방위를 할 수 있으나 사회윤리적으로 그 정도를 제한하여 보완하는 것이다. 즉, 책임무능력자가 공격을 해도 방어하지 않고 자신의 법익을 보호할 수 있다면 방위수단을 택하지 않고 회피할 것이 먼저 요구되며, 부득이 방어가 필요하더라도 그 방어방법은 최소한에 그쳐야 하고 적극적으로 공격하는 것까지는 인정되지 않는다는 의미이다.
> ④ (×) 과실에 의한 도발로서 정당방위가 허용된다.
>
> **정답** ④

핵심지문 OX Quiz

01 위법성의 판단기준을 행위자 개인에게 두고 법규범에 따라 의사를 결정할 능력이 없는 자의 행위는 위법하지 않다고 보는 견해에 따르면, 책임무능력자의 공격에 대해서는 정당방위를 할 수 없게 된다. ○ | ×

02 위법성의 평가의 방법(기준)과 대상을 구분하여 위법성의 평가는 객관적으로 해야 하나 그 대상에는 객관적 요소뿐만 아니라 주관적 요소도 포함된다고 보는 견해에 따르면, 책임무능력자의 공격에 대하여도 정당방위가 가능하게 된다. ○ | ×

03 위법성의 실질을 결과반가치만으로 파악하는 견해에 따르면, 주관적 정당화요소가 결여된 경우에도 객관적 정당화상황이 존재하면 위법성이 조각될 수 있다. ○ | ×

04 위법성의 실질을 행위반가치로만 파악하는 견해에 대해서는, 고의범에 있어서 기수와 미수를 동일하게 취급하게 되어 부당하다는 비판이 제기된다. ○ | ×

정답 01 ○ 02 ○ 03 ○ 04 ○

Theme 09 / 책임

01 심리적 책임론

책임의 본질은 행위자의 심리적 관계인 고의·과실에 있다고 보는 견해로 그 어느 것도 없으면 책임도 없다는 견해이다. 이 견해는 범죄의 모든 객관적·외적 요소는 불법에 속하고, 주관적·내적 요소는 책임요소에 해당한다고 이해한 인과적 행위론(고전적 범죄체계)의 책임개념이다.

02 규범적 책임론

책임을 심리적 사실관계가 아니라 평가적 가치관계로 이해하여 행위자에게 적법행위를 할 수 있는 기대가능성이 있었음에도 불구하고 그렇게 하지 않았다는 점에 대한 비난가능성에 책임의 본질이 있다고 보는 견해이다(Frank).

03 예방적 책임론(기능적 책임론)

책임의 본질을 일반예방·특별예방이라는 형벌의 목적에 두고 있는 견해이다. '기능적 책임개념'이라고도 하는데, 책임을 형벌목적을 달성하기 위한 수단으로 이해하기 때문이다.

문 01. 책임론에 관한 다음 기술 중 옳지 않은 것을 모두 고른 것은?

㉠ 기능적 책임론에 대해서는, 형벌목적의 고려는 형벌론에서 충분히 이루어질 수 있으므로 이를 책임판단에서 검토할 특별한 이유가 없다는 비판이 제기된다.
㉡ 심리적 책임론에 대해서는, 강요된 행위의 경우 책임을 조각시키거나 배제시키는 것에 대한 설득력 있는 해결을 할 수 없다는 비판이 제기된다.
㉢ 사회적 책임론에 대해서는, 타행위가능성은 사회에 필요한 허구라는 비판이 제기된다.
㉣ 순수한 규범적 책임론에 대해서는, 책임평가의 대상과 그 대상의 평가를 일치시킨다는 점에서 체계 모순에 빠져 있다는 비판이 제기된다.

① ㉡
② ㉢
③ ㉠, ㉡
④ ㉡, ㉢
⑤ ㉢, ㉣
⑥ ㉠, ㉡, ㉢
⑦ ㉡, ㉢, ㉣

해설
㉠ (O) 기능적 책임론은 책임을 예방의 목적에 둔다는 이론이므로, 형벌의 목적은 형벌에서 논하면 되지 왜 책임에서 검토하냐는 비판이 있다.
㉡ (O) 심리적 책임론은 고의·과실만 있으면 책임을 인정하므로 이러한 비판을 받는다.
㉢ (X) 도의적 책임론에 대한 비판이다.
㉣ (X) 순수한 규범적 책임론에 대해서는 평가의 대상과 대상의 평가를 엄격히 구분하려 한 나머지 규범적 평가의 대상을 결하여 책임개념의 공허화를 초래한다는 비판이 제기된다.

정답 ⑤

문 02 책임에 관한 설명 중 옳지 않은 것은?

① 심리적 책임론은 인식 없는 과실의 경우에는 발생한 결과에 대한 행위자의 심리적 관계가 있을 수 없기 때문에 책임을 인정할 수 없게 된다는 비판을 받고 있다.
② 기능적 책임론은 책임개념을 예방으로 대체함으로써 책임주의가 가지고 있는 제한적 기능을 약화시킬 수 있다는 비판을 받고 있다.
③ 책임능력의 판단기준으로 사물변별능력과 의사결정능력을 규정하는 형법 제10조는 책임의 근거를 인간의 의사자유에서 구하는 도의적 책임론에 입각한 규정으로 해석된다.
④ 도의적 책임론은 의사자유를 전제로 하여 형벌을 도의적 비난에 근거한 응보로 이해하는 주관주의 이론을 취하며, 국가의 형사제재를 이원적으로 이해한다.

해설 ① (○) 심리적 책임론은 책임을 행위에 대한 행위자의 주관적, 심리적 관계로 이해하여 인식없는 과실의 경우에는 책임을 인정할 수 없고, 고의, 과실이 있음에도 책임능력이 없거나 책임조각사유에 의한 책임을 부정해야 하는 경우를 설명할 수 없다는 비판을 받는다.
② (○) 기능적 책임론의 입장에서 예방만 강조하면 책임 없이도 예방의 필요성만으로 처벌함으로써 책임주의에 위반된다.
④ (×) 도의적 책임론은 의사자유를 전제로 하여 형벌을 도의적 비난에 근거한 응보로 이해하는 객관주의 이론을 취하고 국가의 형사제재(형벌과 보안처분)를 이원적으로 이해한다.

정답 ④

문 03 책임이론에 관한 설명 중 옳은 것을 모두 묶은 것은?

㉠ 기능적 책임론은 책임개념을 예방으로 대체함으로써 일반예방에 대한 관계에서 책임주의가 가지고 있는 제한적 기능을 무력화시킬 수 있다는 비판을 받는다.
㉡ 규범적 책임론에서는 위법성이 '일반적인 당위'를 문제삼는 것임에 반하여 책임은 행위자가 '달리 행위할 수 있었다'고 하는 '개인적인 가능'을 문제삼는다.
㉢ 책임원칙에 의하면 형벌의 근거는 책임의 존재를 전제로 하며, 형벌의 한계도 책임에 의하여 제한된다.
㉣ 심리적 책임론은 책임을 행위에 대한 행위자의 주관적, 심리적 관계로 이해하여 인식 없는 과실의 경우에는 책임을 인정할 수 없고, 고의·과실이 있음에도 책임능력이 없거나 책임조각사유에 의한 책임을 부정해야 하는 경우를 설명할 수 없다는 비판을 받는다.

① ㉠, ㉡   ② ㉡, ㉢   ③ ㉡, ㉣
④ ㉠, ㉡, ㉢   ⑤ ㉠, ㉡, ㉢, ㉣

해설
㉠ (O) 기능적 책임론의 입장에서 예방만 강조하면 책임 없이도 예방의 필요성만으로 처벌함으로써 책임주의에 위반된다.
㉡ (O) 규범적 책임론은 행위자에 대한 비난가능성을 의미하므로 개인적 적법행위의 가능성을 문제삼는다.
㉢ (O) 책임원칙에 따르면 형벌의 근거는 책임의 존재를 전제로 하고, 형벌의 한계도 책임에 따라 제한된다.
㉣ (O) 책임의 본질을 행위에 대한 행위자의 심리적 사실관계로 이해하는 심리적 책임론은 심리적 사실관계인 고의 또는 과실만 있으면 책임을 인정하므로, 고의 또는 과실은 있으나 강요된 행위처럼 기대가능성이 없어 책임이 부정되는 이유를 설명하기 어렵다는 비판이 제기된다.

정답 ⑤

Theme 10 / 원인에 있어서 자유로운 행위

가벌성의 근거

우리 형법은 제10조 제3항에서 원인에 있어 자유로운 행위에 대한 처벌을 인정하고 있는바, 그 가벌성의 근거에 대하여 견해가 대립하고 있다.

(1) 원인행위설(일치설 또는 구성요건해결모델) - 원인행위를 가벌성의 근거로 보는 견해
  ① 원인에 있어서 자유로운 행위는 자기의 책임능력 없는 상태를 도구로 이용하는 간접정범과 유사하므로 원인설정행위시에 책임능력이 있고 그 결과를 예견하였거나 예견할 수 있는 경우에 그 결과를 야기한 데 대한 책임비난이 가능하다는 견해이다(종래 다수설).
  ② 이 견해에 의하면 행위와 책임의 동시존재의 원칙이 관철되고 있다.

(2) 원인행위와 실행행위의 불가분적 관련설(예외설 또는 책임해결모델) - 원인행위와 실행행위의 불가분적 관계에서 가벌성의 근거를 찾는 견해
  ① 원인행위는 실행행위가 될 수 없고 책임능력 결함상태하에서의 구성요건 실현행위를 실행행위로 파악하면서도, 책임비난의 근거는 행위자가 유책하게 책임능력 결함상태를 초래하여 범죄를 행하게 했다는 점에서 실행행위와 불가분적 관련을 맺고 있는 원인설정행위에서 찾는 견해이다.
  ② 이 견해에 의하면 원인에 있어 자유로운 행위에 있어서 행위와 책임의 동시존재의 원칙은 예외가 된다(현재 유력설).

(3) 반무의식상태설
  책임능력 결함상태에서의 실행행위를 책임의 근거로 인정하는 견해에 따르면 반무의식상태에서 실행행위가 이루어지는 한 그 주관적 요소를 인정할 수 있지만, 대부분의 경우에 책임능력이 인정되어 법적 안정성을 해하는 결과를 초래한다.

문01 책임에 관한 설명으로 가장 적절하지 않은 것은?

① 원인행위를 실행행위로 보는 견해에 따르면 행위와 책임의 동시존재의 원칙에 부합하고, 책임무능력상태에서의 실행행위는 책임이 없거나 행위라고 할 수도 없기 때문에 원인행위 자체를 실행행위로 보지 않으면 원인에 있어서 자유로운 행위를 처벌할 수 없게 된다.

② 원인행위와 실행행위의 불가분적 연관에서 책임의 근거를 인정하는 견해에 따르면 원인설정행위는 실행행위 또는 그 착수행위가 될 수 없지만 책임능력 없는 상태에서의 실행행위와 불가분의 연관을 갖는 것이므로 원인설정행위에 책임비난의 근거가 있다.

③ 엄청난 체력과 힘의 소유자인 체육선생이 연약한 만 16세 여학생 甲의 손목을 잡고 휘둘러 甲의 손으로 옆에 앉아 있던 乙에게 상해를 입힌 경우, 甲의 상해행위는 형법 제12조 강요된 행위에 의해 책임이 조각된다.

④ 책임능력 결함상태에서의 실행행위를 책임의 근거로 인정하는 견해에 따르면 반무의식상태에서 실행행위가 이루어지는 한 그 주관적 요소를 인정할 수 있지만, 대부분의 경우에 책임능력이 인정되어 법적 안정성을 해하는 결과를 초래한다.

해설
① (○) 일치설 또는 구성요건해결모델이다. 원인행위를 실행행위로 보게 되면 행위와 책임의 동시존재의 원칙이 실현되므로 원인행위시에 실행의 착수를 인정한다. 따라서 원인행위 자체를 실행행위로 보지 않으면 원인에 있어서 자유로운 행위를 처벌할 수 없게 된다.
② (○) 원인에 있어서 자유로운 행위의 가벌성의 근거를 원인설정행위와 실행행위의 불가분적 관련에서 찾는 견해(예외설 또는 책임해결모델)는, 원인행위는 실행행위가 될 수 없고 책임능력 결함상태하에서의 구성요건 실현행위를 실행행위로 파악하면서도 책임비난의 근거를 실행행위와 불가분적 관련을 맺고 있는 원인설정행위에서 찾는 견해이다. 이 견해에 의하면 원인에 있어 자유로운 행위에 있어서 행위와 책임의 동시존재의 원칙은 예외가 된다.
③ (×) 폭력은 절대적 폭력과 강제적 폭력으로 나눌 수 있는데, 강요된 행위에서의 폭력은 강제적 폭력을 의미하고 절대적 폭력에 해당하는 경우에는 책임이 아니라 행위 자체가 성립하지 않는다. 체육선생님의 폭력은 절대적 폭력에 해당하므로 甲 여학생의 乙에 대한 상해는 책임이 조각되는 것이 아니라 행위 자체가 성립되지 않아 범죄가 되지 않는다.
④ (○) 책임능력 결함상태하에서의 실행행위에 책임(가벌성)의 근거가 있다는 견해(반무의식상태설)의 입장으로서 반무의식상태에서의 행위라는 개념을 인정하여 이를 유책한 실행행위라고 한다면 사실상 대부분의 경우에 책임능력이 인정되어 법적 안정성을 해한다는 비판을 받는다.

정답 ③

Theme 11 / 기대가능성

기대가능성의 판단기준

평균인표준설(다수설)	기대가능성의 유무를 사회일반의 평균인이 행위자의 입장에 있었을 경우 적법행위의 가능성이 있었는가의 여부에 따라 판단해야 한다는 견해이다.
국가표준설	기대가능성 유무를 국가의 관점에서 파악하자는 견해이다. 기대가능성을 판단함에 있어 국가의 입장에서 통일적으로 해결하는 장점은 있으나, 국가의 입장에서는 모든 행위에 적법행위를 기대하므로 책임이 조각될 여지가 없어진다는 비판이 있다.
행위자표준설	행위자의 개인적 능력과 개인적 사정을 기초로 행위 당시 행위자에게 그 행위 대신 다른 적법한 행위를 기대할 수 있었는가에 따라 판단한다.

문01 형법 제12조의 강요된 행위, 기대가능성에 관한 설명 중 옳지 않은 것은? (다툼이 있는 경우 판례에 의함)

① 강요된 행위는 강제상태하에서는 행위자에게 적법행위의 기대가능성이 없다는 것을 이유로 책임조각을 인정하는 규정이다.
② 폭력을 그 정도에 따라 '절대적 폭력'과 '강제적 폭력'으로 구분하는 경우에 제12조의 폭력에 '절대적 폭력'은 포함되지 않는다.
③ 기대가능성의 판단기준을 국가에 두면 국가는 국민의 적법행위를 기대하므로 기대가능성이 없다는 이유로 책임이 조각되는 경우가 축소될 수 있다.
④ 甲이 담배제조업 허가 없이 전자장치를 이용해 흡입할 수 있는 니코틴이 포함된 용액을 제조한 경우, 궐련담배제조업의 허가기준은 존재하나 전자담배제조업에 관한 허가기준이 없는 이상 甲에게 담배제조업 관련 법령의 허가기준을 준수하거나 허가기준이 새롭게 마련될 때까지 법 준수를 요구하는 것을 기대할 수 없다.

해설 ① (○) 강요된 행위에 대한 설명으로 옳다.
② (○) 절대적 폭력은 행위에 해당하지 않으므로 제12조의 폭력에는 포함되지 않는다.
③ (○) 국가표준설의 입장으로 기대가능성 유무를 국가의 관점에서 파악하자는 견해인데, 기대가능성을 판단함에 있어서 국가입장에서 통일적으로 해결하는 장점은 있으나, 국가의 입장에서는 모든 행위에 적법행위를 기대하므로 책임이 조각될 여지가 없어진다는 비판이 있다.
④ (×) 담배사업법의 위임을 받은 기획재정부가 전자담배제조업에 관한 허가기준을 마련하지 않고 있으나, 정부는 전자담배제조업의 허가와 관련하여 적정한 기준을 마련함에 있어 법률이 위임한 정책적 판단 재량이 존재하고 궐련담배제조업에 관한 허가기준은 이미 마련되어 있는 상황이므로 담배제조업 관련 법령의 허가기준을 준수하거나 허가기준이 새롭게 마련될 때까지 법 준수를 요구하는 것이 사회적 평균인의 입장에서도 불가능하거나 현저히 곤란한 것을 요구하여 죄형법정주의 원칙에 위반된다거나 기대가능성이 없는 행위를 처벌하는 것이어서 위법하다고 보기는 어렵다(대판 2018.9.28, 2018도9828).

정답 ④

Theme 12 / 부작위

핵심지문 OX Quiz

청산가리를 먹고 신음 중인 A를 본 甲이 보호의무가 있음에도 이를 방치한 결과 A가 사망한 경우 만약 甲이 즉시 병원으로 후송했더라도 의학기술상 치료가 불가능하다는 것이 판명되었다면, 甲에 대해서는 유기치사죄가 성립하지 않는다.

O | X

정답 O

문 01 부작위범에 관한 설명 중 가장 적절하지 <u>않은</u> 것은? (다툼이 있는 경우 판례에 의함)

① 진정부작위범과 부진정부작위범의 구별에 관한 학설 중 실질설은 거동범에 대하여는 부진정부작위범이 성립할 여지가 없다고 보는 반면에, 형식설은 결과범은 물론 거동범에 대하여도 부진정부작위범이 성립할 수 있다고 본다.
② 부작위에 의한 방조범이 보증인지위에 있는 자로 한정되는 반면, 부작위범에 대한 교사범은 보증인지위에 있는 자로 한정되지 않는다.
③ 보증인지위와 보증인의무를 모두 부진정부작위범의 구성요건요소로 이해하는 견해에 따르면 부진정부작위범의 구성요건해당성이 지나치게 확대된다.
④ 하나의 행위가 작위범과 부작위범의 구성요건을 동시에 충족하는 경우도 있다.

해설 ① (○) 실질설은 거동범을 모두 진정부작위범으로 보고, 형식설은 법조문을 보고 따지므로 결과범은 물론 거동범에서도 부진정부작위범이 성립할 수 있다고 본다.
② (○) 부작위에 의한 방조범이 성립하려면 작위의무가 있어야 하며(예 도둑을 보고도 잡지 않는 경비원), 부작위범에 대한 교사(예 퇴거불응죄를 교사하는 자)는 보증인지위에 있을 필요가 없다.
③ (×) 보증인지위(아버지)와 보증인의무(자녀를 구해줄 의무)가 있다. 통설은 보증인지위는 구성요건에서, 보증인의무는 위법성에서 따진다. 그러나 보증인지위를 위법성요소로 이해하는 견해는 구성요건에 보증인지위에 있지 않은 자까지 포함해서 처벌하므로 부진정부작위범의 구성요건해당성이 지나치게 확대된다.
④ (○) 하나의 행위가 부작위범인 직무유기죄와 작위범인 허위공문서작성·행사죄의 구성요건을 동시에 충족하는 경우, 공소제기권자는 재량에 의하여 작위범인 허위공문서작성·행사죄로 공소를 제기하지 않고 부작위범인 직무유기죄로만 공소를 제기할 수 있다(대판 2008.2.14. 2005도4202).

정답 ③

문 02 부작위범에 대한 설명 중 옳은 것은? (다툼이 있는 경우 판례에 의함)

① 보증인지위의 발생근거에 대한 실질설(기능설)은 법령·계약·선행행위·조리 등을 주된 근거로 들며, 형식설(법원설)은 보호의무와 안전의무를 지도적 관점으로 채택한다.
② 보증인지위와 보증인의무의 체계적 지위를 구별하는 이분설에 따를 때 보증인지위와 보증인의무에 대한 착오는 구성요건적 착오에 해당한다.
③ 부작위범 사이의 공동정범은 다수의 부작위범에게 공통된 의무가 부여되어 있고 그 의무를 공통으로 이행할 수 있을 때에만 성립한다.
④ 부작위에 의한 사기죄에서 작위의무의 발생근거는 유기죄에서 보호의무의 발생근거보다 그 범위가 좁다.
⑤ 살인죄와 같은 단순결과범과 사기죄와 같은 행태의존적 결과범을 구별하는 견해에 따르면 행위정형의 동가성(동가치성)은 전자의 경우에만 특별한 의미를 가진다.

해설 ① (×) 보증인지위의 발생근거에 대한 형식설(법원설)은 법령·계약·선행행위·조리 등을 주된 근거로 들며, 실질설(기능설)은 보호의무와 안전의무를 지도적 관점으로 채택한다.
② (×) 보증인의무와 보증인지위를 구별하는 이원설에 따르면, 보증인의무에 대한 착오는 금지착오가 되고 보증인지위에 대한 착오는 구성요건착오가 된다.
③ (○) 대판 2008.3.27. 2008도89
④ (×) 유기죄는 법률과 계약에 의해서만 보호의무가 인정되나 부작위범은 법령, 계약, 선행행위, 조리에 의해서도 인정되기 때문에 사기죄가 그 보호의무의 인정범위가 유기죄보다 더 넓다.
⑤ (×) 행위정형의 동가치성은 단순결과범에서는 특별한 의미를 가지지 않고 행태의존적 결과범에서만 문제된다.

정답 ③

Theme 13 / 실행의 착수

실행의 착수시기에 관한 학설

형식적 객관설	엄격한 의미에서 구성요건에 해당하는 정형적인 행위 또는 그 일부를 개시한 때에 실행의 착수가 있다고 보는 견해이다. 예 절도죄의 경우(이하 동일), 재물을 손으로 잡을 때
실질적 객관설	구성요건적 행위의 직접 전 단계의 행위를 실행한 때에 실행의 착수를 인정하는 견해이다. 예 금고문을 열기 위한 행위를 개시한 때
주관설	실행의 착수는 결국 주관적 객관화를 말하므로 고의와 그 성립이 수행적 행위에 의하여 확정적으로 나타난 때, 즉 고의의 비약적 표동이 있는 때에 실행의 착수가 있다는 견해이다. 예 금고를 털기 위하여 건물 안으로 들어가는 때
절충설	행위자의 범행에 대한 전체 계획에 비추어(주관적 기준) 구성요건 실현의 직접적 개시가 있는 때(객관적 기준) 실행의 착수가 있다(통설·판례). 예 금고를 털기 위해 금고가 있는 건물에 들어가 있는 방의 자물쇠를 뜯고 들어갈 때
결론	형식적 객관설은 너무 늦은 시점에서 실행의 착수를 인정함으로써 미수의 범위를 지나치게 축소시키는 단점이 있고, 실질적 객관설은 판단기준이 불명확하여 판단자의 자의가 개입할 위험이 있고, 주관설은 당사자의 의사만을 고려함으로써 구성요건의 정형성을 도외시함으로써 죄형법정주의에 반할 위험이 있다. 범죄는 주관과 객관의 결합이므로 실행의 착수시기도 주관과 객관을 고려하는 절충설이 타당하다.

문 01 아래 문장의 ( ) 안에 들어갈 말을 <보기 1>과 <보기 2>에서 순서대로 고른 것 중 옳은 것은?

> 실행의 착수에 대한 ( )에 따르면 미수의 범위는 범죄에 대한 행위자의 주관적 표상과 구성요건을 실현하기 위한 직접적 행위, 즉 행위자의 전체 범죄계획에 비추어 볼 때 직접적으로 보호객체에 대한 위험이라는 두 개의 표준에 의해 결정된다. 그러므로 살해의 의사로 독약이 든 음식물을 피해자의 냉장고에 넣어둔 행위는 이 학설에 의하면 ( )

─<보기 1>─
㉠ 형식적 객관설 ㉡ 실질적 객관설
㉢ 주관설   ㉣ 주관적 객관설

─<보기 2>─
a. 아직 구성요건에 규정되어 있는 살해행위가 아니므로 실행의 착수를 인정할 수 없다.
b. 구성요건적 행위와 필연적으로 결합되어 있어 법적 관점이 아닌 자연적 관점에서는 살해행위의 일부로 보이므로 실행의 착수를 인정할 수 있다.
c. 구성요건을 실현하는 행위는 아니지만 당해 구성요건이 보호하려는 법익을 침해하는 밀접한 행위가 있어 실행에 착수한 행위이다.
d. 피해자가 스스로 이 음식을 곧바로 꺼내먹고 죽을 것으로 생각하고 넣어 두었다면 실행에 착수한 것이다.
e. 자기가 이 음식을 꺼내 피해자에게 제공하려고 넣어 두었다면 실행의 착수를 인정할 수 있다.

① ㉠ - a ② ㉡ - b ③ ㉡ - c
④ ㉢ - e ⑤ ㉣ - d

> **해설** 지문은 주관적 객관설의 입장인데, 행위자가 생각한 대로 피해자가 스스로 음식을 꺼내서 먹을 수 있었다면 법익에 대한 직접적 위험이 인정되므로 실행의 착수로 보아야 한다.
>
> **정답** ⑤

문 02 형법 교수가 내어준 다음 <사례>의 甲과 乙의 죄책을 논하기 위하여 학생들이 <보기>와 같이 이야기하고 있다. 옳은 이야기를 한 학생을 모두 고른 것은?

―<사례>―
1. 甲은 길에 주차된 자동차 안의 물건을 훔치려는 의도로 면장갑을 끼고 칼을 소지한 채 손전등을 비춰 자동차 내부를 살펴보다가 자동차 주인에게 발각되었다.
2. 乙은 강간할 목적으로 새벽 4시에 피해자의 방문을 심하게 두드렸고 이에 피해자가 창문에 걸터앉아 가까이 오면 뛰어내리겠다고 함에도 불구하고 베란다를 통해 창문으로 침입하려 하였으며 결국 피해자가 창문에서 뛰어내려 중상을 입었다.

―<보기>―
A: 실행의 착수시기에 관한 주관설의 입장에 의하면 甲에게는 절도죄의 실행착수를 인정할 수 있다.
B: 판례의 입장에 따르면 甲에게는 절도죄의 실행착수를 인정할 수 없다.
C: 甲은 면장갑을 끼고 칼까지 소지했으므로 절도예비죄로 처벌된다.
D: 강간죄의 실행착수시기는 폭행이나 협박을 개시한 때라고 보는 것이 판례의 입장이다.
E: 판례의 입장에 따르면 乙은 폭행이나 협박을 하지 않았고, 간음을 시작한 것도 아니므로 乙에게는 강간죄의 실행착수를 인정할 수 없다.
F: 乙에게는 강간예비죄의 죄책이 주어지므로 형사사법의 공백이 초래되지 않는다.
G: 실행의 착수시기에 관한 주관설에 따르면 乙에게 강간죄의 실행착수를 인정할 수 있지만, 피해자가 입은 중상은 乙의 소행이 아니므로 乙에게 강간치상죄의 죄책을 부과할 수는 없다는 것이 판례의 입장이다.

① A, B, D
② A, B, E
③ A, B, G
④ A, D, E
⑤ A, D, G
⑥ C, E, F
⑦ A, B, D, E
⑧ A, B, D, G

해설 C. (×) 절도는 예비죄를 처벌하는 규정이 없다.
E. (×) 피고인이 간음할 목적으로 새벽 4시에 여자 혼자 있는 방문 앞에 가서 피해자가 방문을 열어주지 않으면 부수고 들어갈 듯한 기세로 방문을 두드리고, 피해자가 위험을 느끼고 창문에 걸터앉아 가까이 오면 뛰어내리겠다고 하는데도 베란다를 통하여 창문으로 침입하려고 하였다면 강간의 수단으로서의 폭행에 착수하였다고 할 수 있으므로 강간의 착수가 있었다고 할 것이다(대판 1991.4.9. 91도288).
F. (×) 실행의 착수가 인정되므로 틀린지문이다.
G. (×) 강간치상죄가 성립한다.

정답 ①

Theme 14 / 중지미수

01 주관적 요건(자의성) – 중지미수와 장애미수를 구별하는 기준

① 중지미수는 범인이 실행에 착수한 행위를 자의로 범죄를 완성하지 않은 경우이다. 따라서 자의성은 중지미수와 장애미수를 구별하는 기준이 된다.
② 중지미수와 장애미수의 구별기준이 되는 자의성을 판단하는 기준이 무엇이냐에 대해 다음과 같이 견해가 대립하고 있다.

학설	내용
객관설	외부적 사정에 의한 범죄의 미완성은 장애미수이고, 내부적 동기에 의한 범죄의 미완성은 중지미수라는 견해이다.
주관설	윤리적 동기(예 후회·동정·연민·양심의 가책 등)에 의하여 중지한 경우는 중지미수이고, 그 이외의 경우는 모두 장애미수라는 견해이다.
절충설 (다수설)	행위자의 인식을 기초로 일반 사회관념상 범죄수행에 장애가 될 만한 사유가 있는 경우는 장애미수이고, 그러한 사유가 없음에도 불구하고 자율적 동기에 의하여 중지한 경우는 중지미수라는 견해이다.
Frank의 공식	할 수 있었음에도 하기를 원하지 않아서 중지한 경우는 중지미수이고, 하려고 하였지만 할 수가 없어서 중지한 경우는 장애미수라는 견해이다.

02 객관적 요건(실행행위의 중지 또는 결과발생의 방지) – 착수미수와 실행미수의 구별기준

① 객관설, 주관설, 절충설의 대립이 있으나 주관설이 타당하다.
② 주관설은 중지시에 행위자의 범행계획으로 아직 실행행위가 남아있다고 생각하면 착수미수, 실행행위가 완료되었다고 생각하면 실행미수로 보는 견해이다.

문 01

다음은 중지미수와 장애미수의 구별기준에 관한 학설 <보기 1>과 그 학설의 내용 또는 그에 대한 비판 <보기 2>이다. 그 연결이 올바른 것은?

―<보기 1>―

가. 외부적 사정과 내부적 동기로 구별하여 외부적 사정에 의하여 범죄가 완성되지 않은 경우는 장애미수이고, 그렇지 않은 경우는 중지미수이다.
나. 후회, 동정 기타 윤리적 동기에 의하여 중지한 경우는 중지미수이고, 그렇지 않은 경우는 장애미수이다.
다. 할 수 있었음에도 불구하고 하기를 원하지 않아서 중지한 때는 중지미수이고, 하려고 하였지만 할 수가 없어서 중지한 때는 장애미수이다.
라. 사회통념상 범죄수행에 장애가 될 만한 사유가 있는 경우는 장애미수이지만, 그러한 사유가 없음에도 불구하고 자기의사에 의하여 중지한 때에는 중지미수이다.
마. 범행을 중지하게 된 내심적 태도를 규범적 관점에서 평가하여 합법성으로의 회귀 또는 법의 궤도로의 회귀라고 볼 수 있으면 중지미수이다.

―<보기 2>―

A. 이 견해는 자의성과 윤리성을 혼동하고 있으며 자의성을 인정하는 범위가 지나치게 협소하다는 비판을 받고 있다.
B. 이 견해에 따르면 범행 당일 미리 제보를 받은 세관직원들이 범행장소 주변에 잠복근무를 하고 있어 그들이 왔다갔다 하는 것을 보고 범행이 발각될 것을 두려워한 나머지 범행을 중도에 포기한 경우에는 중지미수가 성립하지 않는다.
C. 이 견해는 더 나은 범행의 기회를 잡기 위해 중지한 경우에는 중지미수가 성립하지 않는다고 본다.
D. 이 견해에 대해서는 자의성과 가능성을 혼동하고 있으며 해석에 따라서는 자의성의 범위가 부당하게 확대된다는 비판이 가해진다.
E. 이 견해는 강제적 장애사유가 없음에도 불구하고 자율적 동기에 의하여 중지한 때에는 자의성이 인정되지만 범인의 의사와 관계없이 사태를 현저히 불리하게 만든 장애사유 때문에 타율적으로 중지한 때에는 자의성이 인정되지 않는다고 본다.

① 가-E, 나-B, 다-D, 라-C, 마-A
② 가-B, 나-A, 다-D, 라-E, 마-C
③ 가-B, 나-A, 다-C, 라-E, 마-D
④ 가-E, 나-C, 다-A, 라-B, 마-D
⑤ 가-B, 나-D, 다-E, 라-A, 마-C

> **해설** 가. 객관설 - B. 객관설에 대한 비판이다.
> 나. 주관설 - A. 주관설에 대한 비판이다.
> 다. frank 공식 - D. frank 공식에 대한 비판이다.
> 라. 사회통념설 - E. 사회통념설에 대한 비판이다.
> 마. 규범설 - C. 규범설에 대한 비판이다.
>
> **정답** ②

문 02 미수범에 관한 설명 중 옳지 않은 것은? (다툼이 있는 경우 판례에 의함)

① 공범자 중 1인의 자의에 의한 중지에 의해 실제로 결과가 방지된 경우에 중지하지 않은 다른 공범자에 대해서는 장애미수의 규정이 적용된다.
② 중지미수의 자의성 여부에 관한 판례의 태도에 따르면 행위자의 중지가 일반사회통념상 범죄를 완수함에 장애가 되는 사정에 의한 것이 아니라고 평가될 수 있으면 자의성이 인정될 수 있다.
③ 불능미수의 위험성 판단에 관한 추상적 위험설과 구체적 위험설은 그 판단자료로서 일반인이 인식할 수 있었던 사정을 포함시키는지의 여부에 따라 차이가 있다.
④ 불능미수의 위험성 판단과 관련하여 행위자가 인식한 사정과 일반인이 인식할 수 있었던 사정이 일치하지 않는 경우에 어느 사정을 기초로 판단할 것인지가 명확하지 않다는 비판을 받고 있는 견해에 의하면, 명백히 사정거리 밖에 있는 자에 대해 사정거리 안에 있는 것으로 오인하고 총격한 경우에 위험성이 부정된다.
⑤ 실탄 세 발이 든 총으로 피해자를 살해하기 위해 첫 발을 쏘았으나 총알이 빗나가자 다시 쏠 수 있었음에도 불구하고 그 이후의 사격행위를 포기한 경우, 중지한 시점의 행위자의 생각을 기준으로 종료미수(실행미수)와 미종료미수(착수미수)를 구별하는 견해에 의하면 실행행위는 종료된 것이 된다.

> **해설** ⑤ (×) 중지한 시점의 행위자의 생각을 기준으로 종료미수(실행미수)와 미종료미수(착수미수)를 구별하는 견해는 주관설이다. 주관설에 의하면, 결과발생에 필요한 실행행위를 아직 끝마치지 못했으므로(세 발을 쏘려고 계획했으나, 한발만 쏘았으므로) 추가적인 행위가 여전히 필요하다는 것이 행위자의 의사(생각)이므로, 아직 실행행위는 종료되지 아니한 착수미수로 보게 된다.
>
> **정답** ⑤

문 03 다음 기술 중 학설에 대한 비판으로 옳지 않은 것은?

① 미필적 고의와 인식 있는 과실의 구별에 관한 개연성설에 대해서는 고의의 본질을 지적 요소에 중점을 두고 의지적 요소를 도외시하고 있으며 결과발생의 가능성과 개연성의 구별이 쉽지 않다는 비판이 제기된다.
② 피해자의 승낙에 의해 위법성이 조각되는 경우에 관한 이익흠결설(또는 이익포기설)에 대해서는 승낙살인죄와 같이 피해자의 승낙이 위법성을 조각하지 않는 것으로 규정한 경우를 설명할 수 없다는 비판이 제기된다.
③ 기대가능성의 판단표준에 관한 학설 중 국가표준설에 대해서는 국가가 항상 국민에게 적법행위를 기대하기 때문에 기대가능성이 없다는 이유로 책임이 조각되는 경우란 거의 발생하지 않는다는 비판이 제기된다.
④ 고의와 위법성 인식의 관계에 관한 엄격책임설에 대해서는 규범적 구성요건요소에 관한 회피가능한 포섭의 착오를 과실범으로 처벌하기 때문에 처벌의 부당한 흠결이 발생한다는 비판이 제기된다.
⑤ 중지미수의 법적 성격에 관한 불법소멸·감소설에 대해서는 중지미수의 효과가 필요적 형 감면인 것을 적절하게 설명할 수 없다는 비판이 제기된다.

> **해설** ④ (×) 엄격고의설에 대한 비판이다.
> ⑤ (○) 불법소멸·감소설에 따르면 무죄를 선고해야 하므로 불법소멸·감소설은 형의 면제 효과를 설명하기 어렵다는 비판을 받는다.
>
> **정답** ④

Theme 15 / 불능미수

위험성

(1) 구객관설

불능을 절대적 불능과 상대적 불능을 구별하여, 절대적 불능은 벌할 수 없지만 상대적 불능은 미수범으로서 처벌받아야 한다는 견해이다.

(2) 구체적 위험설

① 구체적 위험성이 없으면 불능범이고, 구체적 위험성이 있으면 미수라고 한다. 구체적 위험성의 유무에 관한 판단은 행위 당시에 행위자가 인식한 사정과 일반인이 인식할 수 있었던 사정을 기초로 하여 일반적 경험법칙에 의거하여 사후에 판단하게 된다.

② 행위자가 인식했던 사정과 일반인이 인식할 수 있었던 사정이 일치하지 않는 경우에 어느 사정을 기초로 판단할 것인지가 명확하지 않다는 비판이 있다.

③ 이 비판에 대하여 일반인과 행위자 인식이 불일치할 때는 일반인의 인식을 기초로 삼고 행위자가 특히 알고 있었던 사정을 고려하면 된다는 재반박이 있다.

(3) 추상적 위험설

행위시에 행위자가 인식한 사실을 기초로 하여 행위자가 생각한 대로의 사정이 존재하였으면 일반인의 판단에서 결과발생의 위험성이 있는 경우를 추상적 위험이라고 하고, 이러한 추상적 위험성의 유무에 의하여 미수범과 불능범이 구별된다는 학설이다.

(4) 주관설

주관적으로는 범죄의 의사가 확실하게 표현된 이상 그것이 객관적으로 절대불능인 때에도 미수범으로 처벌하여야 한다는 이론으로서, 미신범을 제외하고 원칙적으로 불능범의 개념을 인정하지 않는다(불능범을 거의 부정하는 견해이다).

(5) 인상설

행위자의 법적대적 의사가 일반인의 법적 안정감이나 사회적 평온상태를 교란하는 인상을 줄 경우에 위험성이 인정된다는 학설이다.

문 01 다음 학생 중 가벌적 불능미수 또는 불가벌적 불능범에 대하여 올바르게 설명하고 있는 학생을 모두 고른 것은? (다툼이 있는 경우 판례에 의함)

> 보미: 가벌적 불능미수란 구성요건요소가 존재하지 아니함에도 불구하고 이를 존재한다고 착오한 경우라는 점에서 반전된 금지착오의 형태라고 볼 수 있다.
> 현정: 가벌적 불능미수의 판단기준에 관한 추상적 위험설에 의하면 위험성 판단은 행위자가 행위 당시에 인식한 사정을 기초로 이것이 객관적으로 일반인의 판단으로 보아 결과 발생의 가능성이 있느냐를 따져야 한다.
> 영준: 소송비용을 편취할 의사로 소송비용의 지급을 구하는 손해배상청구의 소를 제기한 경우에는 사기죄의 불가벌적 불능범에 해당된다.
> 혜미: 결과발생이 처음부터 불가능한 것을 알면서 행위자가 이를 실행한 경우, 위험성이 있다고 인정되면 가벌적 불능미수가 성립한다.
> 창수: 일정량 이상을 먹으면 사람이 죽을 수도 있는 약초인 '부자' 달인 물을 마시게 하여 피해자를 살해하려다 미수에 그친 행위는 불가벌적 불능범이 아닌 살인미수죄에 해당한다.

① 영준, 창수
② 보미, 현정, 영준
③ 현정, 영준, 창수
④ 현정, 혜미, 창수
⑤ 보미, 현정, 영준, 창수
⑥ 현정, 영준, 혜미, 창수

해설
- 보미: 반전된 사실의 착오이다.
- 혜미: 행위자는 기수의 고의여야 한다.

정답 ③

문 02. 불능범과 불능미수를 구별하는 기준으로서 '위험성'의 판단방법에 관한 설명 중 옳은 것을 모두 고른 것은?

> ㉠ 주관설에 대해서는 불능미수의 한계를 명확히 할 수 없고, 행위자의 의사 이외에 객관적 요소를 고려하지 않으므로 미수범의 성립범위를 과도하게 넓힐 우려가 있다는 비판이 제기되고 있다.
> ㉡ 구 객관설은 결과발생의 불가능성을 절대적 불능과 상대적 불능으로 구별하여 전자의 경우에는 위험성을 부정하여 불능범이 되고 후자의 경우에는 위험성을 인정하여 불능미수가 된다는 견해이다.
> ㉢ 구체적 위험설에 대해서는 행위자가 인식한 사정과 일반인이 인식할 수 있었던 사정이 일치하지 않는 경우에 어느 사정을 기초로 판단할 것인가가 명확하지 않다는 비판이 제기되고 있다.
> ㉣ 추상적 위험설은 밀가루를 독약으로 알고 먹인 경우에 행위자가 인식한 대로라면 일반인의 입장에서도 위험성이 있다고 판단되는 때에는 불능미수에 해당한다고 한다.
> ㉤ 추상적 위험설에 대해서는 행위자가 경솔하게 잘못 안 경우에도 그 사실을 기초로 위험성을 판단해야 한다는 것은 부당하다는 비판이 제기되고 있다.
> ㉥ 구 객관설은 시체를 살아있는 사람으로 오인하고 발포한 경우, 치사량 미달의 독약을 음용하게 하여 사람을 살해하려고 한 경우에는 결과발생이 개념적으로 불가능한 절대적 불능으로 보아 위험성을 부정하여 벌할 수 없다고 한다.

① ㉠, ㉡, ㉢, ㉣
② ㉠, ㉡, ㉢, ㉤
③ ㉠, ㉡, ㉣, ㉥
④ ㉠, ㉡, ㉢, ㉣, ㉤
⑤ ㉡, ㉢, ㉣, ㉤, ㉥

해설 ㉠ (○) 주관설은 범죄의사가 표현되면 모두 미수범으로 보기 때문이다.
㉡ (○) 구 객관설은 절대적 불능은 불능범, 상대적 불능은 불능미수로 인정한다.
㉢ (○) 구체적 위험설은 행위자가 인식했던 사정과 일반인이 인식할 수 있었던 사정을 기초로 하므로 행위자와 일반인이 인식한 사정이 불일치시에 문제가 된다.
㉣ (○) 행위자의 인식은 독약이므로 일반인의 입장에서 위험성이 인정된다.
㉤ (○) 추상적 위험설은 행위자의 인식을 토대로 하므로 이런 비판이 가능하다.
㉥ (×) 구 객관설은 치사량 미달의 독약은 상대적 불능으로 보아 불능미수로 처벌한다.

정답 ④

문 03 甲은 2017.4.17. 22:30경 자신의 집에서 甲의 처 A, 피해자 B와 함께 술을 마시다가 다음 날 01:00경 A가 먼저 잠이 들고 02:00경 B도 안방으로 들어가자 B를 따라 들어간 뒤, 누워 있는 B의 옆에서 B의 가슴을 만지고 팬티 속으로 손을 넣어 음부를 만지다가, B의 입을 막고 바지와 팬티를 벗긴 후 1회 간음하였다. 당시 B는 주량을 다소 초과하여 술을 마시기는 하였으나 심신상실이나 항거불능상태였다고는 볼 수 없고, 정상적인 판단이 가능하고 깨어있는 상태였으나 甲이 일련의 성행위를 하는 동안 제대로 저항하지 않았고, 甲은 B가 술과 잠에 취해 제대로 저항하지 못하는 상태에 있다고 생각하고 이를 적극적으로 이용하려고 한 것으로 판명되었다. 甲의 형사책임을 논증하는 설명으로 가장 적절하지 <u>않은</u> 것은? (다툼이 있는 경우 판례에 의함)

① 형법은 폭행 또는 협박의 방법이 아닌 심신상실 또는 항거불능의 상태를 이용하여 간음한 행위를 강간죄에 준하여 처벌하고 있으므로, 준강간의 고의는 피해자가 심신상실 또는 항거불능의 상태에 있다는 것과 그러한 상태를 이용하여 간음한다는 구성요건적 결과발생의 가능성을 인식하고 그러한 위험을 용인하는 내심의 의사를 말한다.

② 형법 제27조에서 '결과발생이 불가능'하다는 것은 범죄기수의 불가능뿐만 아니라 범죄실현의 불가능을 포함하는 개념이다. 행위가 종료된 사후적 시점에서 판단하게 되면 형법에 규정된 모든 형태의 미수범은 결과가 발생하지 않은 사태라고 볼 수 있으므로, 만약 '결과불발생', 즉 결과가 현실적으로 발생하지 않았다는 것과 '결과발생불가능', 즉 범죄실현이 불가능하다는 것을 구분하지 않는다면 장애미수범과 불능미수범은 구별되지 않는다.

③ 불능범과 구별되는 불능미수의 성립요건인 '위험성'은 피고인이 행위 당시에 특별히 인식한 사정과 일반인이 인식할 수 있었던 사정을 기초로 일반인이 객관적으로 판단하여 결과발생의 가능성이 있는지 여부를 따져야 한다.

④ 甲은 B가 심신상실 또는 항거불능의 상태에 있다고 인식하고 그러한 상태를 이용하여 간음할 의사로 피해자를 간음하였으나 B가 실제로는 심신상실 또는 항거불능의 상태에 있지 않은 경우에는, 실행의 수단 또는 대상의 착오로 인하여 준강간죄에서 규정하고 있는 구성요건적 결과의 발생이 처음부터 불가능하였고 실제로 그러한 결과가 발생하였다고 할 수 없다. 따라서 甲은 준강간죄의 불능미수범의 죄책을 진다.

해설 ③ (×) 불능범과 구별되는 불능미수의 성립요건인 '위험성'은 피고인이 행위 당시에 인식한 사정을 놓고 일반인이 객관적으로 판단하여 결과발생의 가능성이 있는지 여부를 따져야 한다(대판 2019.3.28. 2018도16002 전원합의체).

정답 ③

문 04 다음 설명 중 옳은 것은? (다툼이 있는 경우 판례에 의함)

① 중지미수와 불능미수는 착수미수와 실행미수에 따라 그 성립요건을 달리하기 때문에 착수미수와 실행미수를 구별하는 실익이 있다.
② 중지미수를 장애미수나 불능미수보다 더 가볍게 처벌하는 근거에 관한 이론 중 위법성(불법)소멸설이나 책임소멸설은 현행 형법의 태도와 일치하지 않는다.
③ 특수강간미수범이 피해자를 상해에 이르게 한 때에는 특수강간치상미수죄가 성립한다.
④ 포괄일죄의 관계에 있는 범행의 일부를 실행한 후 공범관계에서 이탈하였으나 다른 공범자에 의하여 나머지 범행이 이루어진 경우, 공범관계에서 이탈한 자는 관여하지 않은 부분에 대하여 죄책을 부담하지 않는다.
⑤ 자신이 토지의 소유자라고 허위의 주장을 하면서 소유권보존등기 명의자를 상대로 보존등기의 말소를 구하는 소송을 제기하여 보존등기 말소를 명하는 내용의 확정판결을 받았더라도 아직 자기 앞으로 소유권보존등기를 경료하지 않은 상태라면 사기죄의 미수범이 성립한다.

해설 ① (×) 착수미수와 실행미수를 구별하는 것은 중지미수요건이 달라지기 때문이다.
② (○) 위법이나 책임이 소멸하면 무죄판결을 해야 하므로 필요적 감면사유로 보는 현행법과 일치하지 않는다.
③ (×) 강간치상죄의 기수는 강간의 기수로 결정하는 것이 아니라 상해의 발생 여부로 결정한다. 따라서 위험한 물건인 전자충격기를 사용하여 강간을 시도하다가 미수에 그치고 피해자에게 약 2주 간의 치료를 요하는 안면부 좌상 등의 상해를 입힌 경우 <u>특수강간치상죄의 기수범</u>이 된다(대판 2008.4.24. 2007도10058).
④ (×) 피고인이 포괄일죄의 관계에 있는 범행의 일부를 실행한 후 공범관계에서 이탈하였으나 다른 공범자에 의하여 나머지 범행이 이루어진 경우, 피고인이 관여하지 않은 부분에 대하여도 죄책을 부담한다(대판 2011.1.13. 2010도9927).
⑤ (×) 보존등기의 말소를 명하는 내용의 승소확정판결을 받는다면, 그 사실을 증명하여 자기 앞으로의 소유권보존등기를 신청하여 그 등기를 마칠 수 있게 되므로 재산상 이익을 취득하게 된다. 그 경우 기수시기는 위 판결이 확정된 때이다(대판 2006.4.7. 2005도9858 전원합의체).

정답 ②

Theme 16 / 정범개념

범죄에 다수의 관여자가 있는 경우 이 사람들을 일원적 체계(단일정범개념)로 처벌할지 이원적 체계로 처벌할지 입법례가 나뉜다.

01 일원적 체계 – 단일정범개념

① 단일정범개념은 모든 관여자를 포괄적, 통일적으로 정범으로 이해하고, 개개인의 처벌은 양형에서 처리하거나 아예 무시하고 동일하게 처벌하는 입장이다.
   - 예) 질서위반행위규제법 제12조 제1항 → 다수가 질서위반행위를 하면 각자를 정범으로 처벌한다.
② 이 견해에 의하여 가벌성이 확대된다는 단점이 있다.

02 이원적 체계

이원적 체계는 정범과 공범을 구별하는데, 다시 정범은 무엇이냐에 대해서 제한적 정범개념과 확장적 정범개념의 대립이 있다.
① 제한적 정범개념(객관설과 결합)은 구성요건에 해당하는 행위를 한 자만이 정범이고 공범규정에 의해서 처벌이 확장(즉, 공범규정은 처벌확장사유)되는 것으로 이해하는 입장이다.
② 확장적 정범개념(주관설과 결합)은 구성요건 결과에 영향을 준 사람은 다 정범이라고 보는 입장이다(공범은 처벌축소사유).

```
                 ┌ 일원적 체계 ─ 단일정범개념
                 │              ┌ 제한적 정범개념
                 └ 이원적 체계 ─┤
                                └ 확장적 정범개념
```

문 01 공범에 대한 설명 중 옳은 것(○)과 옳지 않은 것(×)을 순서대로 바르게 나열한 것은?

㉠ 단일정범개념에 대해서는 가벌성의 확대를 초래한다는 비판이 있다.
㉡ 제한적 정범개념에 의하면 공범규정은 형벌제한사유가 된다.
㉢ 공범종속성설은 유력한 근거로 이른바 '기도된 교사'를 규정한 형법 제31조 제2항과 제3항을 든다.
㉣ 책임가담설에 대해서는 책임의 연대성을 인정하므로 개인책임의 원칙에 반한다는 비판이 있다.
㉤ 극단적 종속형식에 의하면, 공범의 성립을 위해서는 정범의 행위가 구성요건에 해당하고 위법하면 족하며 유책할 필요는 없다.

① ㉠(○), ㉡(×), ㉢(×), ㉣(○), ㉤(×)
② ㉠(×), ㉡(×), ㉢(×), ㉣(○), ㉤(×)
③ ㉠(○), ㉡(×), ㉢(○), ㉣(○), ㉤(○)
④ ㉠(×), ㉡(○), ㉢(○), ㉣(×), ㉤(○)

> **해설**
> ㉠ (○) 단일정범개념은 조건설을 따르므로 범죄에 기여한 자를 모두 정범으로 간주하여 처벌하므로 정범과 공범을 분리해서 공범에게 형을 감경할 수 있는 견해보다는 가벌성의 확대를 초래한다는 비판이 있다.
> ㉡ (×) 구성요건에 해당하는 행위를 스스로 행한 자만이 정범이 된다는 제한적 정범개념에 의하면 공범규정은 형벌확장사유가 된다. 예컨대 甲의 살인범행을 도와주기 위하여 권총을 빌려준 乙은 살인의 실행행위를 직접 실행한 점을 인정할 수 없으므로 제한적 정범개념에 의할 경우 정범으로 처벌될 수 없어 원칙적으로 불가벌이다. 그런데 공범규정인 종범규정(형법 제32조)에 의하여 乙을 살인죄의 종범으로 처벌할 수 있게 되므로 공범규정은 형벌확장사유로 이해된다.
> ㉢ (×) 공범종속성설은 정범이 실행착수로 나아간 사실이 인정되어야 가담자를 교사범 또는 종범으로 처벌할 수 있고 그렇지 않으면 가담자를 처벌할 수 없다는 것이 원칙적인 입장이다. 그런데 기도된 교사규정(형법 제31조 제2항·제3항)은 정범이 실행착수로 나아간 사실이 없음에도 불구하고 예비·음모로 처벌하는 것이므로 공범종속성설의 입장에서는 특별한 규정이 된다. 반면, 공범독립성설의 입장에서는 기도된 교사규정을 공범독립성설의 유력한 근거로 이해하고 있다.
> ㉣ (○) 공범의 처벌근거에 관한 책임가담설은 공범이 처벌되는 이유를 공범이 정범을 범죄에 끌어들여 유책한 범죄를 저지르게 하였다는 점에서 찾는다. 책임가담설은 책임의 연대성을 인정하므로 형법의 개인책임원칙에 반한다는 비판을 받는다.
> ㉤ (×) 극단적 종속형식은 공범이 성립하기 위해서는 정범의 행위는 구성요건해당성과 위법성 및 책임까지 구비하고 있어야 한다는 입장이다.
>
> **정답** ①

Theme 17 / 정범과 공범의 구별

01 정범의 개념

(1) 제한적 정범개념
① 구성요건에 해당하는 행위를 한 자만이 정범이다.
② 공범규정은 처벌확장사유가 된다.
③ 객관설과 결합한다.

(2) 확장적 정범개념
① 구성요건의 실현에 어떤 형태로든 기여되는 행위를 한 자는 모두 정범이다.
② 공범규정은 처벌축소사유가 된다.
③ 주관설과 결합한다.

02 구별기준에 대한 학설

(1) 객관설
① 형식적 객관설: '구성요건상의 실행행위 전부 또는 일부를 스스로 하는 자'를 정범, '구성요건적 행위 이외의 행위로써 구성요건 실현에 기여하는 자'를 공범이라고 한다.
② 실질적 객관설: '구성요건 실현에 대하여 원인을 부여한 자'를 정범, '조건을 부여한 자'를 공범이라고 한다.

(2) 주관설
① 의사설: 자기의 범죄를 행할 의사를 가지고 행위한 자를 공범이라고 한다.
  → 비판: 청부살인의 경우 공범이 성립하기 어렵다.
② 이익설: '자기자신의 이익'을 위한 목적으로 행위한 자를 정범, '타인의 이익'을 위한 목적으로 행위한 자를 공범이라고 한다.
  → 비판: 촉탁살인죄의 경우 공범이 될 수밖에 없다.

03 정범과 공범의 구별기준 - 행위지배설(다수설)

(1) 행위의 주관적 측면과 객관적 측면을 동시에 고려한 '행위지배'에 의하여 정범과 공범을 구별하려는 견해로 다수설의 입장이다. 행위지배란 구성요건에 해당하는 사건의 진행을 조종·장악·지배하는 것을 말하며, 이러한 행위지배가 있으면 정범이고, 없으면 공범이라는 견해이다.

(2) Roxin의 행위지배설
① 실행지배: 직접정범(단독정범)
② 의사지배: 간접정범
③ 기능적 행위지배: 공동정범

(3) 행위지배설은 의무범, 신분범, 자수범에는 무용하다.

문 01 ㉠부터 ㉤까지는 정범과 공범의 구별에 관한 학설에 대한 설명이다. 옳고 그름의 표시(○, ×)가 바르게 된 것은?

㉠ '구성요건상의 실행행위의 전부 또는 일부를 스스로 하는 자'를 정범, '구성요건적 행위 이외의 행위로써 구성요건 실현에 기여하는 자'를 공범으로 보는 형식적 객관설에 따르면, 간접정범을 정범으로 인정하기 어렵다.

㉡ '스스로 구성요건상의 정형적 행위를 한 자'만을 정범으로 이해하는 제한적 정범개념에 따르면, 형법 제31조, 제32조는 형벌확장사유로서 정범 이외에 특별히 공범의 처벌을 인정하는 규정이다.

㉢ '정범자의 의사로 행위한 자'는 정범, '공범자의 의사로 행위한 자'는 공범이라는 의사설에 따르면, 청부살인업자는 구성요건적 행위를 스스로 모두 수행하기에 항상 정범이 된다.

㉣ '자기 자신의 이익을 위한 목적으로 행위한 자'는 정범, '타인의 이익을 위한 목적으로 행위한 자'는 공범이라는 이익설에 따르면, 제3자를 위하여 강도행위를 한 자는 공범이 된다.

㉤ 행위지배설에 따르면, 이용자가 자신의 우월한 지위에 의하여 피이용자를 수중에 두고 도구처럼 그의 의사를 조종(지배)하여 그로 하여금 범죄를 행하게 하면 행위지배가 인정되어 정범이 된다.

① ㉠(×), ㉡(○), ㉢(×), ㉣(○), ㉤(×)
② ㉠(○), ㉡(×), ㉢(○), ㉣(○), ㉤(○)
③ ㉠(○), ㉡(○), ㉢(×), ㉣(○), ㉤(○)
④ ㉠(○), ㉡(○), ㉢(×), ㉣(×), ㉤(○)

해설
㉠ (○) 간접정범은 의사지배만 할 뿐 구성요건상의 실행행위를 스스로 하지 않으므로 형식적 객관설에 따르면 간접정범을 정범으로 인정하기 어렵다.
㉡ (○) 제한적 정범이론은 구성요건의 정형적 행위를 한 자만 정범으로 이해하므로, 공범은 특별한 규정이 없으면 불가벌이고 형법 제31조(교사범), 제32조(종범)는 형벌확장사유가 된다.
㉢ (×) 의사설에 따르면 청부살인업자처럼 구성요건적 행위를 했더라도 타인을 위한 의사로 했다면 공범이 될 수도 있다.
㉣ (○) 이익설에 따르면 제3자를 위하여 강도행위를 한 자는 타인의 이익을 목적으로 행위했기 때문에 공범이 된다는 비판이 있다.
㉤ (○) 행위지배설에 따르면 구성요건에 해당하는 사건의 진행을 조정·장악하여 범죄를 행하게 했다면 정범이 된다.

정답 ③

Theme 18 / 공범종속성

01 종속성의 유무 - 공범종속성설과 공범독립성설

구분	공범종속성설	공범독립성설
의의	공범의 성립은 정범의 성립에 종속한다는 견해이다.	공범은 정범의 성립 여부와 관계없이 독립하여 성립한다는 견해이다.
논거	객관주의 범죄론	주관주의 범죄론
공범의 미수 (형법 제31조 제2항·제3항)	• 공범은 정범의 실행행위가 있어야 종속적으로 성립되므로 미수범의 공범은 성립될 수 있으나 공범의 미수는 성립되지 아니한다. • 기도된 교사를 공범의 미수를 처벌하는 특별규정으로 본다.	• 교사행위·방조행위 그 자체가 범죄실행행위이므로 미수범의 공범과 공범의 미수가 모두 가능하다. • 제31조 제2항·제3항은 공범의 미수를 처벌한 것으로 공범독립성설의 근거이자 당연규정이라고 본다.
간접정범 (형법 제34조 제1항)	간접정범의 개념을 인정한다.	간접정범의 개념을 부정한다.
공범과 신분 (형법 제33조)	신분의 연대성을 규정한 제33조 본문을 원칙규정으로 본다.	신분의 개별성을 규정한 제33조 단서가 원칙규정이라고 본다.
자살관여죄 (형법 제252조 제2항)	제252조 제2항을 특별규정으로 본다.	제252조 제2항을 당연규정으로 본다.

02 종속성의 정도 - 종속형식(M.E. Mayer)

학설	내용
최소한 종속형식	정범의 행위가 구성요건에 해당하기만 하면 그 행위가 위법·유책하지 않은 경우에도 공범이 성립한다는 종속형식이다.
제한적 종속형식 (통설·판례)	정범의 행위가 구성요건에 해당하고 위법하면 공범이 성립하고 정범의 행위가 책임까지 있어야 할 필요는 없다는 종속형식이다.
극단적 종속형식	정범의 행위가 구성요건에 해당하고 위법·유책해야만 공범이 성립한다는 종속형식이다.
초극단적 종속형식 (확장적 종속형식)	정범의 행위가 구성요건에 해당하고 위법·유책할 뿐만 아니라 가벌성의 조건까지 모두 갖추어야 공범이 성립한다는 종속형식이다.

문 01 공범종속성설의 논거나 주장을 모두 고른 것은?

㉠ 범죄는 행위자의 반사회성의 징표이다.
㉡ 실패한 교사범(형법 제31조 제3항)을 처벌하고 있다.
㉢ 형법 제33조(공범과 신분)의 본문이 원칙규정이다.
㉣ 자살방조죄(형법 제252조 제2항)를 처벌하고 있다.
㉤ 공범의 본질은 타인의 구성요건 실현에 가담하는 데 있다.

① ㉡, ㉣ ② ㉢, ㉤ ③ ㉠, ㉡, ㉣
④ ㉠, ㉢, ㉤ ⑤ ㉢, ㉣, ㉤

해설
㉠ (×) 범죄는 행위자의 반사회성의 징표로 보는 견해는 '공범독립성설'이다. 공범독립성설은 범죄자의 행위 자체가 반사회성의 징표이므로 정범의 실행행위와 무관하게 공범이 성립한다고 본다.
㉡ (×) 공범종속성설은 정범이 적어도 구성요건에 해당하는 실행행위로 나아가야만 이에 종속하여 공범이 성립할 수 있다고 본다. 이러한 공범종속성설에 의하면 정범이 범죄의 실행을 승낙조차 하지 않은 실패한 교사범(제31조 제3항)을 처벌하는 것은 설명하기 곤란하다. 따라서 공범종속성설은 제31조 제3항을 특별규정으로 이해한다.
㉢ (○) 공범종속성설은 신분의 연대성을 규정한 본문을 원칙규정으로, 단서를 예외규정으로 이해한다.
㉣ (×) 자살은 정범을 처벌하는 규정이 없어서, 공범종속설에 의하면 자살방조죄도 처벌할 수 없어야 하는데 형법에 처벌하는 규정이 있으니(제252조 제2항) 특별규정에 해당한다. 반면, 공범독립성설은 동 규정을 당연규정으로 이해한다.
㉤ (○) 공범종속성설은 공범은 타인(정범)의 행위를 촉진했다는 데서 공범의 가벌성을 찾는 견해이다.

정답 ②

문 02 공범에 관한 설명 중 가장 적절하지 않은 것은?

① 제한적 종속형식에 의하면 甲이 乙(만 10세)을 교사하여 乙이 재물을 절취한 경우 甲에게는 절도죄의 교사범이 성립한다.
② 공범종속성설은 간접정범과 관련하여 피이용자의 행위를 정범의 행위로 볼 수 없기 때문에 이용자를 정범으로 인정하는 견해로서 간접정범의 개념을 긍정한다.
③ 극단적 종속형식은 정범이 실행행위가 구성요건에 해당하고 위법하며 유책해야 공범이 성립할 수 있다고 보며, 처벌조건 등 가벌성의 요건까지는 갖추지 않아도 된다는 견해이다.
④ 공범독립성설은 자살을 교사·방조하는 자를 처벌하는 형법 제252조 제2항의 규정을 예외적인 특별규정으로 본다.

해설
① (○) 제한적 종속형식은 정범의 행위가 구성요건에 해당하고, 위법성까지 있어야 한다는 견해이다. 유책할 필요는 없으므로 甲이 유책성을 인정할 수 없는 형사미성년자에게 절도를 교사한 경우에도 구성요건해당성과 위법성은 인정되므로 甲에게 절도죄의 교사범이 인정될 수 있다.
② (○) 공범종속성설은 정범의 실행행위가 있어야 공범이 성립한다는 견해이다. 간접정범이라는 유형은 공범의 요건이 없으므로, 정범의 한 유형에 해당된다.
③ (○) 극단적 종속형식은 정범이 실행행위가 구성요건에 해당하고 위법하며 유책해야 공범이 성립할 수 있다고 본다. 처벌조건 등 가벌성까지 요구하는 견해는 초극단적 종속형식이다.
④ (×) 공범종속성설에서는 이를 특별규정으로 보고 있다. 공범종속성설에 따르면 정범의 행위가 구성요건에조차 해당하지 않으면 공범이 성립하지 않는다. 그런데 형법 제252조 제2항에서는 자살을 교사 또는 방조한 자를 처벌하고 있는데, 자살행위는 구성요건에 해당하지 않아 모순점이 생긴다. 공범독립성설의 입장에서는 공범은 정범과 별개의 범죄성을 띠므로 이 조문은 당연규정이다.

정답 ④

Theme 19 / 공범과 신분

> **관련조문**
>
> 형법 제33조(공범과 신분)
> 신분이 있어야 성립되는 범죄에 신분 없는 사람이 가담한 경우에는 그 신분 없는 사람에게도 제30조부터 제32조까지의 규정을 적용한다. 다만, 신분 때문에 형의 경중이 달라지는 경우에 신분이 없는 사람은 무거운 형으로 벌하지 아니한다.

형법 제33조의 해석론

(1) 형법 제33조의 본문과 단서의 관계
   ① 통설: 형법 제33조의 본문은 진정신분범의 성립과 과형의 근거, 단서는 부진정신분범의 성립과 과형의 근거에 관한 규정이라고 본다.
   ② 판례·소수설: 형법 제33조의 본문은 진정신분범은 물론 부진정신분범의 성립근거에 관한 것이고, 단서는 부진정신분범의 과형에 관한 규정이라고 본다.

(2) 구성적 신분 - 본문 적용
   ① 비신분자가 신분자에게 가공한 경우: 비신분자도 신분범의 교사범, 종범 또는 공동정범이 될 수 있다. 그러나 비신분자는 신분범의 간접정범이 될 수는 없다는 것이 통설이다.
      ⓔ 甲이 공무원 乙을 교사하여 수뢰행위를 한 경우 乙은 수뢰죄의 정범, 甲은 수뢰죄의 교사범이 된다.
   ② 신분자가 비신분자에게 가공한 경우: 형법 제33조 본문이 적용되지 않는다. 다만, 간접정범이 될 수 있다.
      ⓔ 공무원인 甲이 비공무원인 乙을 교사하여 뇌물을 받아오게 한 경우에는 '신분 없는 고의 있는 도구'를 이용한 경우로서 甲은 간접정범이 된다.

(3) 가감적 신분
   ① 비신분자가 신분자에게 가공한 경우뿐만 아니라 신분자가 비신분자에게 가공한 경우에도 적용된다.
   ② 성립은 본문, 과형은 단서의 적용을 받는다.
   ③ "무거운 형으로 벌하지 아니한다."의 의미: 단서는 '책임의 개별화'를 규정한 것이므로 가중사유와 감경사유도 신분을 가진 신분자에게만 해당하고 공범에게는 미치지 않는다고 한다.

문 01 공범과 신분에 관한 설명 중 가장 적절한 것은? (다툼이 있는 경우 판례에 의함)

① 공무원이 아닌 자는 형법 제228조의 경우를 제외하고는 허위공문서작성죄의 간접정범으로 처벌할 수 없으므로, 공무원이 아닌 자가 공무원과 공동하여 허위공문서작성죄를 범한 때에도 허위공문서작성죄의 공동정범으로 처벌할 수 없다.
② 공직선거법 제257조 제1항 제1호에서 규정하는 각 기부행위제한위반의 죄와 관련하여 각 기부행위의 주체로 인정되지 아니하는 자가 기부행위의 주체자 등과 공모하여 기부행위를 한 경우, 기부행위주체자에 해당하는 법조 위반의 공동정범으로 처벌할 수 있다.
③ 신분관계로 인하여 형의 경중이 있는 경우에 신분이 있는 자가 신분이 없는 자를 교사하여 죄를 범하게 한 때에는 형법 제33조 단서가 형법 제31조 제1항에 우선하여 적용된다.
④ 업무상 타인의 사무를 처리하는 자가 그러한 신분관계가 없는 자와 공모하여 업무상배임죄를 저질렀다면 그러한 신분관계가 없는 자에 대하여는 형법 제33조 단서에 의하여 업무상배임죄의 정한 형으로 처벌한다.

해설
① (×) 공무원이 아닌 자는 형법 제228조(공정증서원본부실기재죄)의 경우를 제외하고는 허위공문서작성죄의 간접정범으로 처벌할 수 없다. 그러나 공무원이 아닌 자가 공무원과 공동하여 허위공문서작성죄를 범한 때에는 허위공문서작성죄의 공동정범이 성립한다(대판 2006.5.11. 2006도1663).
② (×) 공직선거법 제257조 제1항 제1호에서 규정하는 각 기부행위제한위반의 죄는 공직선거법 제113조(후보자 등의 기부행위제한), 제114조(정당 및 후보자의 가족 등의 기부행위제한), 제115조(제3자의 기부행위제한)에 각기 한정적으로 열거되어 규정하고 있는 신분관계가 있어야만 성립하는 범죄이므로, 각 기부행위의 주체로 인정되지 아니하는 자가 기부행위의 주체자 등과 공모하여 기부행위를 하였다 하더라도 그 신분에 따라 각 해당 법조로 처벌하여야지 기부행위주체자에 해당하는 법조 위반의 공동정범으로 처벌할 수는 없다(대판 2008.3.13. 2007도9507).
③ (○) 대판 1994.12.23. 93도1002
④ (×) 업무상배임죄는 타인의 사무를 처리하는 지위라는 점에서 보면 신분관계로 인하여 성립될 범죄이고, 업무상 타인의 사무를 처리하는 지위라는 점에서 보면 단순배임죄에 대한 가중규정으로서 신분관계로 인하여 형의 경중이 있는 경우라고 할 것이므로, 그와 같은 신분관계가 없는 자가 신분관계가 있는 자와 공모하여 업무상배임죄를 저질렀다면 신분관계가 없는 자에 대하여는 형법 제33조 단서에 의하여 단순배임죄에 정한 형으로 처단하여야 할 것이다(대판 1999.4.27. 99도883).

정답 ③

Theme 19 공범과 신분

문 02 공범과 신분에 관한 다음 설명 중 옳지 않은 것은 모두 몇 개인가? (다툼이 있는 경우 판례에 의함)

㉠ 판례는 형법 제33조의 해석과 관련하여 본문은 진정신분범과 부진정신분범에 대한 공범성립의 문제를, 단서는 부진정신분범에 한하여 과형의 문제를 각각 규정한 것으로 이해한다.
㉡ 치과의사가 환자의 대량유치를 위해 치과기공사들로 하여금 내원환자들에게 진료행위를 하도록 지시하여 동인들이 각 단독으로 진료행위를 하였다면 무면허의료행위의 교사범에 해당한다.
㉢ 공무원이 아닌 자도 수뢰죄의 공동정범이 될 수 있다.
㉣ 의료인일지라도 의료인이 아닌 자의 의료행위에 공모하여 가공하면 의료법상 무면허 의료행위의 공동정범이 성립한다.
㉤ 형법 제33조의 신분관계라 함은 남녀의 성별, 내·외국인의 구별, 친족관계, 공무원인 자격과 같은 관계뿐만 아니라 널리 일정한 범죄행위에 관련된 범인의 인적관계인 특수한 지위 또는 상태를 말한다.

① 없음   ② 1개   ③ 2개   ④ 3개

해설
㉠ (O) 학설은 형법 제33조 본문은 진정신분범의 성립과 과형을, 단서는 부진정신분범의 성립과 과형을 규정한 것으로 보나, 판례는 형법 제33조 본문은 진정신분범과 부진정신분범에 대한 공범성립의 문제를 단서는 부진정신분범에 한하여 과형의 문제를 각각 규정한 것으로 이해한다.
㉡ (O) 대판 1986.7.8. 86도749
㉢ (O) 신분관계로 인하여 성립될 범죄(진정신분범죄)에 비신분자가 가공한 경우 형법 제33조 본문에 의해 진정신분범의 공동정범, 교사범, 종범이 성립한다.
㉣ (O) 대판 1986.2.11. 85도448
㉤ (O) 대판 1994.12.23. 93도1002

정답 ①

문 03 공범과 신분에 관한 다음 설명 중 가장 적절하지 않은 것은? (다툼이 있는 경우 판례에 의함)

① 신분관계로 인하여 범죄가 성립하는 경우를 진정신분범, 신분관계로 형이 가중되거나 감경되는 경우를 부진정신분범이라 한다.
② 모해위증죄에서 모해의 목적은 신분관계로 인하여 형의 경중이 있는 경우에 해당한다.
③ 甲이 자신의 아버지인 줄 모르고 아버지 A를 친구 乙과 함께 살해하였을 경우, 甲은 존속살인죄로 처벌되나 乙은 보통살인죄로 처벌된다.
④ 의사가 간호사와 함께 공모하여 그 공동의사에 의한 기능적 행위지배가 있었다면, 의사도 간호사의 무면허 의료행위의 공동정범으로서의 죄책을 진다.

> **해설** ③ (×) 甲은 형법 제15조 제1항에 따라 보통살인죄가 성립하고 乙은 형법 제33조 단서에 따라 보통살인죄로 처벌된다.
>
> **정답** ③

문 04 다음 설명 중 옳지 않은 것은? (다툼이 있는 경우 판례에 의함)

① 신분관계로 인하여 형의 경중이 있는 경우에 신분이 있는 자가 신분이 없는 자를 교사하여 죄를 범하게 한 경우에는 형법 제33조 단서가 아니라 형법 제31조 제1항이 적용되므로 신분이 있는 교사범은 신분이 없는 정범과 동일하게 처벌된다.
② 정범의 성립은 교사범의 구성요건의 일부를 형성하고, 교사범이 성립함에는 정범의 범죄행위가 인정될 것을 전제로 한다.
③ 甲이 A를 모해할 목적으로 乙을 교사하여 위증을 하게 한 경우 乙에게 A를 모해할 목적이 없었다고 하더라도 형법 제33조 단서의 규정에 의하여 甲을 모해위증교사죄로 처단할 수 있다.
④ 甲이 乙에게 A의 주거에 방화하도록 지시하여 乙이 이를 승낙하고는 甲의 지시와는 무관하게 산책 중인 A를 살해하였다면 甲은 현주건조물방화예비·음모죄의 죄책을 질 따름이다.

> **해설** ① (×) 형법 제31조 제1항은 협의의 공범의 일종인 교사범이 그 성립과 처벌에 있어서 정범에 종속한다는 일반적인 원칙을 선언한 것에 불과하고, 신분관계로 인하여 형의 경중이 있는 경우에 신분이 있는 자가 신분이 없는 자를 교사하여 죄를 범하게 한 때에는 형법 제33조 단서가 형법 제31조 제1항에 우선하여 적용됨으로써 신분이 있는 교사범이 신분이 없는 정범보다 중하게 처벌된다(대판 1994.12.23. 93도1002).
> ② (○) 대판 2000.2.25. 99도1252
> ③ (○) 대판 1994.12.23. 93도1002
> ④ (○) 질적 초과의 경우 교사한 범죄의 예비·음모의 처벌규정이 있는 경우에 한하여 교사한 범죄의 예비·음모로 처벌된다. 따라서 甲은 현주건조물방화예비·음모죄의 죄책을 질 따름이다.
>
> **정답** ①

문 05 다음 설명 중 옳지 않은 것은? (다툼이 있는 경우 판례에 의함)

① 변호사 아닌 자에게 고용되어 법률사무소의 개설·운영에 관여한 변호사의 행위가 일반적인 형법 총칙상의 공모, 교사 또는 방조에 해당된다고 하더라도 변호사를 변호사 아닌 자의 공범으로 처벌 할 수는 없다.
② 의료법의 무면허의료행위죄란 면허 없이 의료행위를 하는 경우에 성립하는 범죄로, 면허 있는 의료인이 면허 없는 자의 의료행위에 공모하여 가공한 경우 무면허의료행위죄의 공동정범으로 처벌된다.
③ 농업협동조합법 제50조 제2항 소정의 호별방문죄는 '임원이 되고자 하는 자'라는 신분자가 스스로 호별방문을 한 경우만을 처벌하는 것으로 보아야 하고, 비록 신분자가 비신분자와 통모하였거나 신분자가 비신분자를 시켜 방문케 하였다고 하더라도 비신분자만이 호별방문을 한 경우에는 신분자는 물론 비신분자도 같은 죄로 의율하여 처벌할 수는 없다.
④ 세무사법의 직무상비밀누설죄는 세무사 등이 직무상 비밀을 타인에게 누설하는 경우에 성립하는 범죄로, 세무사와 공모하여 세무사로부터 직무상 비밀을 전달받은 세무사 등이 아닌 자는 해당 세무사법 위반죄의 공동정범으로 처벌된다.

> **해설** ① (○) 대판 2004.10.28. 2004도3994
> ② (○) 대판 2007.5.31. 2007도1977
> ③ (○) 대판 2003.6.13. 2003도889
> ④ (×) 세무사의 사무직원이 직무상 지득한 비밀을 누설한 행위와 피고인이 그로부터 그 비밀을 누설받은 행위는 대향범 관계에 있다 할 것이므로 이러한 대향범에 대하여는 형법 총칙상의 규정이 적용되지 않으므로 피고인이 위 세무사법상 직무상 비밀누설죄의 공동정범에 해당한다고 볼 수 없다(대판 2007.10.25. 2007도6712).
>
> **정답** ④

문 06. 공범과 신분에 대한 설명 중 가장 적절하지 않은 것은? (다툼이 있는 경우 판례에 의함)

① 형법 제33조 본문의 신분관계로 인하여 성립될 범죄에는 진정신분범뿐만 아니라 부진정신분범도 포함되며, 단서는 비신분자와 신분자의 과형의 개별화에 관한 규정으로 본다.
② 비신분자인 아내와 신분자인 아들이 공동하여 아버지를 살해한 경우 비신분자인 아내는 존속살해죄가 아닌 보통살인죄로 성립·처벌된다.
③ 공무원이 뇌물공여자로 하여금 공무원과 뇌물수수죄의 공동정범관계에 있는 비공무원에게 뇌물을 공여하게 하여 비공무원이 뇌물을 받은 경우 비공무원은 공무원과 함께 뇌물수수죄의 공동정범이 성립하고 제3자뇌물수수죄는 성립하지 않는다.
④ 지방공무원의 신분을 가지지 아니하는 사람이 구 지방공무원법에 따라 처벌되는 지방공무원의 범행에 가공한다면 형법 제33조 본문에 의해서 공범으로 처벌받을 수 있다.

해설 ① (○) 판례의 입장으로 타당하다.
② (×) 판례는 제33조 단서는 부진정신분범의 과형에 대해서만 규정한 것이 명백하다는 전제에서, 본문은 진정신분범과 부진정신분범의 성립에 관한 규정이고, 단서는 부진정신분범의 과형에 관한 규정이라고 본다. 이에 의하면 비신분자인 아내와 신분자인 아들이 공동하여 아버지를 살해한 경우, 비신분자인 아내는 존속살해죄의 공동정범이 성립하나 과형은 보통살인죄에 정한 형으로 하게 된다.
③ (○) 대판 2019.8.29. 2018도13792 전원합의체
④ (○) 대판 2012.6.14. 2010도14409

정답 ②

문 07 피고인 甲은 A를 모해할 목적으로 모해목적이 없는 乙을 위증하도록 교사하였고, 乙은 법정에 출두하여 선서를 한 후 자기의 기억에 반하는 내용을 증언하였다. 甲과 乙의 죄책과 관련된 설명으로 가장 적절하지 않은 것은? (다툼이 있는 경우 판례에 의함)

① 형법 제33조 소정의 이른바 신분관계라 함은 남녀의 성별, 내·외국인의 구별, 친족관계, 공무원인 자격과 같은 관계뿐만 아니라 널리 일정한 범죄행위에 관련된 범인의 인적관계인 특수한 지위 또는 상태를 지칭하는 것이다.
② 위증을 한 범인이 형사사건의 피고인 등을 '모해할 목적'을 가지고 있었는가 아니면 그러한 목적이 없었는가 하는 범인의 특수한 상태의 차이에 따라 범인에게 과할 형의 경중을 구별하고 있으므로, 이는 바로 형법 제33조 단서 소정의 '신분관계로 인하여 형의 경중이 있는 경우'에 해당한다.
③ 이 사건과 같이 신분관계로 인하여 형의 경중이 있는 경우에 '타인을 교사하여 죄를 범하게 한 자는 죄를 실행한 자와 동일한 형으로 처벌한다'고 규정한 형법 제31조 제1항은 신분이 있는 자가 신분이 없는 자를 교사하여 죄를 범하게 한 때에는 형법 제33조 단서에 우선하여 적용됨으로써 신분이 있는 교사범과 신분이 없는 정범은 동일하게 처벌된다.
④ 모해위증죄에서 모해할 목적을 신분관계가 아니라 초과주관적 불법요소로 보면, 공범종속성의 원칙이 적용되어 甲은 단순위증죄의 교사범으로 처벌된다.

해설 ①, ②, ④ (○) 대판 1994.12.23. 93도1002
③ (×) 형법 제31조 제1항은 협의의 공범의 일종인 교사범이 그 성립과 처벌에 있어서 정범에 종속한다는 일반적인 원칙을 선언한 것에 불과하고, 신분관계로 인하여 형의 경중이 있는 경우에 신분이 있는 자가 신분이 없는 자를 교사하여 죄를 범하게 한 때에는 형법 제33조 단서가 형법 제31조 제1항에 우선하여 적용됨으로써 신분이 있는 교사범이 신분이 없는 정범보다 중하게 처벌된다(대판 1994.12.23. 93도1002).

정답 ③

문 08 공범과 신분에 대한 설명 중 옳은 것은? (다툼이 있는 경우 판례에 의함)

① 수뢰죄와 증뢰죄가 필요적 공범관계에 있다고 볼 경우 가담자 상호 간에는 공범과 신분규정인 형법 제33조가 적용된다. 따라서 비신분자가 뇌물요구죄(진정신분범)에 가공하면 제33조 본문에 따라 뇌물요구죄의 공범이 성립하며, 가공형태에 따라 제30조 내지 제32조가 적용되어 뇌물요구죄의 공동정범, 교사범, 방조범이 된다.
② 甲이 친구 乙과 공모하여 자신의 아버지를 살해한 경우, 乙은 존속살해죄의 공동정범이 성립하나 보통살인죄에 정한 형으로 처단된다.
③ 甲이 친구 乙을 교사하여 甲의 아버지 A를 살해하도록 한 경우와 같이 가중적 신분자가 비신분자의 범죄에 가담한 경우 형법 제33조 단서를 적용하지 않고 공범종속성의 일반원칙에 따라 해결하자는 입장에 따르면 甲은 존속살해죄의 교사범이 성립한다.
④ 甲이 공무원인 자신의 남편 A에게 채무변제로 받는 돈이라고 속여 A로 하여금 뇌물을 받게 한 경우, 甲은 형법 제33조에 의해 수뢰죄의 간접정범으로 처벌된다.

> **해설** ① (×) 필요적 공범관계의 상호 간에는 공범에 관한 형법 총칙 규정이 적용되지 않는다. 다만, 진정신분범에 있어서 비신분자가 신분자의 범행에 가담한 경우에 비신분자도 제33조 본문에 따라 진정신분범의 공동정범, 교사범, 종범이 된다. 즉, 비신분자는 진정신분범의 주체가 될 수는 없지만 신분자의 진정신분범에 대한 공범으로 처벌될 수 있다.
> ② (○) 부진정신분범에 가담한 비신분자에게 형법 제33조 본문에 의하여 그 부진정신분범의 공범의 성립을 긍정하고, 다만 그 과형에 있어서는 동조 단서가 적용된다. 따라서 乙은 존속살해죄의 공동정범이 성립하나 보통살인죄에 정한 형으로 처단된다.
> ③ (×) 甲이 친구 乙을 교사하여 甲의 아버지 A를 살해하도록 한 경우와 같이 가중적 신분자가 비신분자의 범죄에 가담한 경우 제33조 단서가 적용되어 甲은 존속살해죄(교사)가 성립하지만 乙은 신분이 없어서 단순살인죄로 처벌된다. 그러나 지문과 같이 33조 단서가 아니라 공범종속성의 일반원칙에 의할 경우 제31조 제1항이 적용되어 정범 乙에게 보통살인죄가 성립하므로 이에 가담한 甲도 보통살인죄의 교사범이 된다.
> ④ (×) 진정신분범인 수뢰죄의 간접정범이 되기 위해서는 공무원·중재인의 신분이 있어야 한다. 공무원이 아닌 甲은 수뢰죄의 주체가 될 수 없으므로 고의가 없는 공무원 A로 하여금 뇌물을 받게 한 경우 수뢰죄의 간접정범이 성립하지 않는다.
>
> **정답** ②

Theme 20 / 착오

01 구성요건적 착오(사실의 착오)

세 가지 학설에 따른 착오유형별 결론

구분		객체의 착오	방법의 착오
구체적 부합설	구체적 사실의 착오	발생사실에 대한 고의 기수	인식사실에 대한 미수와 발생사실에 대한 과실의 상상적 경합
	추상적 사실의 착오	인식사실에 대한 (불능)미수와 발생사실에 대한 과실의 상상적 경합	
법정적 부합설 (통설·판례)	구체적 사실의 착오	발생사실에 대한 고의 기수	
	추상적 사실의 착오	인식사실에 대한 (불능)미수와 발생사실에 대한 과실의 상상적 경합	인식사실에 대한 미수와 발생사실에 대한 과실의 상상적 경합
추상적 부합설	구체적 사실의 착오	발생사실에 대한 고의 기수	
	추상적 사실의 착오	• 경죄 인식 + 중죄 발생: 인식사실 기수와 발생사실 과실의 상상적 경합 • 중죄 인식 + 경죄 발생: 인식사실의 불능미수 또는 미수와 발생사실의 기수가 성립 → 무거운 죄의 미수로 처벌(미수가 불벌인 경우에는 가벼운 죄의 기수로 처벌)	

02 위법성의 착오

(1) 주관적 정당화요소를 결한 경우의 효과(우연방위)

객관적 정당화상황은 존재하지만 주관적 정당화요소가 결여된 경우 이를 어떻게 취급할 것인가가 문제가 된다.

① 위법성조각설: 위법성조각사유의 성립에는 주관적 정당화요소가 필요 없다고 보기 때문에 행위자가 존재하는 객관적 정당화상황을 알지 못하고 행위한 경우라 하더라도 위법성이 조각된다고 본다.

② 기수범설: 위법성조각사유는 모든 객관적 요건과 주관적 요건이 충족된 때에만 성립하는 것이고, 이 경우에는 구성요건적 결과까지도 발생했으므로 기수가 된다는 견해이다.

③ 불능미수범설(다수설): 객관적 정당화상황이 존재함으로써 결과반가치는 배제되나, 행위반가치는 그대로 존재하므로 불능미수로 처벌되어야 한다는 견해이다.

(2) 객관적 정당화상황이 결여된 경우(오상방위)

① 의의: 행위자가 존재하지 않는 위법성조각사유의 객관적 전제사실이 존재한다고 오신하고 위법성조각사유에 해당하는 행위를 한 경우(예 오상방위, 오상피난, 오상자구행위)를 말한다.

② 법적 효과
   ㉠ 고의설: 위법성의 인식을 고의의 내용으로 이해하며, 이러한 착오가 있으면 위법성의 인식이 없으므로 고의가 조각되고 단지 과실범의 문제가 된다는 견해이다.
   ㉡ 엄격책임설: 행위자는 구성요건적 사실 그 자체는 인식했으므로 구성요건적 고의는 조각될 수 없고, 다른 위법성조각사유와 같이 법률의 착오의 문제로 보는 견해이다.
   ㉢ 소극적 구성요건표지이론: 위법성조각사유는 구성요건해당성과 함께 총체적 불법구성요건을 형성하므로, 이러한 착오도 구성요건적 착오가 된다는 견해이다.
   ㉣ 제한적 책임설(다수설)
      ⓐ 유추적용설: 위법성조각사유의 객관적 전제사실은 구성요건의 객관적 요소와 유사성이 있으며, 행위자에게는 구성요건적 불법을 실현하려는 의사가 결여되어 행위반가치가 부정되므로 구성요건적 착오에 관한 규정을 유추적용하여 고의를 조각하자는 견해이다.
      ⓑ 법효과제한적 책임설: 이 경우에 구성요건적 고의는 조각되지 않지만, 착오로 인하여 행위자에게 심정반가치를 인정할 수 없으므로 책임고의가 조각되어(왜냐하면 비난받아야 하는 것은 부주의에 있기 때문이다) 그 법적 효과에 있어서만 구성요건적 착오와 같이 취급하자는 견해이다.

03 법률의 착오(금지의 착오)

(1) 종류

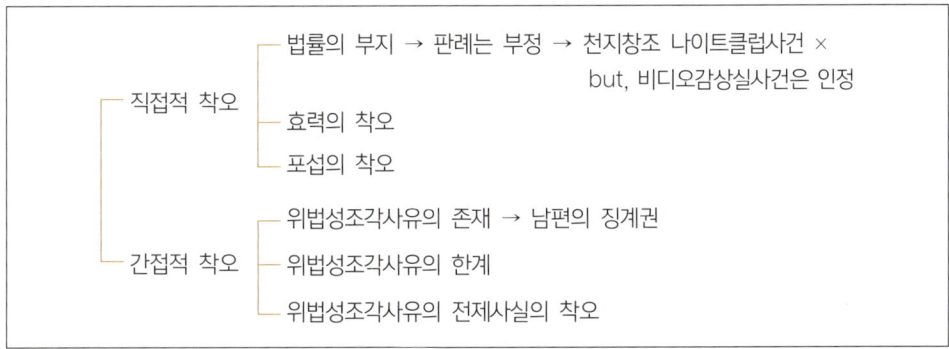

(2) 정당한 사유
   ① 상관이나 관계 기관의 허가나 승인 또는 지시받은 경우
   ② 관계 기관의 조회
   ③ 자문
   ④ 검사의 무혐의처분
   ⑤ 스스로 한 경우

문 01 甲은 자기 부인을 희롱하는 乙을 살해의 고의로 돌로 내리쳤다. 乙이 뇌진탕 등으로 인하여 정신을 잃고 축 늘어지자 甲은 乙이 죽은 것으로 오인하고 증거를 인멸할 목적으로 乙을 개울가로 끌고 가 웅덩이를 파고 땅에 파묻었다. 그러나 부검 결과 乙의 사망은 질식에 의한 것임이 밝혀졌다. 사례의 해결에 대한 설명으로 옳지 <u>않은</u> 것은?

① 이른바 '개괄적 고의'의 개념을 이용하여 사례를 해결하려는 견해에 의하면, 제1행위와 제2행위를 개괄하는 단일한 고의가 인정되어 甲에게는 살인기수죄가 인정된다.
② 이 경우를 인과관계 착오의 한 형태로 보는 견해에 의하면, 인과과정의 차이가 본질적이지 않다고 인정되는 경우 甲에게는 살인기수죄가 인정된다.
③ 전 과정을 개괄적으로 보면 乙의 살해라는 처음에 예견된 사실이 결국 실현된 것으로서 甲은 살인죄의 죄책을 면할 수 없다는 것이 판례의 입장이다.
④ 제1행위와 제2행위의 독립적 성격을 강조하는 견해에 의하면, 甲에게는 살인미수죄와 사체유기죄의 경합범이 인정된다.

해설 ④ (×) 독립적 성격을 강조하면 살인미수죄와 과실치사죄의 경합범이 인정된다(대판 1988.6.28. 88도650).

정답 ④

문 02
甲은 폭행과 손괴의 고의로 건물 아래를 지나가던 B를 향하여 오물을 쏟아부었으나 甲이 미처 보지 못한 B의 곁을 지나던 A가 오물을 뒤집어쓰게 된 경우 甲의 죄책이 올바르게 연결된 것은?

	구체적 부합설	법정적 부합설
①	A에 대한 폭행죄와 손괴죄의 상상적 경합	A에 대한 폭행죄와 손괴죄의 상상적 경합
②	B에 대한 손괴미수죄	B에 대한 손괴미수죄
③	A에 대한 폭행죄와 손괴죄의 상상적 경합	B에 대한 손괴미수죄
④	B에 대한 손괴미수죄	A에 대한 폭행죄와 손괴죄의 상상적 경합
⑤	무죄	B에 대한 손괴미수죄

해설 사안은 구체적 사실의 착오 중 방법의 착오이다.
[1] 구체적 부합설에 의할 경우 B에 대한 폭행미수와 손괴미수죄가 성립하고, A에 대한 과실폭행, 과실손괴죄가 성립한다. 그러나 형법상 폭행미수죄, 과실폭행죄, 과실손괴죄는 처벌규정이 없으므로 결국 B에 대한 손괴미수죄만 성립한다.
[2] 법정적 부합설은 A에 대한 폭행죄와 손괴죄의 상상적 경합범이 성립한다.

정답 ④

문 03 착오에 관한 설명 중 옳지 않은 것을 모두 고른 것은? (다툼이 있는 경우 판례에 의함)

㉠ 객관적으로는 존재하지도 않는 구성요건적 사실을 행위자가 적극적으로 존재한다고 생각한 '반전된 구성요건적 착오'는 형법상 불가벌이다.
㉡ 甲이 절취한 물건이 자신의 아버지 소유인 줄 오신했다 하더라도 그 오신은 형 면제사유에 관한 것으로서 절도죄의 성립이나 처벌에 아무런 영향을 미치지 않는다.
㉢ 절도죄에 있어서 재물의 타인성을 오신하여 그 재물이 자기에게 취득할 것이 허용된 동일한 물건으로 오인하고 가져온 경우에는 범죄사실에 대한 인식이 있다고 할 수 없으므로 범의가 조각되어 절도죄가 성립하지 아니한다.
㉣ 살인의 고의로 A를 살해하기 위해 독약이 든 술을 A의 집으로 발송하였으나 뜻밖에 A의 처(妻) B가 먹고 사망한 경우 법정적 부합설에 의하면 살인죄를 인정한다.
㉤ 법정적 부합설은 법정적 사실의 인정범위에 따라 구성요건부합설과 죄질부합설로 나누어지고, 후자가 전자보다 고의·기수책임의 인정범위가 넓다.

① ㉠
② ㉠, ㉣, ㉤
③ ㉡, ㉢, ㉣
④ ㉡, ㉣, ㉤

해설
㉠ (×) 객관적으로는 존재하지도 않는 구성요건적 사실을 행위자가 적극적으로 존재한다고 생각한 '반전된 구성요건적 착오'는 불능범 또는 불능미수로서 위험성이 있으면 처벌된다(형법 제27조).
㉡ (○) 친족상도례에 대한 착오는 절도죄의 성립에 영향을 미치지 않는다.
㉢ (○) 대판 1983.9.13. 83도1762
㉣ (○) 구체적 사실의 착오 중 방법의 착오이다. 법정적 부합설에 의하면 살인죄를 인정한다.
㉤ (○) 구성요건부합설은 구성요건이 같을 때에만 고의·기수를 인정하고, 죄질부합설은 구성요건이 달라도 죄질이 같으면 고의·기수를 인정하므로 고의·기수 인정범위가 죄질부합설이 더 넓어진다.

정답 ①

문 04
금지착오(법률의 착오)와 관련하여 <보기 1>과 <보기 2>가 바르게 연결된 것은? (다툼이 있는 경우 판례에 의함)

<보기 1>
㉠ 법률의 부지
㉡ 효력의 착오
㉢ 포섭의 착오
㉣ 허용규범의 착오(위법성조각사유의 존재에 관한 착오)
㉤ 허용한계의 착오(위법성조각사유의 범위와 한계에 관한 착오)
㉥ 허용구성요건착오(위법성조각사유의 전제사실에 관한 착오)
㉦ 반전된 금지착오

<보기 2>
a. 현재의 위법한 공격이 없음에도 불구하고 공격이 있는 것으로 오인하고 폭행을 가한 경우
b. 건물의 임차인이 건축법의 관계 규정을 알지 못하여 그 건물을 자동차정비공장으로 사용하는 것이 건축법상의 무단용도변경행위에 해당한다는 것을 모르고 사용을 계속한 경우
c. 동성애의 처벌규정이 있는 것으로 오인하고 이를 감행한 경우
d. 절도범에 대한 살해행위까지 정당방위로서 허용된다고 믿고 절도의 현행범을 살해한 경우
e. 환자의 동의가 없어도 수술할 권한이 있다고 믿고 의사가 환자를 수술한 경우
f. 병역법이 양심의 자유를 침해하는 헌법 위반의 무효라고 생각하고 입대를 거부한 경우
g. 타인의 자동차 타이어의 바람을 빼는 행위는 타이어를 손괴하는 행위가 아니므로 손괴죄에 해당하지 않는다고 오인하고 타이어의 바람을 뺀 경우

① ㉠-b, ㉡-f, ㉢-e
② ㉡-f, ㉢-b, ㉣-d
③ ㉢-d, ㉣-g, ㉤-e
④ ㉣-e, ㉤-d, ㉥-a
⑤ ㉤-e, ㉥-a, ㉦-g

해설 ㉠-b, ㉡-f, ㉢-g, ㉣-e, ㉤-d, ㉥-a, ㉦-c로 연결된다.

정답 ④

문 05
다음은 위법성조각사유의 전제사실의 착오에 관한 학설의 설명이다. <보기 1>과 <보기 2>의 연결이 옳은 것은?

<보기 1>

가. 위법성인식은 고의와는 독립된 책임요소로서 위법성에 관한 착오는 모두 책임영역에서 취급되어야 한다.
나. 위법성조각사유의 전제사실의 착오는 구성요건적 착오와 금지착오의 중간적 성격을 가지고 있다.
다. 구성요건과 위법성은 총체적 불법구성요건으로 결합되어 하나의 판단과정으로 흡수되고, 범죄론은 불법과 책임이라는 2단계 구조를 가진다.
라. 고의 성립에 필요한 위법성인식은 반드시 현실적 인식일 필요는 없고, 그 인식가능성만 있으면 충분하다.
마. 고의의 성립에는 범죄사실인식 이외에 위법성의 현실적인 인식이 있어야 하고 위법성인식이 없으면 고의가 부인된다.

<보기 2>

㉠ 이 이론은 확신범 또는 상습범에 대해서 고의범을 인정할 수 없을 뿐만 아니라, 과실범의 처벌규정이 없는 때에는 무죄를 선고할 수밖에 없는 형사정책적 결함을 가지고 있다는 비판을 받는다.
㉡ 이 이론은 과실로 구성요건적 사실을 인식하지 못한 경우에는 과실범의 성립을 인정하면서, 과실로 행위의 위법성을 인식하지 못한 경우에는 고의범의 성립을 인정하는 것이 되어 균형이 맞지 않는다는 비판을 받는다.
㉢ 착오에 빠진 행위자가 과실범 처벌규정이 없어 처벌받지 않을 경우에도 이를 교사·방조한 행위자에 대해서는 처벌이 가능하다.
㉣ 이 이론은 위법성조각사유가 범죄론에서 가지는 독자적 기능을 무시한다는 비판을 받는다.
㉤ 위법성조각사유의 전제사실의 착오는 어디까지나 고의행위에 이르게 된 동기의 착오에 불과한데, 이러한 동기의 착오가 고의범으로 처벌할 범죄를 과실범으로 처벌할 정도로 중요한 착오라고 볼 수 없다.

① 가-㉡, 나-㉤, 다-㉣, 라-㉠, 마-㉢
② 가-㉢, 나-㉤, 다-㉣, 라-㉠, 마-㉡
③ 가-㉤, 나-㉡, 다-㉣, 라-㉠, 마-㉢
④ 가-㉤, 나-㉢, 다-㉣, 라-㉡, 마-㉠
⑤ 가-㉤, 나-㉣, 다-㉢, 라-㉡, 마-㉠

해설
가. 엄격책임설 - ㉤ 위법성조각사유의 전제사실의 착오를 사실의 착오로 보지 않고 금지의 착오로 본다.
나. 법효과제한적 책임설 - ㉢ 공범 처벌이 가능하다.
다. 소극적 구성요건표지이론 - ㉣ 구성요건에 해당되지도 않는 행위와 구성요건에 해당되나 위법성조각사유가 존재하여 그로써 허용되는 행위를 구분할 수가 없다는 비판을 받는다.
라. 제한적 고의설 - ㉡ 제한적 고의설에 대한 비판이다.
마. 엄격고의설 - ㉠ 엄격고의설에 대한 비판이다.

정답 ④

문 06 착오의 <유형>과 <사례>를 가장 올바르게 연결한 것은? (다툼이 있는 경우 판례에 의함)

<유형>

A. 법률의 부지
B. 효력의 착오
C. 포섭의 착오
D. 위법성조각사유의 한계에 관한 착오
E. 위법성조각사유의 전제사실에 관한 착오
F. 반전된 사실의 착오

<사례>

㉠ 친구의 개를 허락 없이 죽이더라도 재물손괴에는 해당되지 않는다고 생각하고 죽인 경우
㉡ 지하철에서 승객이 손잡이를 잡기 위해 팔을 올리는 것을 소매치기하려는 것으로 오인하여 그 팔을 쳐서 전치 3주의 상해를 입힌 경우
㉢ 헌법상 양심의 자유가 보장되기 때문에 병역법상 입대거부를 처벌하는 규정은 무효라고 생각하고 입대를 거부한 경우
㉣ 마네킹을 사람으로 오인하고 상해하기 위해 돌로 친 경우
㉤ 건축법상 허가대상인 줄 모르고 허가 없이 근린생활시설을 교회로 용도변경하여 사용한 경우
㉥ 강도현장에서 범인을 체포하는 경우에는 사인(私人)도 그를 추적하여 타인의 주거에 들어가서라도 체포할 수 있다고 생각하고 타인의 주거에 무단으로 들어간 경우

① A - ㉤, E - ㉥, F - ㉣
② B - ㉢, C - ㉣, D - ㉥
③ C - ㉠, E - ㉡, F - ㉣
④ D - ㉡, E - ㉥, F - ㉣

해설 ㉠ 친구의 개를 허락 없이 죽이더라도 재물손괴에는 해당되지 않는다고 생각하고 죽인 경우 포섭의 착오에 해당한다(C).
㉡ 지하철에서 승객이 손잡이를 잡기 위해 팔을 올리는 것을 소매치기하려는 것으로 오인하여 그 팔을 쳐서 전치 3주의 상해를 입힌 경우는 위법성조각사유의 전제사실의 착오에 해당한다(E).
㉢ 헌법상 양심의 자유가 보장되기 때문에 병역법상 입대거부를 처벌하는 규정은 무효라고 생각하고 입대를 거부한 경우는 효력의 착오에 해당한다(B).
㉣ 마네킹을 사람으로 오인하고 상해하기 위해 돌로 친 경우는 반전된 사실의 착오에 해당한다(F).
㉤ 건축법상 허가대상인 줄 모르고 허가 없이 근린생활시설을 교회로 용도변경하여 사용한 경우는 법률의 부지에 해당한다(A).
㉥ 강도현장에서 범인을 체포하는 경우에는 사인(私人)도 그를 추적하여 타인의 주거에 들어가서라도 체포할 수 있다고 생각하고 타인의 주거에 무단으로 들어간 경우는 위법성조각사유의 한계에 관한 착오에 해당한다(D).

정답 ③

문 07 위법성조각사유의 전제사실의 착오에 관한 학설과 그에 제기되는 비판을 연결한 것 중 가장 옳지 않은 것은?

① 엄격고의설 - 과실범은 법률에 특별한 규정이 있는 때에만 예외적으로 처벌되기 때문에 처벌의 공백이 생길 수 있다.
② 소극적 구성요건표지이론 - 구성요건해당성이 없는 행위와 구성요건에는 해당하나 위법성이 조각되는 행위 사이에 존재하는 가치차이를 무시한다.
③ 엄격책임설 - 위법성조각사유의 전제사실의 착오에 빠져 자신의 행위에 위법성의 인식이 없는 자를 고의범으로 처벌하는 것은 일반인의 법감정에 반한다.
④ 법효과제한적책임설 - 위법성조각사유의 전제사실의 착오에 빠진 자를 교사하여 죄를 범하게 한 경우 그 교사자를 교사범으로 처벌할 수 없다.

해설
① (○) 엄격고의설은 범죄사실의 인식 이외에 현실적인 위법성의 인식을 필요로 한다는 견해이다. 이 견해에 의하면 자신의 행위가 위법함을 현실적으로 인식하지 못한 확신범 또는 상습범 등은 고의범으로 처벌할 수 없다는 결론이 되며 과실범 처벌규정이 없으면 처벌이 불가능하다는 문제가 발생한다.
② (○) 소극적 구성요건표지이론은 형법 각 본조의 구성요건을 적극적 구성요건요소, 위법성조각사유를 소극적 구성요건요소로 이해하여, 위법성조각사유가 존재하면 처음부터 구성요건해당성이 없다고 보는 견해이다. 이 견해에 의하면 구성요건에 해당되지도 않는 행위와 구성요건에 해당되나 위법성조각사유가 존재하여 그로써 허용되는 행위를 구분할 수가 없다는 비판을 받는다.
③ (○) 엄격책임설에 의하면 고의는 조각되지 않으므로 과실범으로 처벌되는 경우는 없다. 따라서 착오에 빠진 자를 고의범으로 처벌하는 것은 법감정에 반한다는 비판을 받는다.
④ (×) 법효과제한적책임설은 위법성조각사유의 전제사실의 착오가 있는 경우 구성요건적 고의는 인정되지만, 책임고의가 조각되어 과실범이 성립한다는 견해이다. 이에 의하면 위법성조각사유의 전제사실의 착오에 빠진 자는 구성요건해당성과 위법성이 인정되는 자이므로 이를 교사하여 죄를 범하게 한 경우 그 교사자를 교사범으로 처벌할 수 있다.

정답 ④

문 08 오상방위에 대한 설명으로 옳지 않은 것은?

① 엄격고의설은 오상방위의 경우 행위자에게 위법성의 현실적 인식이 없어 고의가 조각되고, 해당 행위에 대해 과실범규정이 있는 경우 과실범으로 처벌할 수 있을 뿐이라고 한다.
② 엄격책임설은 오상방위를 금지착오로 해석하나, 이에 대해서는 착오에 이르게 된 상황의 특수성을 무시하였다는 비판이 가해진다.
③ 소극적 구성요건요소이론은 사실의 착오 규정이 직접 적용되어 구성요건적 고의가 조각된다고 보나, 이에 대해서는 구성요건해당성과 위법성의 차이를 인정하지 않는다는 비판이 가해진다.
④ 법효과제한적책임설은 고의의 이중적 기능을 전제로 오상방위의 경우 책임고의가 조각된다고 보나, 책임고의가 조각되면 제한적종속형식에 의할 경우 이에 대한 공범성립이 불가능하여 처벌의 흠결이 있다는 비판이 가해진다.

해설 ① (○) 엄격고의설에 따르면 위법성조각사유의 전제사실에 대한 착오의 경우 위법성이 없는 경우 고의범의 책임을 지지 않게 되고 과실범 규정이 있는 경우 과실범으로 처벌될 수 있을 뿐이라고 한다.
② (○) 엄격책임설은 모든 위법성조각사유를 금지착오라고 해석한다. 따라서 착오에 이른 상황의 특수성을 무시했다는 비판이 제기된다.
③ (○) 소극적 구성요건표지이론은 형법 각 본조의 구성요건을 적극적 구성요건요소, 위법성조각사유를 소극적 구성요건요소로 이해하여, 위법성조각사유가 존재하면 처음부터 구성요건해당성이 없다고 보는 견해이다. 이 견해에 의하면 구성요건에 해당되지도 않는 행위와 구성요건에 해당되나 위법성조각사유가 존재하여 그로써 허용되는 행위를 구분할 수가 없다는 비판을 받는다.
④ (×) 법효과제한적책임설은 위법성조각사유의 전제사실의 착오가 있는 경우 구성요건적 고의는 인정되지만, 책임고의가 조각되어 과실범이 성립한다는 견해이다. 이에 의하면 위법성조각사유의 전제사실의 착오에 빠진 자는 구성요건해당성과 위법성이 인정되는 자이므로 제한적종속형식에 의할 경우 공범성립이 가능하다.

 ④

문 09 위법성조각사유의 전제사실에 대한 착오의 설명으로 가장 적절한 것은? (다툼이 있는 경우 판례에 의함)

① 엄격책임설에 의하면 위법성조각사유의 전제사실에 대한 착오의 경우 형법 제13조를 직접 적용함으로써 고의범의 성립이 부정되고 과실이 있는 경우 과실범으로 처벌한다.
② 위법성조각사유의 요건을 총체적 불법구성요건의 소극적 표지로 이해하는 소극적 구성요건표지이론에 의하면 위법성조각사유의 전제사실에 대한 착오를 고의범으로 처벌한다.
③ 고의설과 법효과제한책임설은 위법성조각사유의 전제사실에 대한 착오의 법적 효과에 있어 동일한 결론을 취한다.
④ 유추적용설에 의하면 위법성조각사유의 전제사실에 대한 착오의 경우 형법 제13조를 유추 적용함으로써 구성요건적 고의는 인정되지만 책임고의를 부정하여 고의범의 성립을 부정한다.

해설 ① (×) 엄격책임설에 의하면 행위자는 구성요건적 사실 그 자체는 인식했으므로 구성요건적 고의는 조각될 수 없고, 다른 위법성조각사유와 같이 법률의 착오의 문제로 보는 견해이다. 오인에 정당한 이유가 있으면 책임이 조각된다고 보지만, 착오에 과실이 있으면 고의범으로 처벌한다.
② (×) 소극적 구성요건표지이론은 위법성조각사유는 구성요건해당성과 함께 총체적 불법구성요건을 형성하므로, 이러한 착오도 구성요건적 착오가 된다는 견해이다. 형법 제13조가 직접 적용되어 고의가 조각되나, 착오에 과실이 있으면 과실범이 성립한다고 본다.
③ (○) 고의설은 위법성의 인식을 고의의 내용으로 이해하며, 이러한 착오가 있으면 위법성의 인식이 없으므로 고의가 조각되고 단지 과실범의 문제가 된다. 법효과제한책임설은 구성요건적 고의는 조각되지 않지만, 착오로 인하여 행위자에게 심정반가치를 인정할 수 없으므로 책임고의가 조각되어 그 법적 효과에 있어서만 구성요건적 착오와 같이 취급하자는 견해이다. 따라서 법효과제한책임설에 따르면 착오한 부분에 과실이 있으면 고의범이 성립하나 과실범의 책임을 진다고 본다. 따라서 고의설과 법효과제한적책임설의 결론은 동일하게 된다.
④ (×) 유추적용설은 오상방위의 경우 구성요건적 착오규정을 유추적용하여 고의가 조각되고 다만 행위자에게 과실이 있으면 과실범으로 처벌된다. 구성요건적 고의는 인정되지만 책임고의를 부정하여 고의범의 성립을 부정하는 견해는 법효과제한적책임설이다.

정답 ③

문 10 다음 사례에 대한 〈보기〉의 설명으로 옳지 않은 것만을 모두 고르면?

> 조직폭력단 두목 甲은 그에게 깜짝 이벤트를 해주기 위하여 한밤중에 甲의 집에 몰래 들어온 여자친구 A를 암살범으로 오인하고 자신의 생명을 보호하기 위하여 골프채로 머리를 힘껏 가격하였다. 이로 인하여 A는 두개골 골절상으로 사망하였다.

〈보기〉
ㄱ. 판례에 의하면 객관적 정당화요소가 없으므로 甲에게 위법성이 조각될 여지는 없다.
ㄴ. 고의의 성립에 위법성에 대한 현실적인 인식이 필요하다는 입장에 의하면, 甲에게 살인의 고의가 인정되지 않는다.
ㄷ. 고의의 이중적 기능을 인정하는 입장에 의하면, 甲의 경우 책임고의가 조각되지만, 구성요건적 고의는 인정된다.
ㄹ. 위법성 인식을 책임요소로 보면서도 사례의 경우는 사실의 착오와 같이 해결되어야 한다는 입장에 의하면, 甲에게 고의가 조각되며 과실치사죄가 성립할 가능성은 있다.
ㅁ. 위법성 인식을 예외 없이 독자적 책임요소로 보는 입장에 의하면, 甲에게 항상 책임이 조각되므로 제한적 종속형식에 따르면 악의의 공범이 성립할 수 있다.

① ㄱ, ㄴ   ② ㄱ, ㅁ   ③ ㄱ, ㄷ, ㅁ   ④ ㄴ, ㄹ, ㅁ

해설 오상방위 사례이다.
ㄱ. (×) 판례는 위법성조각사유의 전제사실의 착오의 경우에 오인에 정당한 이유가 있으면 위법성을 조각할 수 있다고 한다.
ㄴ. (○) 지문의 내용은 엄격고의설의 입장으로 현실적인 위법성의 인식이 없으므로 고의가 조각된다.
ㄷ. (○) 법효과제한적 책임설은 고의의 이중적 기능을 인정하는 견해로 구성요건적 고의는 인정되지만 책임고의가 탈락된다.
ㄹ. (○) 지문은 제한적 책임설을 의미하므로 책임고의를 탈락시켜 과실치사로 처벌할 수 있다.
ㅁ. (×) 지문은 엄격책임설을 의미한다. 엄격책임설의 경우 제16조에 의해 정당한 이유의 유무로 책임조각 여부가 결정되므로 항상 책임이 조각된다는 부분은 옳지 않다.

정답 ②

문 11 (가) ~ (라)는 甲이 밤에 연락 없이 자신의 집을 방문한 이웃을 강도로 오인하여 상해를 입힌 사례와 관련한 견해이다. 이에 대한 설명으로 옳지 <u>않은</u> 것은?

> (가) "위법성의 인식은 고의와 구별되는 책임의 독자적인 요소인데, 이 사례는 행위자가 구성요건 사실은 인식하였지만 자기 행위의 위법성을 인식하지 못한 경우에 해당한다."
> (나) "이 사례와 관련하여 甲이 위법성조각사유의 전제사실의 부존재를 인식하는 것 역시 구성요건에 해당한다."
> (다) "이 사례는 구성요건 착오는 아니지만 구성요건 착오와 유사한 경우이니, 구성요건 착오 규정을 적용하여 행위자에게 고의책임을 인정하지 않아야 한다."
> (라) "이 사례의 경우 구성요건 고의는 인정되지만, 책임 고의가 부정된다."

① (가)견해에 의하면, 甲의 오인에 정당한 이유가 없다면 甲은 상해의 고의범으로 처벌된다.
② (나)견해에 의하면, 甲은 구성요건 착오에 해당하여 상해의 고의가 조각된다.
③ (다)견해에 의하면, 甲에 대해 상해의 과실범의 성립을 검토할 수 있다.
④ (라)견해에 의하면, 甲은 상해의 고의범으로 처벌되지만 그 책임이 감경된다.

해설 오상방위 사안이다.
① (○) (가)엄격책임설에 의하면, 오인에 정당한 이유가 있으면 책임이 조각되고 정당한 이유가 없으면 구성요건, 위법성이 인정되어 상해죄가 성립한다.
② (○) (나)소극적 구성요건 표지이론에 의하면 구성요건 착오에 해당하여 상해의 고의가 조각된다.
③ (○) (다)구성요건 착오 유추적용설에 의하면 위법성조각사유의 전제사실에 대한 착오에 대해서 구성요건적 착오를 유추적용하게 되므로, 구성요건적 고의 즉 불법고의가 부정되고 과실범이 문제된다.
④ (×) (라)법효과 제한적책임설에 의하면 고의의 이중적 지위를 인정하는 입장에서 구성요건적 고의는 조각되지 않으나, 책임고의가 조각되어 과실치상죄로 처벌된다.

정답 ④

문 12 주관적정당화요소에 대한 설명 중 옳지 않은 것은?

① 순수한 결과반가치론에 의하면 위법성조각사유에서 주관적정당화요소가 없어도 위법성이 조각될 수 있다.
② 일원적 인적 불법론에 의하면 구성요건적 행위는 주관적정당화요소가 있는 경우에만 행위반가치가 탈락하여 정당화될 수 있다.
③ 우연방위 효과에 관한 불능미수범설은 기수범의 결과반가치는 배제되지만 행위반가치는 그대로 존재하므로 불능미수의 규정을 유추적용해야 한다는 견해이다.
④ 형법의 규정에 의하면 우연방위가 야간 기타 불안스러운 상태하에서 공포, 경악, 흥분 또는 당황으로 인한 때에는 벌하지 아니한다.

해설 ① (○) 순수한 결과반가치론에 의하면 정당방위상황만 있으면 되고 주관적정당화요소(방위의사)는 필요 없다.
② (○) 일원적 인적 불법론은 행위반가치만 따지므로 주관적정당화요소(방위의사)가 있는 경우에만 행위반가치가 탈락하여 정당화될 수 있다.
③ (○) 우연방위는 주관적정당화요소(방위의사)가 없는 경우이므로 결과반가치는 없고 행위반가치만 존재한다. 한편 불능미수도 행동은 나쁘나 결과는 나올 수 없는 경우이므로 결과반가치는 없고 행위반가치만 존재한다. 따라서 우연방위는 불능미수의 규정을 유추적용한다.
④ (×) 형법 제21조 제2항의 과잉방위가 야간이나 그 밖의 불안한 상태에서 공포를 느끼거나 경악(驚愕)하거나 흥분하거나 당황하였기 때문에 그 행위를 하였을 때에는 벌하지 아니한다(제21조 제3항). 우연방위에 대해서는 명문의 규정이 없다.

정답 ④

문 13 甲은 층간소음문제로 다툼이 있던 다세대주택 위층에 보복의 목적으로 돌을 던져 유리창을 깨뜨렸다. 그런데 위층에 살던 A는 빚 독촉에 시달려 고민 중 자살하기 위해 창문을 닫은 채 연탄불을 피워 연탄가스에 질식 중이었다. 甲이 유리창을 깨뜨린 결과 A의 목숨은 구조되었다. 이때 甲이 무죄라는 견해에 관한 설명 중 옳은 것을 모두 고른 것은?

ㄱ. 범죄성립에 있어서 행위불법만을 고려하는 입장에 상응한다.
ㄴ. 범죄성립에 있어서 결과불법만을 고려하는 입장에 상응한다.
ㄷ. 행위불법과 결과불법이 모두 상쇄되어야 위법성이 조각된다는 입장에 상응한다.
ㄹ. 이 견해에 대해서는 주관적 정당화사정이 있는 경우와 없는 경우를 똑같이 취급한다는 비판이 제기된다.
ㅁ. 이 견해에 대해서는 미수범 처벌규정이 없는 경우에는 처벌의 흠결이 발생할 수 있다는 비판이 제기된다.
ㅂ. 이 견해에 대해서는 객관적 정당화사정이 행위자에게 유리하게 작용하지 못한다는 비판이 제기된다.

① ㄱ, ㄹ   ② ㄱ, ㅂ   ③ ㄴ, ㄹ
④ ㄴ, ㅂ   ⑤ ㄷ, ㅁ

해설 ㄱ. (×) 본 사안은 객관적 정당화상황은 존재하나, 주관적 정당화요소가 없는 사안인데, 결과반가치일원론에 따르면 위법성이 조각되어 무죄가 된다고 본다. 따라서 ㄱ은 옳지 않다.
ㄴ. (○) 결과반가치만을 불법이라고 보는 견해에서는 객관적 정당화상황만 있으면 위법성이 조각된다고 본다. 이 사안은 정당화상황이 있으므로 위법성이 조각되어 무죄가 된다.
ㄷ, ㅁ. (×) 결과반가치와 행위반가치를 모두 고려해야 한다는 입장(ㄷ)과 그에 대한 비판(ㅁ)이므로 옳지 않다.
ㄹ. (○) 결과반가치만을 불법이라고 보는 견해에서는 주관적 정당화사정을 고려하지 않으므로 주관적 정당화상황이 있는 경우와 없는 경우가 똑같이 처리된다.
ㅂ. (×) 행위반가치 일원론의 입장이므로 옳지 않다. 행위반가치일원론에 따르면 우연방위도 기수로 처벌되므로 객관적 정당화사정이 행위자에게 유리하게 작용하지 못한다는 비판이 제기된다.

정답 ③

문 14. 위법성조각사유의 주관적 정당화요소에 대한 설명으로 옳은 것만을 모두 고르면?

ㄱ. 위법성조각을 위해 주관적 정당화요소가 필요하다고 보는 견해에 의하면, 형법 제21조 제1항에서 '방위하기 위하여 한'은 정당방위의 주관적 정당화요소를 규정한 것으로 해석된다.
ㄴ. 판례는 위법성조각을 위해 방위의사나 피난의사와 같은 주관적 정당화요소가 요구된다고 본다.
ㄷ. 위법성조각을 위해 주관적 정당화요소가 필요 없다고 보는 견해에 의하면, 행위자가 행위 당시 존재하는 객관적 정당화사정을 인식하지 못한 채 범죄의 고의만으로 행위를 한 경우 고의기수범이 성립한다.
ㄹ. 위법성 판단에 행위반가치와 결과반가치가 모두 요구된다고 보는 이원적·인적 불법론의 입장에서는 주관적 정당화요소가 결여된 경우 행위반가치가 부정되므로 불능미수가 된다고 본다.

① ㄱ, ㄴ   ② ㄱ, ㄷ   ③ ㄴ, ㄹ   ④ ㄷ, ㄹ

해설 ㄱ, ㄴ 항목이 옳다.
ㄱ. (○) 주관적 정당화요소 필요설의 입장에서 형법 제21조 제1항의 방위의사는 주관적 정당화요소를 규정한 것이다.
ㄴ. (○) 정당행위가 성립하기 위하여는 건전한 사회통념에 비추어 그 행위의 동기나 목적이 정당하여야 하고, 정당방위·과잉방위나 긴급피난·과잉피난이 성립하기 위하여는 방위의사 또는 피난의사가 있어야 한다고 할 것이다(대판 1997.4.17. 96도3376).
ㄷ. (×) 위법성조각사유의 요건에 있어 주관적 정당화요소가 필요없다고 보는 견해에 의하면 방위의사 없이 행위한 경우라도 정당방위 상황은 존재하므로 결과반가치가 상쇄되어 위법성이 조각된다고 본다.
ㄹ. (×) 이원적·인적불법론에 의하면 주관적 정당화요소가 결여된 경우 행위반가치는 인정되나 결과반가치가 부정되어 불능미수가 된다고 본다.

정답 ①

Theme 21 / 죄수

01 죄수론의 의의

범죄의 수가 한 개인가 또는 여러 개인가의 문제를 말한다.

02 죄수결정의 기준

(1) 견해의 대립

학설	내용 및 판례
행위 표준설	• 내용: 행위의 수에 따라 범죄의 수를 결정하는 견해로 행위가 한 개이면 범죄도 한 개, 행위가 여러 개이면 범죄도 여러 개가 된다. • 비판: 여러 개의 행위로 한 개의 구성요건을 실현하는 결합범을 수죄로 보게 되는 것이 문제이다.
법익 표준설	• 내용: 보호법익의 수에 따라 범죄의 수를 결정하는 견해로 전속적 법익(예 생명, 신체, 자유, 명예)의 경우에는 법익주체마다 한 개의 범죄가 성립하고, 비전속적 법익(예 재산권 등)의 경우에는 재산관리의 수만큼 범죄가 성립한다. • 비판: 여러 개의 법익 침해가 한 개의 범죄를 구성하는 경우를 설명하지 못한다. • 판례: 위조통화행사죄와 사기죄는 보호법익이 다르므로 위조통화를 행사하여 재물을 불법영득한 때에는 위조통화행사죄와 사기죄의 경합범이 된다.
의사 표준설	• 내용: 행위자의 범죄의사의 수를 기준으로 범죄의 수를 결정하는 견해이다. • 비판: 범죄의 수를 단지 범죄의사에 의하여 결정하는 것은 범죄의 정형성을 무시하는 결과가 된다. • 판례: 여러 개의 수뢰행위가 동일한 상대방의 사이에서 단일한 고의에 의해 계속되고 또 피해법익도 동일하다면 이를 포괄일죄로 보아야 한다.
구성요건 표준설	• 내용: 구성요건해당사실의 수를 표준으로 범죄의 수를 결정하는 견해이다. • 비판: 한 개의 행위가 동일한 구성요건을 수회 충족한 경우에 일죄인가 수죄인가를 판단할 수 없다. • 판례: 예금통장과 인장을 절취한 행위와 저금환급금 수령증을 위조한 행위는 별개의 구성요건을 충족하는 독립된 행위이기 때문에 경합범이 성립한다.

(2) 검토

① 원칙적으로 구성요건표준설에 의하되 행위, 의사, 법익 등의 요소를 종합적으로 고려하여 구체적인 경우에 합목적적으로 결정해야 한다(다수설).
② 대법원 판례는 원칙적으로 법익표준설에 의하되 연속범의 경우에는 의사표준설, 공갈죄에 관하여는 행위표준설을 취하고 있다.

문 01 괄호 안에 들어갈 단어가 순서대로 올바르게 연결된 것은?

㉠ 행위표준설은 (A)의 입장에서 자연적 의미의 행위의 수에 의하여 죄수를 결정하는 견해이다.
㉡ 행위표준설에 의하면 연속범은 수죄이고 상상적 경합은 (B)가 된다.
㉢ 법익표준설은 (C)의 입장에서 침해되는 보호법익의 수 또는 결과의 수를 기준으로 죄수를 결정하는 견해이다.
㉣ 甲이 치료받은 다음 날 오전 병원 앞에서 허위사실이 기재된 현수막을 설치하고 허위사실을 기재한 유인물을 불특정 다수인에게 배포한 경우, 판례는 허위사실 유포에 의한 업무방해죄와 명예훼손죄를 (D)관계로 본다.
㉤ 의사표준설은 (E)의 입장에서 범죄의사의 수에 따라 죄수를 결정한다.

	A	B	C	D	E
①	주관주의 범죄론	수죄	주관주의 범죄론	상상적 경합	객관주의 범죄론
②	객관주의 범죄론	수죄	객관주의 범죄론	실체적 경합	주관주의 범죄론
③	객관주의 범죄론	일죄	객관주의 범죄론	상상적 경합	주관주의 범죄론
④	객관주의 범죄론	일죄	객관주의 범죄론	실체적 경합	주관주의 범죄론
⑤	주관주의 범죄론	일죄	주관주의 범죄론	상상적 경합	객관주의 범죄론

해설 객관주의 범죄론이란 형법상의 평가대상을 행위의 결과의 측면을 강조하는 입장인 반면에 주관주의 범죄론은 평가대상을 행위자(범인)에 강조하는 입장이다.
㉠ 행위표준설은 객관주의 범죄론의 입장에서 자연적 의미의 행위의 수에 의하여 죄수를 결정하는 견해이다.
㉡ 행위표준설에 의하면 연속범은 수죄이고 상상적 경합은 일죄가 된다.
㉢ 법익표준설은 객관주의 범죄론의 입장에서 침해되는 보호법익의 수 또는 결과의 수를 기준으로 죄수를 결정하는 견해이다.
㉣ 甲이 치료받은 다음 날 오전 병원 앞에서 허위사실이 기재 된 현수막을 설치하고 허위사실을 기재한 유인물을 불특정 다수인에게 배포한 경우, 판례는 허위사실 유포에 의한 업무방해죄와 명예훼손죄를 상상적 경합관계로 본다.
㉤ 의사표준설은 주관주의 범죄론의 입장에서 범죄의사의 수에 따라 죄수를 결정한다.

정답 ③

문 02 괄호 안에 들어갈 내용을 순서대로 바르게 나열한 것은? (다툼이 있는 경우 판례에 의함)

> (㉠)은 1개의 행위가 실질적으로 수 개의 구성요건을 충족하는 경우를 말하고, (㉡)은/는 1개의 행위가 외관상 수 개의 죄의 구성요건에 해당하는 것처럼 보이나 실질적으로 1죄만을 구성하는 경우를 말한다. 이른바 '불가벌적 수반행위'란 (㉡)의 한 형태인 (㉢)에 속한다. 피해자에 대한 폭행행위가 동일한 피해자에 대한 업무방해죄의 수단이 되었다면/되었더라도 폭행행위는 업무방해죄의 불가벌적 수반행위에 (㉣).

	㉠	㉡	㉢	㉣
①	상상적 경합	법조경합	보충관계	해당한다
②	상상적 경합	포괄일죄	흡수관계	해당하지 않는다
③	상상적 경합	법조경합	흡수관계	해당하지 않는다
④	실체적 경합	포괄일죄	흡수관계	해당한다

해설 [1] 상상적 경합은 1개의 행위가 실질적으로 수 개의 구성요건을 충족하는 경우를 말하고, 법조경합은 1개의 행위가 외관상 수 개의 죄의 구성요건에 해당하는 것처럼 보이나 실질적으로 1죄만을 구성하는 경우를 말하며, 실질적으로 1죄인가 또는 수죄인가는 구성요건적 평가와 보호법익의 측면에서 고찰하여 판단하여야 한다. 그리고 이른바 '불가벌적 수반행위'란 법조경합의 한 형태인 흡수관계에 속한다.
[2] 업무방해죄와 폭행죄는 구성요건과 보호법익을 달리하고 있고, 업무방해죄의 성립에 일반적·전형적으로 사람에 대한 폭행행위를 수반하는 것은 아니며, 폭행행위가 업무방해죄에 비하여 경미한 것이라고 할 수도 없으므로, 설령 피해자에 대한 폭행행위가 동일한 피해자에 대한 업무방해죄의 수단이 되었다고 하더라도 폭행죄는 별도로 성립한다(대판 2012.10.11. 2012도189).

정답 ③

문 03 죄수(罪數)결정기준에 관한 설명으로 가장 적절한 것은? (다툼이 있는 경우 판례에 의함)

① 행위표준설은 죄수의 판단을 위한 기본요소를 행위자의 행위에서 구하여 행위가 하나일 때 하나의 죄를, 행위가 다수일 때 수 개의 죄를 인정하는 견해로 판례는 연속범의 경우 이 견해를 취하고 있다.
② 법익표준설은 한 사람의 행위자가 실현시킨 범죄실현의 과정에서 몇 개의 보호법익이 침해 또는 위태롭게 되었는가를 기준으로 죄의 개수를 인정하는 견해로 판례는 강간, 공갈죄의 경우 이 견해를 취하고 있다.
③ 의사표준설은 행위자가 실현하려는 범죄의사의 개수에 따라서 죄의 개수를 결정하려는 견해로 행위자에게 1개의 범죄의사가 있으면 1죄를, 수 개의 범죄의사가 있으면 수 개의 죄를 각각 인정하게 되며, 판례는 연속범의 경우를 제외하고는 원칙적으로 이 견해를 취하고 있다.
④ 구성요건표준설은 구성요건에 해당하는 회수를 기준으로 죄수를 결정하는 견해로 죄수의 결정은 법률적인 구성요건 충족의 문제로 해석하여 구성요건을 1회 충족하면 일죄이고, 수 개의 구성요건에 해당하면 수죄를 인정하게 되며, 판례는 조세포탈범의 죄수는 위반사실의 구성요건 충족 회수를 기준으로 1죄가 성립하는 것이 원칙이라고 하여 이 견해를 따르는 경우도 있다.

해설 ① (×) 판례는 연속범에 대해서 뇌물죄는 포괄일죄로 인정했고, 강간죄에 대해서는 경합범을 인정해서 사안마다 다른 입장을 취하고 있다.
② (×) 판례는 강간죄에 대해서는 원칙적으로 행위표준설을 취한다.
③ (×) 판례는 종합하여 판단한다.
④ (○) 판례는 조세포탈범의 경우 구성요건표준설을 취한다고 보았다.

정답 ④

문 04 (가)와 (나) 사례에 관한 죄수의 기초이론에 따른 설명 중 가장 적절하지 않은 것은?

> (가) 공무원 甲은 직무와 관련하여 乙로부터 매월 1일 100만원씩 10회에 걸쳐 뇌물을 수수하였다.
> (나) 甲이 A를 살해하기 위하여 A의 음료수에 치사량의 독약을 한 번 넣고 가버린 후 그 음료수를 나누어 마신 A와 그의 비서가 사망하였다.

① 자연적 행위표준설에 따르면 (가)는 수죄, (나)는 일죄가 된다.
② 법익표준설에 따르면 (나)는 전속적 법익인 생명을 침해한 것으로 법익주체마다 1개의 죄가 성립한다.
③ (가)에서 구성요건표준설로는 甲의 10회에 걸친 뇌물수수행위가 일죄인지, 수죄인지 명확하게 결정할 수 없다는 비판이 있다.
④ 의사표준설에 따르면 (가)의 경우 甲이 10회의 뇌물수수과정에서 단일한 범의를 가졌는지를 불문하고 일죄가 된다.

해설 ① (○) 행위표준설은 죄수의 판단을 위한 기본요소를 행위자의 행위에서 구하여 행위가 하나일 때 하나의 죄를, 행위가 다수일 때 수 개의 죄를 인정하는 견해이다. 이 학설에 의할 때 (가)의 경우는 행위가 10개이므로 수죄가 되고, (나)의 경우는 행위가 1개이므로 일죄가 된다.
② (○) 법익표준설은 한 사람의 행위자가 실현시킨 범죄실현의 과정에서 몇 개의 보호법익이 침해 또는 위태롭게 되었는가를 기준으로 죄의 개수를 인정하는 견해이다. 이 학설에 의할 때 (나)의 경우는 전속적 법익인 생명을 침해한 것으로 법익주체마다 1개의 죄가 성립한다.
③ (○) 구성요건표준설은 구성요건에 해당하는 회수를 기준으로 죄수를 결정하는 견해로 죄수의 결정은 법률적인 구성요건 충족의 문제로 해석하여 구성요건을 1회 충족하면 일죄이고, 수 개의 구성요건에 해당하면 수죄를 인정하게 되는 견해이다. 이 학설에 의할 때 (가)의 경우는 구성요건을 일회 충족한 것인지 아니면 수회 충족한 것인지 구분하기 어렵다.
④ (×) 의사표준설은 행위자가 실현하려는 범죄의사의 개수에 따라서 죄의 개수를 결정하려는 견해로 행위자에게 1개의 범죄의사가 있으면 1죄, 수 개의 범죄의사가 있으면 수 개의 죄를 각각 인정하는 견해이다. 이 학설에 의할 때 (가)의 경우 甲이 단일한 범의를 가졌다면 일죄이지만, 수 개의 범의를 가졌다면 수죄가 된다.

정답 ④

핵심지문 OX Quiz

일죄

01 피해법익이 단일하고 범죄의 태양이 동일할 뿐만 아니라, 그 수 개의 배임행위가 단일한 범의에 기한 일련의 행위라고 볼 수 있는 경우 포괄일죄의 관계에 있다. O | X

해설 대판 2014.6.26. 2014도753

02 상표권자 및 표장이 동일한 수 개의 등록상표에 대하여 상표법 제93조 소정의 상표권 침해행위가 계속하여 행하여진 경우 포괄일죄의 관계에 있다. O | X

해설 수 개의 등록상표에 대하여 상표권 침해행위가 계속하여 행하여진 경우에는 등록상표 1개마다 포괄하여 1개의 범죄가 성립하므로, 특별한 사정이 없는 한 상표권자 및 표장이 동일하다는 이유만으로 등록상표를 달리하는 수 개의 상표권 침해행위를 포괄하여 하나의 죄가 성립하는 것으로 볼 수 없다(대판 2013.7.25. 2011도12482).

03 범죄단체를 구성하거나 이에 가입한 자가 더 나아가 구성원으로 활동하는 경우 포괄일죄의 관계에 있다. O | X

해설 폭력행위 등 처벌에 관한 법률 제4조 제1항은 그 법에 규정된 범죄행위를 목적으로 하는 단체를 구성하거나 이에 가입하는 행위 또는 구성원으로 활동하는 행위를 처벌하도록 정하고 있다. 따라서 범죄단체를 구성하거나 이에 가입한 자가 더 나아가 구성원으로 활동하는 경우, 이는 포괄일죄의 관계에 있다(대판 2015.9.10. 2015도7081).

03-1 범죄단체 등에 소속된 조직원이 저지른 폭력행위 등 처벌에 관한 법률 위반(단체 등의 공동강요)죄 등의 개별적 범행과 동법 위반(단체 등의 활동)죄는 범행의 목적이나 행위 등 측면에서 일부 중첩되는 부분이 있고, 이에 특별한 사정이 없는 한 법률상 1개의 행위로 평가되어 실체적 경합이 아닌 상상적 경합관계에 있다고 보아야 한다. O | X

해설 범죄단체 등에 소속된 조직원이 저지른 폭력행위처벌법 위반(단체 등의 공동강요)죄 등의 개별적 범행과 폭력행위처벌법 위반(단체 등의 활동)죄는 범행의 목적이나 행위 등 측면에서 일부 중첩되는 부분이 있더라도, 일반적으로 구성요건을 달리하는 별개의 범죄로서 범행의 상대방, 범행 수단 내지 방법, 결과 등이 다를 뿐만 아니라 그 보호법익이 일치한다고 볼 수 없다. 또한 폭력행위처벌법 위반(단체 등의 구성·활동)죄와 위 개별적 범행은 특별한 사정이 없는 한 법률상 1개의 행위로 평가되는 경우로 보기 어려워 상상적 경합이 아닌 실체적 경합관계에 있다고 보아야 한다(대판 2022.9.7. 2022도6993).

04 단일하고도 계속된 범의 아래 동일한 저작물에 대한 침해행위가 일정 기간 반복하여 행하여진 경우 포괄일죄의 관계에 있다. O | X

해설 저작재산권 침해행위는 저작권자가 같더라도 저작물별로 침해되는 법익이 다르므로, 각각의 저작물에 대한 침해행위는 원칙적으로 각 별개의 죄를 구성한다. 다만 단일하고도 계속된 범의 아래 동일한 저작물에 대한 침해행위가 일정 기간 반복하여 행하여진 경우에는 포괄하여 하나의 범죄가 성립한다고 볼 수 있다(대판 2012.5.10. 2011도12131).

정답 **01** O **02** × **03** O **03-1** × **04** O

05 공무원이 골재채취허가과정에 협조해 달라는 청탁과 함께 동일인으로부터 20일 사이에 3차례에 걸쳐 다른 장소에서 금품을 교부받은 경우, 단일 범의에 의하여 행해진 계속된 행위라고 볼 수 있고 피해법익 또한 동일하므로 포괄하여 일죄를 구성한다. ○ | ×

> [해설] 뇌물죄는 범죄의사를 기준으로 죄수를 따지므로 단일한 범죄의사에 기해서 뇌물을 받았으면 일죄가 된다(대판 1983.11.8. 83도711).

06 건축공무원이 약 4개월 사이에 10회에 걸쳐 동일한 건설회사의 대표이사, 상무이사, 공사현장 소장으로부터 동일 명목으로 뇌물을 받았다면 단일범의에 의하여 행해진 계속된 행위라고 볼 수 없으므로 수죄의 뇌물수수죄가 성립한다. ○ | ×

> [해설] 뇌물죄는 범죄의사를 기준으로 죄수를 따지므로 단일한 범죄의사에 기해서 약 4개월 사이에 10회에 걸쳐 동일인으로부터 뇌물을 받은 경우에는 포괄일죄가 성립한다(대판 1979.8.14. 79도1393).

07 등기소 조사계장이 동일 법무사로부터 그가 신청하는 등기신청사건을 신속히 처리하여 달라는 부탁조로 1건당 얼마씩 일정한 기간 동종행위를 같은 장소에서 반복한 것으로 볼 수 있어 일죄이다. ○ | ×

> [해설] 대판 1982.10.26. 81도1409

08 형법 제133조 제2항의 제3자뇌물취득죄는 제133조 제1항의 증뢰자로부터 교부받은 금품을 수뢰할 사람에게 전달하였는지 여부에 관계없이 제3자가 그 정을 알면서 금품을 교부받음으로써 성립하며, 나아가 제3자가 그 금품을 수뢰할 사람에게 전달하였다 하더라도 별도로 뇌물공여죄가 성립하는 것은 아니다. ○ | ×

> [해설] 대판 1997.9.5. 97도1572

09 甲이 계속적으로 무면허로 운전할 의사를 가지고 여러 날에 걸쳐 무면허운전행위를 반복한 경우(어느 날에 운전을 시작하여 다음 날까지 동일한 기회에 일련의 과정에서 계속 운전을 한 경우와 같은 특별한 경우 등은 제외한다) 포괄일죄가 성립한다. ○ | ×

> [해설] 무면허운전죄는 운전한 날마다 죄가 성립한다. 따라서 포괄일죄가 될 수 없다(대판 2002.7.23. 2001도6281).

10 작가협회 회원인 甲이 A의 명의를 도용하여 작가협회 교육원장을 비방하는 내용의 호소문을 작성한 후, 이를 작가협회 회원들에게 우편으로 송달한 경우 포괄일죄가 성립한다. ○ | ×

> [해설] 사문서위조죄와 명예훼손죄가 각 성립하고, 이는 실체적 경합관계에 있다(대판 2009.4.23. 2008도8527).

정답 05 ○ 06 × 07 ○ 08 ○ 09 × 10 ×

11 금융기관 임직원인 甲이 그 직무에 관하여 乙로부터 정식 이사가 될 수 있도록 도와 달라는 부탁을 받고 1년 동안 12회에 걸쳐 그 사례금 명목으로 합계 1억 2,000만 원을 교부받은 경우 포괄일죄가 성립한다. ○ | ×

> [해설] 금융기관 임직원이 그 직무에 관하여 여러 차례 금품을 수수한 경우에 그것이 단일하고도 계속된 범의 아래 일정 기간 반복하여 이루어진 것이고 그 피해법익도 동일한 경우에는 각 범행을 통틀어 포괄일죄로 볼 것이다(대판 2000.6.27. 2000도1155).

12 甲이 히로뽕 완제품을 제조하고, 그 때 함께 만든 액체 히로뽕 반제품을 땅에 묻어 두었다가 약 1년 9개월 후, 이전에 제조를 요구했던 사람이 아닌 다른 사람들의 요구에 따라 그들과 함께 위반제품을 완제품으로 제조한 경우 포괄일죄가 성립한다. ○ | ×

> [해설] 히로뽕 완제품을 제조할 때 함께 만든 액체 히로뽕 반제품을 땅에 묻어 두었다가 약 1년 9월 후에 앞서 제조시의 공범 아닌 자 등의 요구에 따라 그들과 함께 위반제품으로 그 완제품을 제조한 경우 포괄일죄를 이룬다고 할 수 없고 형법 제37조 전단의 경합범으로 처단하여야 한다(대판 1991.2.26. 90도2900).

13 변호사가 아닌 피고인이 당사자와 내용을 달리하는 법률사건에 관한 법률사무를 다수 수임하여 이를 처리하는 대가로 수수료를 수취하여 변호사법 위반죄를 범한 경우 포괄일죄가 성립한다. ○ | ×

> [해설] 당사자와 내용을 달리하는 법률사건에 관한 법률사무 취급은 각기 별개의 행위라고 할 것이므로, 변호사가 아닌 사람이 각기 다른 법률사건에 관한 법률사무를 취급하여 저지르는 위 변호사법 위반의 각 범행은 특별한 사정이 없는 한 실체적 경합범이 되는 것이지 포괄일죄가 되는 것이 아니다(대판 2015.1.15. 2011도14198).

14 피고인이 부동산 공유자인 피해자 3명을 상대로 부동산을 매수할 것처럼 행세하며 근저당권을 먼저 설정하여 주면 이를 담보로 매매대금을 마련하여 지급하겠다고 기망하여, 이에 속은 위 피해자들이 공유하는 부동산의 각 공유지분에 관하여 근저당권을 설정하게 함으로써 재산상 이익을 편취한 경우 포괄일죄가 성립한다. ○ | ×

> [해설] 각 피해자의 피해법익은 독립한 것이므로 피해자별로 독립한 사기죄가 성립하고, 피고인 1 등이 같은 일시, 장소에서 피해자들로부터 각 재산상 이익을 편취한 행위는 사회관념상 1개의 행위로 평가할 수 있으므로 위 각 사기죄 사이에는 상상적 경합의 관계에 있다 할 것이다(대판 2015.4.23. 2014도16980).

15 강도가 시간적으로 접착된 상황에서 가족을 이루는 수인에게 폭행·협박을 가하여 집안에 있는 재물을 탈취한 경우 그 재물은 가족의 공동점유 아래 있는 것으로서, 이를 탈취하는 행위는 그 소유자가 누구인지에 불구하고 단일한 강도죄의 죄책을 진다. ○ | ×

> [해설] 대판 1996.7.30. 96도1285

정답 11 ○ 12 × 13 × 14 × 15 ○

16 비의료인이 의료기관을 개설하여 운영하는 도중 의료시설과 의료진을 그 동일성을 상실할 정도로 변경하지 않은 채 단지 개설자 명의만을 다른 의료인 등으로 변경한 경우, 의료기관을 새로 개설하였다고 보기 어려우므로 개설자 명의변경 전후로 의료법 위반죄의 포괄일죄로 보아야 한다. ○ | ×

> [해설] 비의료인이 의료기관을 개설하여 운영하는 도중 개설자 명의를 다른 의료인 등으로 변경한 경우에는 그 범의가 단일하다거나 범행방법이 종전과 동일하다고 보기 어렵다. 따라서 개설자 명의별로 별개의 범죄가 성립하고 각 죄는 실체적 경합범의 관계에 있다고 보아야 한다(대판 2018.11.29. 2018도10779).

> **관련조문**
>
> 구 의료법 제33조(개설 등)
> ② 다음 각 호의 어느 하나에 해당하는 자가 아니면 의료기관을 개설할 수 없다. 이 경우 의사는 종합병원·병원·요양병원 또는 의원을, 치과의사는 치과병원 또는 치과의원을, 한의사는 한방병원·요양병원 또는 한의원을, 조산사는 조산원만을 개설할 수 있다.
>   1. 의사, 치과의사, 한의사 또는 조산사
>   2. 국가나 지방자치단체
>   3. 의료업을 목적으로 설립된 법인
>   4. 민법이나 특별법에 따라 설립된 비영리법인
>   5. 공공기관의 운영에 관한 법률에 따른 준정부기관, 지방의료원의 설립 및 운영에 관한 법률에 따른 지방의료원, 한국보훈복지의료공단법에 따른 한국보훈복지의료공단

17 불특정 다수의 피해자들을 상대로 동일한 방식으로 사기분양을 하여 그들로부터 분양대금을 편취한 경우 사기죄의 포괄일죄가 된다. ○ | ×

> [해설] 수인의 피해자에 대하여 각별로 기망행위를 하여 각각 재물을 편취한 경우에는 범의가 단일하고 범행방법이 동일하더라도 각 피해자의 피해법익은 독립한 것이므로 이를 포괄일죄로 파악할 수 없고 피해자별로 독립한 사기죄가 성립된다(대판 1993.6.22. 93도743).

18 포괄일죄는 수 개의 행위가 포괄적으로 1개의 구성요건에 해당하여 일죄를 구성하는 경우로, 본래 일죄라는 점에서 과형상 일죄와 구별된다. ○ | ×

> [해설] 포괄일죄는 본래 일죄라는 점에서 수죄인 과형상 일죄와 구별된다.

19 하나의 소송사건에서 동일한 선서하에 수차례에 걸쳐 허위의 감정보고서를 제출하는 경우에 각 감정보고서 제출행위시마다 각각 허위감정죄가 성립하므로 포괄일죄가 아닌 경합범으로 처벌하여야 한다. ○ | ×

> [해설] 하나의 소송사건에서 동일한 선서하에 이루어진 법원의 감정명령에 따라 감정인이 동일한 감정명령사항에 대하여 수차례에 걸쳐 허위의 감정보고서를 제출하는 경우에는 각 감정보고서 제출행위시마다 각기 허위감정죄가 성립한다 할 것이나, 이는 단일한 범의하에 계속하여 허위의 감정을 한 것으로서 포괄하여 1개의 허위감정죄를 구성한다(대판 2000.11.28. 2000도1089).

정답 16 × 17 × 18 ○ 19 ×

20 타인의 사무를 처리하는 자가 여러 사람으로부터 각각 같은 종류의 부정한 청탁과 함께 금품을 받은 행위는, 비록 금품제공자가 다르다고 하더라도 단일하고도 계속된 범의 아래 일정 기간 반복하여 이루어진 것이고 피해법익도 동일하므로 배임수재죄의 포괄일죄에 해당한다. O | X

해설 타인의 사무를 처리하는 자가 동일인으로부터 그 직무에 관하여 부정한 청탁을 받고 여러 차례에 걸쳐 금품을 수수한 경우, 그것이 단일하고도 계속된 범의 아래 일정 기간 반복하여 이루어진 것이고 그 피해법익도 동일한 때에는 이를 포괄일죄로 보아야 한다. 다만, 여러 사람으로부터 각각 부정한 청탁을 받고 그들로부터 각각 금품을 수수한 경우에는 비록 그 청탁이 동종의 것이라고 하더라도 단일하고 계속된 범의 아래 이루어진 범행으로 보기 어려워 그 전체를 포괄일죄로 볼 수 없다(대판 2008.12.11. 2008도6987).

21 상습절도의 범행을 한 자가 절도 습벽의 발현으로 자동차 등 불법사용 범행을 함께 저질렀다 하더라도 자동차 등 불법사용죄와 상습절도죄는 그 보호법익이 다르므로 포괄일죄가 아닌 별개의 범죄를 구성한다. O | X

해설 자동차 등 불법사용의 위법성에 대한 평가는 특정범죄 가중처벌 등에 관한 법률상의 상습절도 등 죄의 구성요건적 평가 내지 위법성 평가에 포함되어 있다고 보는 것이 타당하고, 따라서 상습절도 등의 범행을 한 자가 추가로 자동차 등 불법사용의 범행을 한 경우에 그것이 절도 습벽의 발현이라고 보이는 이상 자동차 등 불법사용의 범행은 상습절도 등의 죄에 흡수되어 일죄만이 성립하고 이와 별개로 자동차 등 불법사용죄는 성립하지 않는다(대판 2002.4.26. 2002도429).

22 피고인이 수 개의 선거비용 항목을 허위기재한 하나의 선거비용 보전청구서를 제출하여 대한민국으로부터 선거비용을 과다 보전받아 이를 편취하였다면 이는 일죄로 평가되어야 하고, 각 선거비용 항목에 따라 별개의 사기죄가 성립하는 것은 아니다. O | X

해설 하나의 회계보고서에 여러 가지 선거비용 항목에 관하여 허위 사실을 기재하였더라도 선거비용의 항목에 따라 별개의 죄가 성립하는 것이 아니라 전체로서 하나의 지방교육자치에 관한 법률 위반죄가 성립한다(대판 2017.5.30. 2016도21713).

23 직계존속인 피해자를 폭행하고 상해를 가한 것이 존속에 대한 동일한 폭력 습벽의 발현에 의한 것으로 인정되는 경우 중한 상습존속상해죄에 나머지 행위들을 포괄시켜 하나의 죄만이 성립한다. O | X

해설 대판 2003.2.28. 2002도7335

24 동일한 장소에서 동일한 방법으로 시간적으로 접착된 상황에서 권총으로 처와 자식들에게 각기 실탄 1발씩을 순차로 발사하여 살해한 경우 단일하고도 계속된 범의 아래 동종의 범행을 반복하여 행하였으므로 포괄일죄에 해당한다. O | X

해설 생명과 신체는 전속적 법익이므로 사람별로 수 개의 살인죄가 성립한다. 따라서 피고인이 단일한 범의로 동일한 장소에서 동일한 방법으로 시간적으로 접착된 상황에서 처와 자식들을 살해하였다고 하더라도 피해자들의 수에 따라 수 개의 살인죄를 구성한다(대판 1991.8.27. 91도1637).

정답 20 × 21 × 22 ○ 23 ○ 24 ×

25 단일하고 계속된 범의 아래 같은 장소에서 반복하여 여러 사람으로부터 계불입금을 편취한 경우, 피해자의 수에 관계없이 사기죄의 포괄일죄가 성립한다. ○│✕

   해설 단일하고 계속된 범의 아래 같은 장소에서 반복하여 여러 사람으로부터 계불입금을 편취한 경우 피해자별로 포괄하여 1개의 사기죄가 성립하고, 이들 포괄일죄 상호 간은 상상적 경합관계에 있다고 볼 것이다(대판 1990.1.25. 89도252).

26 동일한 기회에 동일한 범죄의 태양으로 수회에 걸친 예금인출행위로 수인의 피해자에 대해 업무상 횡령행위를 행한 경우 업무상횡령죄의 포괄일죄가 성립한다. ○│✕

   해설 수 개의 업무상횡령행위라 하더라도 피해법익이 단일하고, 범죄의 태양이 동일하며, 단일 범의의 발현에 기인하는 일련의 행위로 인정되는 경우는 포괄하여 1개의 범죄라고 할 것이지만, 피해자가 수인인 경우는 피해법익이 단일하다고 할 수 없으므로 포괄일죄의 성립을 인정하기 어렵다(대판 2011. 2.24. 2010도13801).

27 컴퓨터로 음란물을 제공한 행위로 서버컴퓨터가 압수된 이후 동종의 제2범행을 한 경우 포괄일죄로 판단된다. ○│✕

   해설 컴퓨터로 음란 동영상을 제공한 제1범죄행위로 서버컴퓨터가 압수된 이후 다시 장비를 갖추어 동종의 제2범죄행위를 하고 제2범죄행위로 인하여 약식명령을 받아 확정된 사안에서, 제1범죄행위는 약식명령이 확정된 제2범죄행위와 실체적 경합관계에 있다고 보아야 한다(대판 2005.9.30. 2005도4051).

28 상습성을 갖춘 자가 여러 개의 죄를 반복하여 저지른 경우에는 각 죄를 별죄로 보아 경합범으로 처단할 것이 아니라 그 모두를 포괄하여 상습범으로 처단하여야 한다. ○│✕

29 영리를 목적으로 무면허의료행위를 업으로 하는 자가 반복적으로 여러 개의 무면허의료행위를 단일하고 계속된 범의 아래 일정 기간 계속하여 행하고 그 피해법익도 동일하다면 이를 각 행위로 포괄일죄로 처단하여야 한다. ○│✕

   해설 무면허의료행위는 직업범이며 단일하고 계속된 범의 아래 일정 기간 계속한 경우 포괄일죄이다(대판 2014.1.16. 2013도11649).

30 절도범인 甲이 체포를 면탈할 목적으로 체포하려는 A, B, C에게 동일한 기회에 폭행을 가하여 그 중 A에게만 상해를 가한 경우, 甲에게는 하나의 강도상해죄만 성립한다. ○│✕

   해설 절도범이 체포를 면탈할 목적으로 체포하려는 여러 명의 피해자에게 같은 기회에 폭행을 가하여 그 중 1인에게만 상해를 가하였다면 피고인의 이러한 행위는 포괄하여 하나의 강도상해죄만 성립한다 (대판 2001.8.21. 2001도3447).

정답 25 ✕ 26 ✕ 27 ✕ 28 ○ 29 ○ 30 ○

31 물품을 수입하는 무역업자가 그 물품을 같은 해에 3차례에 걸쳐 수입하면서 그때마다 과세가격 또는 관세율을 허위로 신고하여 관세를 포탈하였다면 포괄하여 1개의 관세포탈죄를 구성한다. O | X

> 해설 조세포탈의 죄수는 위반사실의 구성요건 충족 회수를 기준으로 하여 정하는 것인데, 수입물품의 수입신고를 하면서 과세가격 또는 관세율 등을 허위로 신고하여 수입하는 경우에는 그 수입신고시마다 당해 수입물품에 대한 정당한 관세의 확보라는 법익이 침해되어 별도로 구성요건이 충족되는 것이므로 각각의 허위 수입신고시마다 1개의 죄가 성립한다(대판 2000.11.10. 99도782).

32 2개의 인터넷 파일공유 사이트를 운영하는 피고인들이 이를 통해 저작재산권 대상인 디지털 콘텐츠가 불법 유통되고 있음을 알면서도 다수 회원들로 하여금 불법 디지털 콘텐츠를 업로드하게 한 후 이를 다운로드하게 함으로써 저작재산권 침해를 방조한 경우, 위 사이트를 통해 유통된 다수 저작권자의 다수 저작물에 대한 피고인들의 범행 전체가 하나의 포괄일죄를 구성한다. O | X

> 해설 저작권은 저작물로 죄가 성립하기 때문에 다수 저작권자의 다수 저작물에 대한 피고인들의 범행은 실체적 경합범이 성립한다(대판 2012.5.10. 2011도12131).

33 공직선거후보자를 추천하기 위한 정당의 당내 경선과 관련하여 경선운동 또는 교통을 방해하거나 위계·사술 그 밖의 부정한 방법으로 당내 경선의 자유를 방해하는 행위를 처벌하는 공직선거법 제237조 제5항 제2호의 선거의 자유방해죄와 형법 제314조 제1항의 업무방해죄는 위 선거의 자유방해죄가 성립할 경우 업무방해죄가 이에 흡수되는 법조경합관계이다. O | X

> 해설 공직선거법상의 선거의 자유방해죄와 형법상의 업무방해죄는 그 보호법익과 구성요건을 서로 달리하는 것이므로, 위 양 죄의 관계를 위 선거의 자유방해죄가 성립할 경우 업무방해죄가 이에 흡수되는 법조경합관계라고 볼 수는 없고, 서로 별개의 죄가 성립한다(대판 2006.6.15. 2006도1667).

34 건물제공행위와 성매매알선행위의 경우 성매매알선행위는 건물제공행위의 결과에 해당하고 반대로 건물제공행위는 성매매알선행위에 수반되는 수단이라고 볼 수 있다. 따라서 '영업으로 성매매를 알선한 행위'와 '영업으로 성매매에 제공되는 건물을 제공한 행위'는 각각 독립된 가벌적 행위로서 별개의 죄를 구성하는 것이 아니라, 위 각 행위를 통틀어 법정형이 더 무거운 성매매알선행위의 포괄일죄를 구성한다고 보아야 한다. O | X

> 해설 건물제공행위와 성매매알선행위의 경우 성매매알선행위가 건물제공행위의 필연적 결과라거나 반대로 건물제공행위가 성매매알선행위에 수반되는 필연적 수단이라고도 볼 수 없다. 따라서 '영업으로 성매매를 알선한 행위'와 '영업으로 성매매에 제공되는 건물을 제공하는 행위'는 당해 행위 사이에서 각각 포괄일죄를 구성할 뿐, 서로 독립된 가벌적 행위로서 별개의 죄를 구성한다고 보아야 한다(대판 2011.5.26. 2010도6090).

> **관련조문**
>
> **성매매알선 등 행위의 처벌에 관한 법률 제2조(정의)**
> ① 이 법에서 사용하는 용어의 뜻은 다음과 같다.
>   2. '성매매알선 등 행위'란 다음 각 목의 어느 하나에 해당하는 행위를 하는 것을 말한다.
>   가. 성매매를 알선, 권유, 유인 또는 강요하는 행위
>   다. 성매매에 제공되는 사실을 알면서 자금, 토지 또는 건물을 제공하는 행위
>
> **제19조(벌칙)**
> ② 다음 각 호의 어느 하나에 해당하는 사람은 7년 이하의 징역 또는 7천만 원 이하의 벌금에 처한다.
>   1. 영업으로 성매매알선 등 행위를 한 사람

정답 31 × 32 × 33 × 34 ×

35 포괄일죄는 그 중간에 다른 종류의 범죄에 대한 확정판결이 끼어 있어도 그 때문에 둘로 나뉘는 것이 아니라, 그 확정판결 후의 범죄로 다루어져야 한다. ○ | ×

해설 대판 2015.9.10. 2015도7081

36 형법 제131조 제1항 수뢰후부정처사죄에 있어서 단일하고도 계속된 범의 아래 일정 기간 반복하여 일련의 뇌물수수행위와 부정한 행위가 행하여졌고 뇌물수수행위와 부정한 행위 사이에 인과관계가 인정되며 피해법익도 동일한 경우에는 최후의 부정한 행위 이후에 저질러진 뇌물수수행위도 최후의 부정한 행위 이전의 뇌물수수행위 및 부정한 행위와 함께 수뢰후부정처사죄의 포괄일죄가 된다. ○ | ×

해설 대판 2021.2.4. 2020도12103

37 형법상 직권남용권리행사방해죄는 국가기능의 공정한 행사라는 국가적 법익을 보호하는 데 주된 목적이 있고, 직권남용으로 인한 국가정보원법 위반죄도 마찬가지이다. 따라서 국가정보원 직원이 동일한 사안에 관한 일련의 직무집행과정에서 단일하고 계속된 범의로 일정 기간 계속하여 저지른 직권남용행위에 대하여는 설령 그 상대방이 수인이라고 하더라도 포괄일죄가 성립할 수 있다. ○ | ×

해설 대판 2021.3.11. 2020도12583

38 '가장거래에 의한 사기죄'와 '분식회계에 의한 사기죄'는 범행방법이 동일하지 않아, 그 피해자가 동일하더라도 포괄일죄가 성립한다고 할 수는 없다. ○ | ×

해설 석유를 수입하는 것처럼 가장하여 신용장 개설은행들로 하여금 신용장을 개설하게 하고 신용장 대금 상당액의 지급을 보증하게 함으로써 동액 상당의 재산상 이익을 취득한 행위는 피해자들인 신용장 개설은행별로 각각 포괄하여 1죄가 성립하고, 분식회계에 의한 재무제표 및 감사보고서 등으로 은행으로 하여금 신용장을 개설하게 하여 신용장 대금 상당액의 지급을 보증하게 함으로써 동액 상당의 재산상 이익을 취득한 행위도 포괄하여 1죄가 성립한다고 할 것이나, 위와 같이 '가장거래에 의한 사기죄'와 '분식회계에 의한 사기죄'는 범행 방법이 동일하지 않아 그 피해자가 동일하더라도 포괄일죄가 성립한다고 할 수 없다(대판 2010.5.27. 2007도10056).

39 특수강도죄를 범한 자가 그 후에 강도상해죄를 범한 경우, 강도행위에 대한 상습성이 인정된다면 양 죄는 포괄일죄가 될 수 있다. ○ | ×

해설 형법 제341조나 특정범죄 가중처벌 등에 관한 법률에서 강도, 특수강도, 약취강도, 해상강도의 각 죄에 관해서는 상습범가중처벌규정을 두고 있으나 강도상해, 강도강간 등 각 죄에 관해서는 상습범 가중처벌규정을 두고 있지 아니하므로 특수강도죄와 그 후에 범한 강도강간 및 강도상해 등 죄는 포괄일죄의 관계에 있지 아니하다(대판 1992.4.14. 92도297).

40 음주상태로 자동차를 운전하다가 제1차 사고를 내고 그대로 진행하여 제2차 사고를 낸 후 음주측정을 받아 도로교통법 위반(음주운전)죄로 약식명령을 받아 확정되었는데, 그 후 제1차 사고 당시의 음주운전의 공소사실은 약식명령이 확정된 도로교통법 위반(음주운전)죄와 포괄일죄 관계에 있다. ○ | ×

해설 대판 2007.7.26. 2007도4404

정답 35 ○ 36 ○ 37 ○ 38 ○ 39 × 40 ○

41 수개의 행위가 여러 개의 구성요건을 충족하는 경우에도 포괄일죄가 될 수 있으므로 횡령, 배임의 행위와 사기의 행위 사이에는 포괄일죄를 구성할 수 있다. O | X

해설 포괄일죄라 함은 각기 따로 존재하는 수개의 행위가 한 개의 구성요건을 한번 충족하는 경우를 말하므로 구성요건을 달리하고 있는 횡령, 배임 등의 행위와 사기의 행위는 포괄일죄를 구성할 수 없다 (대판 1988.2.9. 87도58).

42 채권자들에 의한 복수의 강제집행이 예상되는 경우 재산을 은닉 또는 허위양도함으로써 채권자들을 해하였다면 채권자별로 각각 강제집행면탈죄가 성립하는 것이 아니라 포괄하여 1개의 강제집행면탈죄가 성립한다. O | X

해설 대판 2011.12.8. 2010도4129

정답 41 × 42 ○

핵심지문 OX Quiz

불가벌적 사후행위

01 주식회사의 대표이사가 타인을 기망하여 신주를 인수하게 한 후 그로부터 납입받은 신주인수대금을 횡령한 것은 사기죄의 불가벌적 사후행위에 해당하므로 별죄를 구성하지 아니한다. O | X

해설 주식회사의 대표이사가 타인을 기망하여 회사가 발행하는 신주를 인수하게 한 다음 그로부터 납입받은 신주인수대금을 보관하던 중 횡령한 행위는 사기죄와는 전혀 다른 새로운 보호법익을 침해하는 행위로서 별죄를 구성한다(대판 2006.10.27. 2004도6503).

02 골동품상 甲이 주의의무를 게을리하여 절도품인 줄 모르고 절도범이 매각해 달라고 부탁한 고려청자를 보관하던 중 친구로부터 금원을 차용하면서 이를 담보로 제공한 경우 업무상과실장물보관죄와 횡령죄가 성립한다. O | X

해설 업무상 과실로 장물을 보관하고 있던 사람이 이를 제3자에게 처분한 행위는 불가벌적 사후행위에 해당하여 별도로 횡령죄를 구성하지 않는다(대판 2004.4.9. 2003도8219).

03 흡연할 목적으로 대마를 매입한 후 흡연할 기회를 포착하기 위하여 2일 이상 하의주머니에 넣고 다님으로써 매입한 대마를 소지한 행위는 불가벌적 사후행위에 해당한다. O | X

해설 매입한 대마를 처분함이 없이 계속 소지하고 있는 경우에 있어서 그 소지행위가 매매행위와 불가분의 관계에 있는 것이라거나, 매매행위에 수반되는 필연적 결과로서 일시적으로 행하여진 것에 지나지 않는다고 평가되지 않는 한 그 소지행위는 매매행위에 포괄 흡수되지 아니하고 대마매매죄와는 달리 대마소지죄가 성립한다고 보아야 할 것인바, 흡연할 목적으로 대마를 매입한 후 흡연할 기회를 포착하기 위하여 이틀 이상 하의주머니에 넣고 다님으로써 소지한 행위는 매매행위의 불가분의 필연적 결과라고 평가될 수 없다(대판 1990.7.27. 90도543).

정답 01 × 02 × 03 ×

04 회사에 대한 관계에서 타인의 사무를 처리하는 자가 임무에 위배하는 행위로써 회사로 하여금 회사가 펀드 운영사에 지급하여야 할 펀드출자금을 정해진 시점보다 선지급하도록 하여 배임죄를 범한 다음, 그와 같이 선지급된 펀드출자금을 보관하는 자와 공모하여 펀드출자금을 임의로 인출한 후 자신의 투자금으로 사용하기 위하여 임의로 송금하도록 한 행위는 펀드출자금 선지급으로 인한 배임죄와는 다른 새로운 보호법익을 침해하지 않는 행위로서 배임 범행의 불가벌적 사후행위가 되는 것이므로, 별죄로서 횡령죄를 구성한다고 볼 수 없다. O | X

해설 배임죄는 타인의 사무를 처리하는 자가 임무에 위배하는 행위로써 재산상의 이익을 취득하거나 제3자로 하여금 이를 취득하게 하여 본인에게 재산상 손해를 가한 때에 성립한다. 그리고 횡령죄는 타인의 재물을 보관하는 자가 불법영득의 의사로 그 재물을 횡령하는 경우에 성립하는 범죄로서, 횡령죄에서 '불법영득의 의사'는 자기 또는 제3자의 이익을 꾀할 목적으로 임무에 위배하여 자신이 보관하는 타인의 재물을 자기의 소유인 것과 같이 사실상 또는 법률상 처분을 하는 의사를 말한다. 이러한 배임죄와 횡령죄의 구성요건에서의 차이에 비추어 보면, 회사에 대한 관계에서 타인의 사무를 처리하는 자가 임무에 위배하는 행위로써 회사로 하여금 회사가 펀드 운영사에 지급하여야 할 펀드출자금을 정해진 시점보다 선지급하도록 하여 배임죄를 범한 다음, 그와 같이 선지급된 펀드출자금을 보관하는 자와 공모하여 펀드출자금을 임의로 인출한 후 자신의 투자금으로 사용하기 위하여 임의로 송금하도록 한 행위는 펀드출자금 선지급으로 인한 배임죄와는 다른 새로운 보호법익을 침해하는 행위로서 배임 범행의 불가벌적 사후행위가 되는 것이 아니라 별죄로서 횡령죄를 구성한다고 보아야 한다(대판 2014.12.11. 2014도10036).

05 피해자에 대한 폭행행위가 동일한 피해자에 대한 업무방해죄의 수단이 되었다고 하더라도, 그러한 폭행행위가 이른바 '불가벌적 수반행위'에 해당하여 업무방해죄에 대하여 흡수관계에 있다고 볼 수는 없다. O | X

해설 업무방해죄는 허위사실유포, 위계·위력이 구성요건이지 폭행은 구성요건이 아니므로 그러한 폭행행위는 업무방해죄에 대하여 흡수관계에 있다고 볼 수는 없다(대판 2012.10.11. 2012도1895).

06 부정한 이익을 얻을 목적으로 타인의 영업비밀이 담긴 CD를 절취하여 그 영업비밀을 부정사용한 행위는 불가벌적 사후행위에 해당한다. O | X

해설 부정한 이익을 얻거나 기업에 손해를 가할 목적으로 그 기업에 유용한 영업비밀이 담겨 있는 타인의 재물(CD)을 절취한 후 그 영업비밀을 사용하는 경우, 영업비밀의 부정사용행위는 새로운 법익의 침해로 보아야 하므로 위와 같은 부정사용행위가 절도범행의 불가벌적 사후행위가 되는 것은 아니다(대판 2008.9.11. 2008도5364).

07 미등기건물의 관리를 위임받아 보관하고 있는 자가 피해자의 승낙 없이 건물을 자신의 명의로 보존등기를 하고, 이후 근저당권설정등기를 한 행위는 불가벌적 사후행위에 해당한다. O | X

해설 미등기건물의 관리를 위임받아 보관하고 있는 자가 임의로 건물에 대하여 자신의 명의로 보존등기를 하거나 동시에 근저당권설정등기를 마치는 것은 객관적으로 불법영득의 의사를 외부에 발현시키는 행위로서 횡령죄에 해당하고, 피해자의 승낙 없이 건물을 자신의 명의로 보존등기를 한 때 이미 횡령죄는 완성되었다 할 것이므로, 횡령행위의 완성 후 근저당권설정등기를 한 행위는 피해자에 대한 새로운 법익의 침해를 수반하지 않는 불가벌적 사후행위로서 별도의 횡령죄를 구성하지 않는다(대판 1993.3.9. 92도2999).

정답 04 × 05 O 06 × 07 O

08 자동차를 절취한 후 절취한 자동차에서 자동차등록번호판을 떼어내는 행위는 불가벌적 사후행위에 해당한다. ○ | ×

해설 자동차를 절취한 후 자동차등록번호판을 떼어내는 행위는 새로운 법익의 침해로 보아야 하므로 절도범행의 불가벌적 사후행위가 되는 것은 아니다(대판 2007.9.6. 2007도4739).

09 법원을 기망하여 승소판결을 받고 그 확정판결에 의하여 소유권이전등기를 경료한 경우 불가벌적 사후행위에 해당한다. ○ | ×

해설 법원을 기망하여 승소판결을 받고 그 확정판결에 의하여 소유권이전등기를 경료한 경우에는 사기죄와 별도로 공정증서원본부실기재죄가 성립하고 양 죄는 실체적 경합범관계에 있다(대판 1983.4.26. 83도188).

10 타인을 공갈하여 취득한 임야를 매각한 경우, 후행행위는 불가벌적 사후행위에 해당한다. ○ | ×

해설 횡령죄는 불법영득의 의사 없이 목적물의 점유를 시작한 경우라야 하고, 타인을 공갈하여 재물을 교부케 한 경우에는 공갈죄를 구성하는 외에 횡령죄를 구성하지는 않는다(대판 1986.2.11. 85도2513).

11 절취한 자기앞수표를 음식대금으로 교부하고 거스름돈을 환불받은 경우 후행행위는 불가벌적 사후행위에 해당한다. ○ | ×

해설 절취한 자기앞수표를 음식대금으로 교부하고 거스름돈을 환불받은 행위는 절도의 불가벌적 사후처분행위로서 사기죄가 되지 아니한다(대판 1987.1.20. 86도1728).

12 장물보관의뢰를 받은 자가 그 정을 알면서 이를 보관하고 있다가 임의처분한 경우 후행행위는 불가벌적 사후행위에 해당한다. ○ | ×

해설 절도범인으로부터 장물보관의뢰를 받은 자가 그 정을 알면서 이를 인도받아 보관하고 있다가 임의처분하였다 하여도 장물보관죄가 성립되는 때에는 이미 그 소유자의 소유물추구권을 침해하였으므로 그 후의 횡령행위는 불가벌적 사후행위에 불과하여 별도로 횡령죄가 성립하지 않는다(대판 1976.11.23. 76도3067).

13 A주식회사 대표이사인 피고인 甲이 자신의 채권자 乙에게 차용금에 대한 담보로 A회사 명의 정기예금에 질권을 설정하여 주었는데, 그 후 乙이 피고인 甲의 동의하에 위 정기예금계좌에 입금되어 있던 A회사 자금을 전액 인출한 경우(후행 예금인출동의행위의 횡령죄 성립 여부) 甲의 후행행위는 불가벌적 사후행위에 해당한다. ○ | ×

해설 질권이란 채권자가 채권에 대한 담보로 받은 물건을 채무자가 돈을 갚을 때까지 간직하거나, 돈을 갚지 않을 때는 그 물건으로 우선적으로 변제받을 수 있는 권리이다. 질권자는 질권의 목적이 된 채권(정기예금에 들어있는 돈)을 직접 청구할 수 있으므로, 피고인의 예금인출동의행위는 이미 배임행위로써 이루어진 질권설정행위의 사후행위에 불과하여 새로운 법익의 침해를 수반하지 않으므로 불가벌적 사후행위에 해당하고, 별도의 횡령죄를 구성하지 않는다(대판 2012.11.29. 2012도10980).

정답 08 × 09 × 10 ○ 11 ○ 12 ○ 13 ○

14 피고인 甲이 사람을 살해한 다음 그 범죄의 흔적을 은폐하기 위하여 그 시체를 다른 장소로 옮겨 유기한 경우 甲의 후행행위는 불가벌적 사후행위에 해당한다. ○ | ×

해설 사람을 살해한 자가 그 사체를 다른 장소로 옮겨 유기하였을 때에는 별도로 사체유기죄가 성립한다 (대판 1997.7.25. 97도1142).

15 피고인 甲이 당초부터 약속어음을 할인하여 줄 의사가 없으면서 있는 것처럼 피해자를 기망하여 약속어음을 교부받은 후 이를 피해자에 대한 채권의 변제에 충당한 경우(후행 채권변제행위의 횡령죄 성립 여부) 甲의 후행행위는 불가벌적 사후행위에 해당한다. ○ | ×

해설 피고인이 처음부터 피해자를 기망하여 약속어음을 교부받은 경우에는 그 교부받은 즉시 사기죄가 성립하고 그 후 이를 피해자에 대한 피고인의 채권의 변제에 충당하였다 하더라도 불가벌적 사후행위에 해당하고 별도로 횡령죄를 구성하지 않는다(대판 1983.4.26. 82도3079).

16 피고인 甲이 절취한 전당표를 제3자에게 교부하면서 자기 누님의 것이니 찾아 달라고 거짓말을 하여 이를 믿은 제3자가 전당포에 이르러 그 종업원에게 전당표를 제시하여 기망케 하고 전당물을 교부받은 경우 甲의 후행행위는 불가벌적 사후행위에 해당한다. ○ | ×

해설 절취한 전당표를 제3자에게 교부하면서 자기 누님의 것이니 찾아 달라고 거짓말을 하여 이를 믿은 제3자가 전당포에 이르러 그 종업원에게 전당표를 제시하여 기망케 하고 전당물을 교부받게 하여 편취하였다면 이는 사기죄를 구성한다(대판 1980.10.14. 80도2155).

17 공동상속인 중 1인인 甲이 상속재산인 임야를 보관 중 다른 상속인들로부터 매도 후 분배 또는 소유권이전등기를 요구받고도 그 반환을 거부하였는데, 그 후 임야에 관하여 다시 제3자 앞으로 근저당권설정등기를 경료해 준 경우(후행 근저당권설정행위의 횡령죄 성립 여부) 甲의 후행행위는 불가벌적 사후행위에 해당한다. ○ | ×

해설 반환요구를 받고도 이를 거부하였다면 이때에 이미 횡령죄는 완성되었다고 할 것이므로, 그 횡령행위의 완성 후에 타인에게 근저당권설정등기를 경료해 준 행위는 범죄가 더 늘어난 것이 아니므로 불가벌적 사후행위로서 별도의 횡령죄를 구성하지 않는다(대판 2010.2.25. 2010도93).

18 대마취급자가 아닌 자가 절취한 대마를 흡입할 목적으로 소지한 경우 후행행위는 불가벌적 사후행위에 해당한다. ○ | ×

해설 대마취급자가 아닌 자가 절취한 대마를 흡입할 목적으로 소지하는 행위는 절도죄의 보호법익과는 다른 새로운 법익을 침해하는 행위이므로 절도죄의 불가벌적 사후행위로서 절도죄에 포괄흡수된다고 할 수 없고 절도죄 외에 별개의 죄를 구성한다고 할 것이며, 절도죄와 무허가대마소지죄는 경합범의 관계에 있다(대판 1999.4.13. 98도3619).

19 1인 회사의 주주가 자신의 개인채무를 담보하기 위하여 회사 소유의 부동산에 대하여 근저당권설정등기를 마쳐 준 이후에 그 부동산에 대하여 선순위 근저당권의 담보가치를 넘는 새로운 담보권을 설정해 준 경우 후행행위는 불가벌적 사후행위에 해당한다. ○ | ×

정답 14 × 15 ○ 16 × 17 ○ 18 × 19 ×

해설 배임죄는 재산상 이익을 객체로 하는 범죄이므로, 1인 회사의 주주가 자신의 개인채무를 담보하기 위하여 회사 소유의 부동산에 대하여 근저당권설정등기를 마쳐 주어 배임죄가 성립한 이후에 그 부동산에 대하여 새로운 담보권을 설정해 주는 행위는 선순위 근저당권의 담보가치를 공제한 나머지 담보가치 상당의 재산상 이익을 침해하는 행위로서 별도의 배임죄가 성립한다(대판 2005.10.28. 2005도4915).

20 부정한 이익을 얻거나 기업에 손해를 가할 목적으로 그 기업에 유용한 영업비밀이 담겨 있는 타인의 재물을 절취한 후 그 영업비밀을 사용하는 경우, 영업비밀의 부정사용행위는 절도범행의 불가벌적 사후행위가 되는 것은 아니다. ○ | ×

해설 대판 2008.9.11. 2008도5364

21 신용카드를 절취한 후 이를 사용한 경우 신용카드의 부정사용행위는 선행 절도범행의 불가벌적 사후행위에 해당한다. ○ | ×

해설 절취한 타인의 신용카드를 사용하여 여러 가맹점으로부터 물품을 구매한 경우 부정사용행위는 절도범행의 불가벌적 사후행위가 되는 것은 아니므로, 절도죄, 신용카드부정사용죄, 사기죄의 실체적 경합이 된다(대판 1996.7.12. 96도1181).

22 신고 없이 물품을 수입한 본범이 그 물품에 대한 취득, 양여 등의 행위를 하는 경우 밀수입행위에 의하여 이미 침해되어 버린 것으로 평가되는 적정한 통관절차의 이행과 관세수입의 확보라는 보호법익 외에 새로운 법익의 침해를 수반한다고 보기 어려우므로, 이는 새로운 법익의 침해를 수반하지 않는 이른바 불가벌적 사후행위로서 별개의 범죄를 구성하지 않는다고 할 것이다. ○ | ×

해설 대판 2008.1.17. 2006도455

23 종친회 회장이 위조한 종친회 규약 등을 공탁관에게 제출하는 방법으로 종친회를 피공탁자로 하여 공탁된 수용보상금을 출급받아 편취한 후, 이를 보관하던 중 종친회의 요구에 대하여 정당한 이유 없이 반환을 거부한 행위는 사기범행의 불가벌적 사후행위에 해당한다. ○ | ×

해설 종친회 회장이 위조한 종친회 규약 등을 공탁관에게 제출하여 공탁된 수용보상금을 출급받아 편취한 경우 피고인이 공탁관을 기망하여 공탁금을 출급받음으로써 甲 종친회를 피해자로 한 사기죄가 성립하고, 그 후 甲 종친회에 대하여 공탁금반환을 거부한 행위는 새로운 법익의 침해를 수반하지 않는 불가벌적 사후행위에 해당할 뿐 별도의 횡령죄가 성립하지 않는다(대판 2015.9.10. 2015도8592). 즉, 그 수용보상금은 종친회가 회장에게 맡긴 게 아니므로 따로 횡령죄는 성립하지 않는다.

24 채무자가 자신의 부동산에 甲 명의로 허위의 금전채권에 기한 담보가등기를 설정하여 강제집행면탈죄가 성립된 후, 그 부동산을 乙에게 양도하여 乙 명의로 이루어진 가등기양도 및 본등기를 경료한 행위는 강제집행면탈범행의 불가벌적 사후행위에 해당한다. ○ | ×

해설 채무자가 자신의 부동산에 甲 명의로 허위의 금전채권에 기한 담보가등기를 설정하고 이를 乙에게 양도하여 乙 명의의 본등기를 경료하게 한 경우, 위와 같은 담보가등기설정행위를 강제집행면탈 행위로 본다고 하더라도 그 가등기를 양도하여 본등기를 경료하게 함으로써 소유권을 상실케 하는 행위는 면탈의 방법과 법익 침해의 정도가 훨씬 중하다는 점을 고려할 때 이를 불가벌적 사후행위로 볼 수는 없다(대판 2008.5.8. 2008도198).

정답 **20** ○ **21** × **22** ○ **23** ○ **24** ×

25 불가벌적 수반행위란 법조경합의 한 형태인 흡수관계에 속하는 것으로서, 행위자가 특정한 죄를 범하면 비록 논리 필연적인 것은 아니지만 일반적·전형적으로 다른 구성요건을 충족하고 이때 그 구성요건의 불법이나 책임 내용이 주된 범죄에 비하여 경미하기 때문에 처벌이 별도로 고려되지 않는 경우를 말한다. ○ㅣ×

  해설 대판 2012.10.11. 2012도1895

26 회사에 대한 관계에서 타인의 사무를 처리하는 자가 임무에 위배하여 회사로 하여금 자신의 채무에 관하여 연대보증채무를 부담하게 한 다음, 회사의 금전을 보관하는 자의 지위에서 위와 같은 선행 임무위배행위로 인하여 회사가 부담하게 된 연대보증채무의 변제에 사용한 행위는 연대보증채무 부담으로 인한 배임행위의 불가벌적 사후행위에 해당한다. ○ㅣ×

  해설 배임죄와 횡령죄의 구성요건적 차이에 비추어 보면, 회사에 대한 관계에서 타인의 사무를 처리하는 자가 임무에 위배하여 회사로 하여금 자신의 채무에 관하여 연대보증채무를 부담하게 한 다음, 회사의 금전을 보관하는 자의 지위에서 회사의 이익이 아닌 자신의 채무를 변제하려는 의사로 회사의 자금을 자기의 소유인 경우와 같이 임의로 인출한 후 개인채무의 변제에 사용한 행위는, 연대보증채무 부담으로 인한 배임죄와 다른 새로운 보호법익을 침해하는 것으로서 배임 범행의 불가벌적 사후행위가 되는 것이 아니라 별죄인 횡령죄를 구성한다고 보아야 하며, 횡령행위로 인출한 자금이 선행 임무위배행위로 인하여 회사가 부담하게 된 연대보증채무의 변제에 사용되었다 하더라도 달리 볼 것은 아니다(대판 2011.4.14. 2011도277).

27 甲이 A 자동차를 절취한 후 자동차등록번호판을 떼어내는 행위는 새로운 법익의 침해로 볼 수 없으므로, 절취한 A 자동차의 자동차등록번호판을 떼어내는 행위는 절도범행의 불가벌적 사후행위에 해당한다. ○ㅣ×

  해설 새로운 법익의 침해로 보아야 하므로 절도범행의 불가벌적 사후행위가 되는 것이 아니어서 자동차관리법 위반죄에 해당한다(대판 2007.9.6. 2007도4739).

28 특정한 처분행위(이를 '선행 처분행위'라 한다)로 인하여 법익 침해의 위험이 발생함으로써 횡령죄가 기수에 이른 후 종국적인 법익 침해의 결과가 발생하기 전에 새로운 처분행위(이를 '후행 처분행위'라 한다)가 이루어졌을 때, 후행 처분행위가 선행 처분행위에 의하여 발생한 위험을 현실적인 법익 침해로 완성하는 수단에 불과하거나 그 과정에서 당연히 예상될 수 있는 것으로서 새로운 위험을 추가하는 것이 아니라면 후행 처분행위에 의해 발생한 위험은 선행 처분행위에 의하여 이미 성립된 횡령죄에 의해 평가된 위험에 포함되는 것이므로 후행 처분행위는 이른바 불가벌적 사후행위에 해당한다. ○ㅣ×

  해설 대판 2013.2.21. 2010도10500

29 종중으로부터 토지를 명의신탁받아 보관 중이던 甲이 개인채무변제에 사용할 돈을 차용하기 위해 위 토지에 근저당권을 설정하여 횡령죄가 성립한 후 다시 甲이 위 토지를 乙에게 매도하였다. 후행행위는 횡령죄의 불가벌적 사후행위에 해당한다. ○ㅣ×

  해설 타인의 부동산을 보관 중인 자가 불법영득의사를 가지고 그 부동산에 근저당권설정등기를 경료함으로써 일단 횡령행위가 기수에 이르렀다 하더라도 그 후 같은 부동산에 별개의 근저당권을 설정하거나 해당 부동산을 매각함으로써 기존의 근저당권과 관계없이 법익 침해의 결과를 발생시켰다면, 이는 당초의 근저당권 실행을 위한 임의경매에 의한 매각 등 그 근저당권으로 인해 당연히 예상될 수 있는 범위를 넘어 새로운 법익 침해의 위험을 추가시키거나 법익 침해의 결과를 발생시킨 것이므로 특별한 사정이 없는 한 불가벌적 사후행위로 볼 수 없고, 별도로 횡령죄를 구성한다(대판 2013.2.21. 2010도10500 전원합의체).

정답 25 ○ 26 × 27 × 28 ○ 29 ×

30 위조통화를 행사하여 재물을 불법영득한 경우에 위조통화 행사 이외에 사기죄는 불가벌적 사후행위에 불과하다. ○ | ×

해설 통화위조죄에 관한 규정은 공공의 거래상의 신용 및 안전을 보호하는 공공적인 법익을 보호함을 목적으로 하고 있고, 사기죄는 개인의 재산법익에 대한 죄이어서 양 죄는 그 보호법익을 달리하고 있으므로 위조통화를 행사하여 재물을 불법영득한 때에는 위조통화행사죄와 사기죄의 양 죄가 성립된다(대판 1979.7.10. 79도840).

31 회사직원이 영업비밀 등을 적법하게 반출하여 반출행위 자체는 업무상배임죄에 해당하지 않는 경우라도, 퇴사시에 영업비밀 등을 회사에 반환하거나 폐기할 의무가 있음에도 경쟁업체에 유출하거나 스스로의 이익을 위하여 이용할 목적으로 이를 반환하거나 폐기하지 아니하였다면, 이러한 행위는 퇴사시에 업무상배임죄가 성립한다. 이후 퇴사한 직원이 위와 같이 반환·폐기하지 아니한 영업비밀 등을 경쟁업체에 유출한 경우 이는 이미 성립한 업무상배임행위의 실행행위에 지나지 않아 별도의 업무상배임죄를 구성하지 않는다. ○ | ×

해설 대판 2017.6.29. 2017도3808

정답 30 × 31 ○

핵심지문 OX Quiz

수죄 – 상상적 경합범

01 어업허가신청자가 어업허가를 받을 수 없는 자임을 알면서도 담당공무원이 실태조사를 하지 않고 오히려 부하직원에게 어업허가처리기안문을 작성하게 한 다음 스스로 중간결재를 한 후 그 정을 모르는 농수산국장의 최종결재를 받았다면 위계에 의한 공무집행방해죄와 직무유기죄의 상상적 경합범이 성립한다. ○ | ×

해설 피고인 스스로 중간결재를 하는 등 위계로써 농수산국장의 최종결재를 받았다면 직무위배의 위법상태가 위계에 의한 공무집행방해행위 속에 포함되어 있는 것이라고 보아야 할 것이므로, 작위범인 위계에 의한 공무집행방해죄만이 성립하고 부작위범인 직무유기죄는 따로 성립하지 아니한다(대판 1997.2.28. 96도2825).

02 허위공문서작성죄와 동행사죄가 수뢰후부정처사죄와 각각 상상적 경합관계에 있을지라도 허위공문서작성죄와 동행사죄 상호 간은 실체적 경합범관계에 있으므로 따로이 경합가중을 해야 한다. ○ | ×

해설 허위공문서작성죄와 동행사죄가 수뢰후부정처사죄와 각각 상상적 경합관계에 있을 때에는 허위공문서작성죄와 동행사죄 상호 간은 실체적 경합범관계에 있다고 할지라도 상상적 경합범관계에 있는 수뢰후부정처사죄와 대비하여 가장 중한 죄에 정한 형으로 처단하면 족한 것이고 따로이 경합가중을 할 필요가 없다(대판 1983.7.26. 83도1378).

정답 01 × 02 ×

03 금융회사 등의 임직원의 직무에 속하는 사항에 관하여 알선할 의사와 능력이 없음에도 알선을 한다고 기망하고 금품 등을 수수한 경우 사기죄와 알선수재죄는 상상적 경합관계에 있다. ◯ | ✕

> [해설] 피고인이 금융회사 등의 임직원의 직무에 속하는 사항에 관하여 알선할 의사와 능력이 없음에도 알선을 한다고 기망하고 이에 속은 피해자로부터 알선을 한다는 명목으로 금품 등을 수수하였다면, 이러한 피고인의 행위는 형법 제347조 제1항의 사기죄와 특정경제범죄 가중처벌 등에 관한 법률 제7조 위반죄에 각 해당하고 위 두 죄는 상상적 경합의 관계에 있다(대판 2012.6.28. 2012도3927).

04 재물을 강취한 후 그 집에 불을 질러 피해자들을 사망에 이르게 한 경우 강도살인죄와 현주건조물방화치사죄는 상상적 경합관계에 있다. ◯ | ✕

> [해설] 강도가 방화하여 사람을 죽인 경우 강도살인죄와 현주건조물방화치사죄가 성립하고 행위가 한 번이므로 상상적 경합범이 된다(대판 1998.12.8. 98도3416).

05 공무집행 중인 공무원에게 공무집행을 방해하기 위하여 상해를 입힌 경우 공무집행방해죄와 상해죄는 상상적 경합관계에 있다. ◯ | ✕

> [해설] 대판 1999.9.21. 99도383

06 강도 범행의 실행에 착수하였으나 강취할 만한 재물이 없어 미수에 그치자, 그 자리에서 항거불능의 상태에 빠진 피해자를 간음할 것을 결의하고 실행에 착수하였으나 역시 미수에 그쳤지만 반항을 억압하기 위한 폭행으로 피해자에게 상해를 입힌 경우, 강도강간미수죄와 강도치상죄는 상상적 경합관계에 있다. ◯ | ✕

> [해설] 강도가 재물강취의 뜻을 재물의 부재로 이루지 못한 채 미수에 그쳤으나 그 자리에서 항거불능의 상태에 빠진 피해자를 간음할 것을 결의하고 실행에 착수했으나 역시 미수에 그쳤더라도 반항을 억압하기 위한 폭행으로 피해자에게 상해를 입힌 경우에는 강도강간미수죄와 강도치상죄가 성립되고 이는 1개의 행위가 2개의 죄명에 해당되어 상상적 경합관계가 성립된다(대판 1988.6.28. 88도820).

07 A에게 수표금액을 지급할 의사나 능력이 없는 상태에서 부도가 예상되는 당좌수표를 발행하여 주고 A로부터 금원을 차용하였으며, 그 당좌수표가 지급기일에 부도처리된 경우, 사기죄와 부정수표단속법 위반죄는 상상적 경합관계에 있다. ◯ | ✕

> [해설] 주의해야 할 판례이다. 하나의 행위로 두 개 이상의 구성요건이 나오면 상상적 경합범이지만, 부정수표 단속법 위반죄와 사기죄는 실체적 경합범이 성립한다(대판 2004.6.25. 2004도1751).

08 초병이 일단 그 수소를 이탈한 후 다시 부대에 복귀하기 전에 별도로 군무를 기피할 목적을 일으켜 그 직무를 이탈한 경우, 초병의 수소이탈죄와 군무이탈죄는 상상적 경합관계에 있다. ◯ | ✕

> [해설] 초병이 일단 그 수소를 이탈하면 그 이탈행위와 동시에 수소이탈죄는 완성되고, 그 후 다시 부대에 복귀하기 전이라도 별도로 군무를 기피할 목적을 일으켜 그 직무를 이탈하였다면 초병의 수소이탈죄와 군무이탈죄가 각각 독립하여 성립하고, 그 두 죄는 서로 실체적 경합범의 관계에 있다(대판 1981.10.13. 81도2397).

정답 03 ◯　04 ◯　05 ◯　06 ◯　07 ✕　08 ✕

09 경찰관이 검사로부터 범인을 검거하라는 지시를 받고서도 그 직무상의 의무에 따른 적절한 조치를 취하지 아니하고 오히려 범인에게 전화로 도피하라고 권유하여 그를 도피케 한 경우, 범인도피죄와 직무유기죄의 상상적 경합이다. ○│×

해설 피고인이 검사로부터 범인을 검거하라는 지시를 받고서도 그 직무상의 의무에 따른 적절한 조치를 취하지 아니하고 오히려 범인에게 전화로 도피하라고 권유하여 그를 도피케 하였다는 범죄사실만으로는 직무위배의 위법상태가 범인도피행위 속에 포함되어 있는 것으로 보아야 할 것이므로, 이와 같은 경우에는 <u>작위범인 범인도피죄만이 성립하고 부작위범인 직무유기죄는 따로 성립하지 아니한다</u>(대판 1996.5.10. 96도51).

10 음주로 인한 특정범죄 가중처벌 등에 관한 법률 위반(위험운전치사상)죄가 성립하는 때에는 차의 운전자가 형법 제268조(업무상과실치상죄)를 범한 것을 내용으로 하는 교통사고처리 특례법 위반죄는 상상적 경합의 관계에 있다. ○│×

해설 위험운전치사상죄는 음주, 약물의 영향으로 정상적으로 운전할 수 없는 상태에서 운전을 하여 사람을 다치게 하거나 죽게 하면 처벌받는 죄이며, 이 구성요건에는 업무상과실치상죄도 포함된다. 따라서 그 죄가 성립하는 때에는 차의 운전자가 형법 제268조의 죄를 범한 것을 내용으로 하는 교통사고처리 특례법 위반죄는 상상적 경합관계가 아니라 그 죄에 흡수되어 별죄를 구성하지 아니한다(대판 2008.12.11. 2008도9182).

11 형법 제40조의 상상적 경합의 경우 중한 죄가 친고죄로서 고소가 취소되었다 하더라도 경한 죄에 대하여는 아무런 영향을 미치지 않는다. ○│×

해설 상상적 경합의 경우에는 모두 친고죄일 때 고소불가분이 적용되므로 친고죄에 대한 고소취소는 비친고죄에 영향을 미칠 수 없다(대판 1983.4.26. 83도323).

12 1개의 기망행위에 의하여 다수의 피해자로부터 각각 재산상 이익을 편취한 경우에는 피해자별로 수 개의 사기죄가 성립하고 각 사기죄는 상상적 경합의 관계에 있다. ○│×

해설 1개의 기망행위에 의하여 다수의 피해자로부터 각각 재산상 이익을 편취한 경우에는 피해자별로 수 개의 사기죄가 성립하고 각 사기죄는 상상적 경합의 관계에 있다(대판 2011.1.13. 2010도9330).

13 상상적 경합은 1개의 행위가 실질적으로 수 개의 구성요건을 충족하는 경우를 말하고, 법조경합은 1개의 행위가 외관상 수 개의 죄의 구성요건에 해당하는 것처럼 보이나 실질적으로 일죄만을 구성하는 경우를 말하며, 실질적으로 일죄인가 수죄인가는 보호법익과는 관계없이 구성요건적 평가의 측면을 고찰하여 판단하여야 한다. ○│×

해설 상상적 경합은 1개의 행위가 실질적으로 수 개의 구성요건을 충족하는 경우를 말하고, 법조경합은 1개의 행위가 외관상 수 개의 죄의 구성요건에 해당하는 것처럼 보이나 실질적으로 일죄만을 구성하는 경우를 말하며, 실질적으로 일죄인가 또는 수죄인가는 구성요건적 평가와 보호법익의 측면에서 고찰하여 판단하여야 한다(대판 2000.7.7. 2000도1899).

정답 09 × 10 × 11 ○ 12 ○ 13 ×

14 절도범이 체포 면탈의 목적으로 경찰관에게 폭행을 가한 경우 준강도죄와 공무집행방해죄의 상상적 경합이 성립한다.   O | X

> 해설 절도범이 폭행하는 순간 준강도죄와 공무집행방해죄가 성립하므로 상상적 경합이 성립한다(대판 1992.7.28. 92도917).

15 타인의 사무를 업무로 처리하는 자가 본인을 기망하여 재산상 이익을 취하고 본인에게 재산상 손해를 가한 경우 사기죄와 업무상배임죄의 상상적 경합이 성립한다.   O | X

> 해설 1개의 행위에 관하여 사기죄와 업무상배임죄의 각 구성요건이 모두 구비된 때에는 양 죄를 법조경합 관계로 볼 것이 아니라 상상적 경합관계로 봄이 상당하다 할 것이다(대판 2002.7.18. 2002도669 전원합의체).

16 甲이 승용차를 운전하던 중 음주단속을 피하기 위하여 위험한 물건인 승용차로 단속 경찰관을 들이받아 위 경찰관의 공무집행을 방해하고 위 경찰관에게 상해를 입게 하였다면 甲의 행위는 폭력행위 등 처벌에 관한 법률 위반(집단·흉기 등 상해)죄와 특수공무집행방해치상죄를 구성하고 두 죄는 상상적 경합관계에 해당한다.   O | X

> 해설 특수공무집행방해치상죄는 고의로 중한 결과를 발생하게 한 경우에 가중처벌하는 부진정결과적 가중범으로서 고의범에 대하여 더 무겁게 처벌하는 규정이 없는 경우에는 결과적 가중범이 고의범에 대하여 특별관계에 있으므로 결과적 가중범만 성립한다. 따라서 직무를 집행하는 공무원에 대하여 위험한 물건을 휴대하여 고의로 상해를 가한 경우에는 특수공무집행방해치상죄만 성립할 뿐, 이와는 별도로 폭력행위 등 처벌에 관한 법률 위반(집단·흉기 등 상해)죄를 구성하지 않는다(대판 2008.11.27. 2008도7311).

17 건물관리인이 건물주로부터 월세임대차계약 체결업무를 위임받고도 임차인들을 속여 전세임대차계약을 체결하고 그 보증금을 편취한 경우, 사기죄와 업무상배임죄의 상상적 경합관계에 해당한다.   O | X

> 해설 피고인이 이 사건 각 건물에 관하여 전세임대차계약을 체결할 권한이 없음에도 임차인들을 속이고 전세임대차계약을 체결하여 그 임차인들로부터 전세보증금 명목으로 돈을 교부받은 행위는 건물주인 공소외인이 민사적으로 임차인들에게 전세보증금반환채무를 부담하는지 여부와 관계없이 사기죄에 해당하고, 이 사건 각 건물에 관하여 전세임대차계약이 아닌 월세임대차계약을 체결하여야 할 업무상 임무를 위반하여 전세임대차계약을 체결하여 그 건물주인 피해자 공소외인으로 하여금 전세보증금반환채무를 부담하게 한 행위는 위 사기죄와 별도로 업무상배임죄에 해당한다. 나아가 위 각 죄는 서로 구성요건 및 그 행위의 태양과 보호법익을 달리하고 있어 상상적 경합범의 관계가 아니라 실체적 경합범의 관계에 있다(대판 2010.11.11. 2010도10690).

18 국회의원 선거에서 정당의 공천을 받게 하여 줄 의사나 능력이 없음에도 이를 해 줄 수 있는 것처럼 기망하여 공천과 관련하여 금품을 받은 경우, 공직선거법상 공천 관련 금품수수죄와 사기죄가 모두 성립하고 양자는 상상적 경합의 관계에 있다.   O | X

정답 14 O 15 O 16 × 17 × 18 O

19 분실한 신용카드를 습득한 자가 대금결제를 위하여 가맹점에 신용카드를 제시하고 매출표에 서명하여 이를 교부하는 일련의 행위를 한 경우 신용카드부정사용죄와 사문서위조 및 동행사죄의 상상적 경합이 된다. ○ | ×

해설 신용카드부정사용죄의 구성요건적 행위인 신용카드의 사용이라 함은 신용카드의 소지인이 신용카드의 본래 용도인 대금결제를 위하여 가맹점에 신용카드를 제시하고 매출표에 서명하여 이를 교부하는 일련의 행위를 가리키고 단순히 신용카드를 제시하는 행위만을 가리키는 것은 아니다. <u>위 매출표의 서명 및 교부가 별도로 사문서위조 및 동행사의 죄의 구성요건을 충족한다고 하여도 이 사문서위조 및 동행사의 죄는 위 신용카드부정사용죄에 흡수되어 신용카드부정사용죄의 일죄만이 성립하고 별도로 사문서위조 및 동행사의 죄는 성립하지 않는다</u>(대판 1992.6.9. 92도77).

20 시험을 관리하는 공무원이 타인으로부터 돈을 받고 직무상 지득한 시험 문제를 타인에게 알려준 경우 공무상비밀누설죄와 수뢰후부정처사죄는 상상적 경합의 관계에 있다. ○ | ×

해설 대판 1970.6.30. 70도562

21 공무원 甲이 A를 기망하여 그로부터 뇌물을 수수한 경우 수뢰죄와 사기죄가 모두 성립하고 양 죄는 상상적 경합관계에 있다. ○ | ×

해설 대판 1977.6.7. 77도1069

22 여러 개의 위탁관계에 의하여 보관하던 여러 개의 재물을 1개의 행위에 의하여 횡령한 경우 위탁관계별로 수 개의 횡령죄가 성립하고, 그 사이에는 상상적 경합관계에 있다. ○ | ×

해설 대판 2013.10.31. 2013도10020

23 전자금융거래법에서 규정하는 수 개의 접근매체를 한꺼번에 양도한 행위는 하나의 행위로 수 개의 전자금융거래법 위반죄를 범한 경우에 해당하여 각 죄는 상상적 경합관계에 있다. ○ | ×

해설 대판 2010.3.25. 2009도1530

24 공무원인 의사가 공무소의 명의로 허위진단서를 작성한 경우, 허위공문서작성죄와 허위진단서작성죄가 성립하고 양 죄는 상상적 경합관계에 있다. ○ | ×

해설 허위진단서작성죄의 대상은 공무원이 아닌 의사가 사문서로서 진단서를 작성한 경우에 한정되고, 공무원인 의사가 공무소의 명의로 허위진단서를 작성한 경우에는 허위공문서작성죄만이 성립하고 허위진단서작성죄는 별도로 성립하지 않는다(대판 2004.4.9. 2003도7762).

25 음주 또는 약물의 영향으로 정상적인 운전이 곤란한 상태에서 자동차를 운전하여 사람을 상해에 이르게 함과 동시에 다른 사람의 재물을 손괴한 때에는 특정범죄 가중처벌 등에 관한 법률 위반(위험운전치사상)죄 외에 업무상과실재물손괴로 인한 도로교통법 위반죄가 성립하고, 위 두 죄는 상상적 경합관계에 있다. ○ | ×

해설 음주 또는 약물의 영향으로 정상적인 운전이 곤란한 상태에서 자동차를 운전하여 사람을 상해에 이르게 함과 동시에 다른 사람의 재물을 손괴한 때에는 특정범죄 가중처벌 등에 관한 법률 위반(위험운전치사상)죄 외에 업무상과실재물손괴로 인한 도로교통법 위반죄가 성립하고, 위 두 죄는 1개의 운전행위로 인한 것으로서 상상적 경합관계에 있다(대판 2010.1.14. 2009도10845).

정답 19 ×   20 ○   21 ○   22 ○   23 ○   24 ×   25 ○

26 자동차운전자가 타 차량을 들이받아 그 차량을 손괴하고 동시에 동 차량에 타고 있던 승객에게 상해를 입힌 경우, 이는 동일한 업무상 과실로 발생한 수 개의 결과로서 형법 제40조 소정의 상상적 경합관계에 있다. O | X

> 해설 대판 1986.2.11. 85도2658

27 절도범으로부터 장물을 건네받아 보관하던 중 이를 임의처분한 경우 장물보관죄와 횡령죄는 상상적 경합관계에 있다. O | X

> 해설 절도 범인으로부터 장물보관 의뢰를 받은 자가 그 정을 알면서 이를 인도받아 보관하고 있다가 임의처분하였다 하여도 장물보관죄가 성립하는 때에는 이미 그 소유자의 소유물 추구권을 침해하였으므로 그 후의 횡령행위는 불가벌적 사후행위에 불과하여 별도로 횡령죄가 성립하지 않는다(대판 2004.4.9. 2003도8219).

28 타인의 부동산을 보관 중인 자가 불법영득의사를 가지고 그 부동산에 근저당권설정등기를 경료함으로써 일단 횡령행위가 기수에 이른 경우, 그 후 같은 부동산에 별개의 근저당권을 설정하는 경우 선행행위와 후행행위는 상상적 경합관계에 있다. O | X

> 해설 타인의 부동산을 보관 중인 자가 불법영득의사를 가지고 그 부동산에 근저당권설정등기를 경료함으로써 일단 횡령행위가 기수에 이르렀다 하더라도 그 후 같은 부동산에 별개의 근저당권을 설정하거나 해당 부동산을 매각함으로써 기존의 근저당권과 관계없이 법익 침해의 결과를 발생시켰다면, 이는 당초의 근저당권 실행을 위한 임의경매에 의한 매각 등 그 근저당권으로 인해 당연히 예상될 수 있는 범위를 넘어 새로운 법익 침해의 위험을 추가시키거나 법익 침해의 결과를 발생시킨 것이므로 특별한 사정이 없는 한 불가벌적 사후행위로 볼 수 없고, 별도로 횡령죄를 구성한다(대판 2013.2.21. 2010도10500 전원합의체).

29 현주건조물에 방화하여 동 건조물에서 탈출하려는 사람을 막아 소사(燒死)케 한 경우 현주건조물방화죄와 살인죄는 상상적 경합관계에 있다. O | X

> 해설 현주건조물에 방화하여 동 건조물에서 탈출하려는 사람을 막아 소사(燒死)케 한 경우 현주건조물방화죄와 살인죄의 실체적 경합관계에 있다(대판 1983.1.18. 82도2341).

30 신용협동조합의 전무가 그 조합의 담당직원을 기망하여 예금인출금 또는 대출금 명목으로 금원을 교부받은 경우, 사기죄와 업무상배임죄는 상상적 경합관계에 있다. O | X

> 해설 업무상배임행위에 사기행위가 수반된 때의 죄수 관계에 관하여 보면, 사기죄는 사람을 기망하여 재물의 교부를 받거나 재산상의 이익을 취득하는 것을 구성요건으로 하는 범죄로서 임무위배를 그 구성요소로 하지 아니하고 사기죄의 관념에 임무위배행위가 당연히 포함된다고 할 수도 없으며, 업무상배임죄는 업무상 타인의 사무를 처리하는 자가 그 업무상의 임무에 위배하는 행위로써 재산상의 이익을 취득하거나 제3자로 하여금 이를 취득하게 하여 본인에게 손해를 가하는 것을 구성요건으로 하는 범죄로서 기망적 요소를 구성요건의 일부로 하는 것이 아니어서 양 죄는 그 구성요건을 달리하는 별개의 범죄이고 형법상으로도 각각 별개의 장(章)에 규정되어 있어, 1개의 행위에 관하여 사기죄와 업무상배임죄의 각 구성요건이 모두 구비된 때에는 양 죄를 법조경합 관계로 볼 것이 아니라 상상적 경합관계로 봄이 상당하다(대판 2002.7.18. 2002도669 전원합의체).

정답 26 O 27 × 28 × 29 × 30 O

31 한국소비자보호원을 비방할 목적으로 18회에 걸쳐서 출판물에 의하여 공연히 허위의 사실을 적시·유포함으로써 한국소비자보호원의 명예를 훼손하고 업무를 방해하였다는 각 죄는 1개의 행위가 2개의 죄에 해당하는 상상적 경합의 관계에 있다. ○ | ×

해설 대판 1993.4.13. 92도3035

32 피해견인 로트와일러가 묶여 있던 자신의 진돗개를 공격하자, 진돗개 주인이 피해견을 쫓아버리기 위해 엔진톱으로 위협하다가 피해견의 등 쪽을 절단하여 죽게 한 행위는 구 동물보호법 위반죄(잔인한 방법으로 죽이는 행위)와 재물손괴죄가 성립하고, 양자는 상상적 경합의 관계에 있다. ○ | ×

33 '피고인이 성명불상자와 공모하여 2018.12.21.부터 2019.1.30.까지 피해자들에게 합동수사본부에서 사건을 접수하고 보이스피싱 범죄에 재산을 보호해 주겠으니 예금을 인출하여 보내달라는 취지로 거짓말하여 이에 속은 피해자들로부터 총 8회에 걸쳐 합계 2억 6,700만 원을 편취하였다'는 범죄사실과 '피고인이 2018.8.경 보이스피싱 범죄를 목적으로 범죄단체를 조직하고, 甲, 乙은 2018.8.경 위 범죄단체에 가입하였으며, 피고인과 甲, 乙은 범죄단체 조직 내 역할을 수행하면서 체크카드 등 접근매체를 편취하거나 대량 문자발송 사이트를 개설하는 등의 방법으로 범죄단체활동을 하였다'는 범죄사실은 상상적 경합범관계에 있다. ○ | ×

해설 피고인들에 대한 사기죄의 공소사실을 유죄로 인정한 제1심 판결에 대하여 검사와 피고인들 모두 항소하였는데, 검사는 항소심 공판절차 진행 중 적용법조에 형법 제114조를, 공소사실에 '피고인 1은 2018.8.경 보이스피싱 범죄를 목적으로 범죄단체를 조직하고, 피고인 2, 피고인 3은 2018.8.경 위 범죄단체에 가입하였으며, 피고인들은 범죄단체조직 내 역할을 수행하면서 체크카드 등 접근매체를 편취하거나 대량 문자발송 사이트를 개설하는 등의 방법으로 범죄단체활동을 하였다'는 공소사실을 추가하였다. 이 사건 공소사실과 범죄단체 공소사실은 범행일시, 행위태양, 공모관계 등 범죄사실의 내용이 다르고, 그 죄질에도 현저한 차이가 있다. 따라서 위 두 공소사실은 동일성이 없으므로 실체적 경합범관계에 있다(대판 2020.12.24. 2020도10814).

34 공직선거법 제18조 제3항(형법 제38조에도 불구하고 제1항 제3호에 규정된 죄와 다른 죄의 경합범에 대하여는 이를 분리선고하여야 한다)은 선거범이 아닌 다른 죄가 선거범의 양형에 영향을 미치는 것을 최소화하기 위하여 형법상 경합범 처벌례에 관한 조항의 적용을 배제하고 분리하여 형을 따로 선고하여야 한다는 취지이기에, 선거범과 상상적 경합관계에 있는 모든 죄는 통틀어 선거범으로 취급하여서는 아니 된다. ○ | ×

해설 공직선거법 제18조 제3항은 "형법 제38조에도 불구하고 제1항 제3호에 규정된 죄와 다른 죄의 경합범에 대하여는 이를 분리선고하여야 한다."라고 규정하고 있는바, 그 취지는 선거범이 아닌 다른 죄가 선거범의 양형에 영향을 미치는 것을 최소화하기 위하여 형법상 경합범 처벌례에 관한 조항의 적용을 배제하고 분리하여 형을 따로 선고하여야 한다. 그리고 선거범과 상상적 경합관계에 있는 다른 범죄에 대하여는 여전히 형법 제40조에 의하여 그중 가장 중한 죄에 정한 형으로 처벌해야 하고, 그 처벌받는 가장 중한 죄가 선거범인지 여부를 묻지 않고 선거범과 상상적 경합관계에 있는 모든 죄는 통틀어 선거범으로 취급하여야 한다(대판 2021.7.21. 2018도16587).

35 수 개의 등록상표에 대하여 상표법 제230조의 상표권 침해행위가 계속하여 이루어진 경우에는 등록상표마다 포괄하여 1개의 범죄가 성립하나, 하나의 유사상표사용행위로 수 개의 등록상표를 동시에 침해하였다면 각각의 상표법 위반죄는 상상적 경합의 관계에 있다. ○ | ×

해설 대판 2020.11.12. 2019도11688

정답 31 ○ 32 ○ 33 × 34 × 35 ○

36 한 개의 행위가 서로 다른 둘 이상의 구성요건을 실현하는 경우에는 상상적 경합이 성립하나, 한 개의 행위가 동일한 구성요건을 2회 이상 실현하는 경우에는 상상적 경합이 성립하지 않는다. ○ | ×

해설 상상적 경합은 한 개의 행위가 둘 이상의 서로 다른 구성요건을 실현하거나 동일한 구성요건을 2회 이상 실현하는 경우에 성립한다. 예를 들어 1개의 폭탄을 던져 10명을 사망케 한 경우 살인죄는 동일한 구성요건이지만 상상적 경합범이 된다.

37 회사 명의의 합의서를 임의로 작성·교부한 행위에 의해 회사에 재산상 손해를 가하였다면, 사문서위조죄 및 그 행사죄와 업무상 배임죄는 실체적 경합관계에 있다. ○ | ×

해설 회사 명의의 합의서를 임의로 작성·교부한 행위에 대하여 약식명령이 확정된 사문서위조 및 그 행사죄의 범죄사실과 그로 인하여 회사에 재산상 손해를 가하였다는 업무상 배임의 공소사실은 그 객관적 사실관계가 하나의 행위이므로 1개의 행위가 수개의 죄에 해당하는 경우로서 형법 제40조에 정해진 상상적 경합관계에 있다(대판 2009.4.9. 2008도5634).

38 2인 이상의 작성명의인이 연명으로 서명·날인한 문서를 하나의 행위로 위조한 때에는 작성명의인의 수에 해당하는 문서위조죄의 상상적 경합범에 해당한다. ○ | ×

해설 문서에 2인 이상의 작성명의인이 있을 때에는 각 명의자 마다 1개의 문서가 성립되므로 2인 이상의 연명으로 된 문서를 위조한 때에는 작성명의인의 수대로 수개의 문서위조죄가 성립하고 또 그 연명문서를 위조하는 행위는 자연적 관찰이나 사회통념상 하나의 행위라 할 것이어서 위 수개의 문서위조죄는 형법 제40조가 규정하는 상상적 경합범에 해당한다(대판 1987.7.21. 87도564).

39 여러 사람의 권리의 목적이 된 자기의 물건을 취거, 은닉 또는 손괴함으로써 그 여러 사람의 권리행사를 방해하였다면 권리자별로 각각 권리행사방해죄가 성립하고 각 죄는 서로 상상적 경합범의 관계에 있다. ○ | ×

해설 대판 2022.5.12. 2021도16876

정답 36 × 37 × 38 ○ 39 ○

핵심지문 OX Quiz

수죄 - 실체적 경합범

01 전기통신금융사기(이른바 보이스피싱 범죄)의 범인이 피해자를 기망하여 피해자의 돈을 사기이용계좌로 송금·이체받은 후 그 계좌에서 현금을 인출하였다면, 송금·이체행위에 대해서는 사기죄가, 현금을 인출한 행위에 대해서는 횡령죄가 성립하며 양 죄는 실체적 경합관계에 있다. ○ | ×

> [해설] 전기통신금융사기의 범인이 피해자를 기망하여 피해자의 돈을 사기이용계좌로 송금·이체받은 후에 사기이용계좌에서 현금을 인출한 행위는 불가벌적 사후행위로서 따로 횡령죄를 구성하지 않는다(대판 2017.5.31. 2017도3894).

02 음주로 인한 특정범죄 가중처벌 등에 관한 법률 위반(위험운전치사상)죄와 도로교통법 위반(음주운전)죄가 모두 성립하는 경우 두 죄는 실체적 경합관계에 있다. ○ | ×

> [해설] [1] 도로교통법 위반(음주운전)죄는 술에 취한 상태에서 자동차 등을 운전하는 행위를 처벌하면서, 술에 취한 상태를 인정하는 기준을 운전자의 혈중 알코올농도 0.05% 이상이라는 획일적인 수치로 규정하여, 운전자가 혈중 알코올농도의 최저기준치를 초과한 주취상태에서 자동차 등을 운전한 경우에는 구체적으로 정상적인 운전이 곤란한지 여부와 상관없이 이를 처벌대상으로 삼고 있는 바, 이는 위와 같은 혈중 알코올농도의 주취상태에서의 운전행위로 인하여 추상적으로 도로교통상의 위험이 발생한 것으로 봄으로써 도로에서 주취상태에서의 운전으로 인한 교통상의 위험과 장해를 방지하고 제거하여 안전하고 원활한 교통을 확보하는데 그 목적이 있다. 반면, 음주로 인한 특정범죄 가중처벌 등에 관한 법률 위반(위험운전치사상)죄는 도로교통법 위반(음주운전)죄의 경우와는 달리 형식적으로 혈중 알코올농도의 법정 최저기준치를 초과하였는지 여부와는 상관없이 운전자가 음주의 영향으로 실제 정상적인 운전이 곤란한 상태에 있어야만 하고, 그러한 상태에서 자동차를 운전하다가 사람을 상해 또는 사망에 이르게 한 행위를 처벌대상으로 하고 있는 바, 이는 음주로 인한 특정범죄 가중처벌 등에 관한 법률 위반(위험운전치사상)죄는 업무상과실치사상죄의 일종으로 구성요건적 행위와 그 결과 발생 사이에 인과관계가 요구되기 때문이다.
> [2] 위와 같이 음주로인한 특정범죄 가중처벌 등에 관한 법률 위반(위험운전치사상)죄와 도로교통법 위반(음주운전)죄는 입법 취지와 보호법익 및 적용영역을 달리하는 별개의 범죄이므로, 양 죄가 모두 성립하는 경우 두 죄는 실체적 경합관계에 있다(대판 2008.11.13. 2008도7143).

03 수인이 각자 구입자금을 갹출하여 향정신성의약품을 매수한 다음 갹출한 금액에 상응하는 향정신성의약품을 분배하기로 공모하여 향정신성의약품을 매매하고 이를 자신이 갹출한 금액에 상응하여 분배한 경우 향정신성의약품매매죄 외에 별도로 향정신성의약품수수죄가 성립하고, 두 죄는 실체적 경합관계에 있다. ○ | ×

> [해설] 수인이 공모공동하여 향정신성의약품을 매수한 후 그 공범자 사이에 그 중 일부를 수수하는 경우에 있어서 그 매수의 범행 당시 공범들이 각자 그 구입자금을 갹출하여 그 금액에 상응하는 분량을 분배하기로 약정하고, 그 약정에 따라 이를 수수하는 경우와 같이 그 수수행위와 매매행위가 불가분의 관계에 있는 것이라거나 매매행위에 수반되는 필연적 결과로서 일시적으로 행하여진 것에 지나지 않는다고 평가되지 아니하는 한, 그 수수행위는 매매행위에 포괄흡수되지 아니하고 향정신성의약품매매죄와는 별도로 향정신성의약품수수죄가 성립하고, 두 죄는 실체적 경합관계에 있다(대판 1998.10.13. 98도2584).

정답 01 × 02 ○ 03 ×

04 위조통화를 행사하여 재물을 불법영득한 경우에는 위조통화행사죄와 사기죄의 실체적 경합이다.   O | X

> 해설 통화위조죄에 관한 규정은 공공의 거래상의 신용 및 안전을 보호하는 공공적인 법익을 보호함을 목적으로 하고 있고, 사기죄는 개인의 재산법익에 대한 죄이어서 양죄는 그 보호법익을 달리하고 있으므로 위조통화를 행사하여 재물을 불법영득한 때에는 위조통화행사죄와 사기죄의 양 죄가 성립된다(대판 1979.7.10. 79도840).

05 피고인이 예금통장을 강취하고 예금자 명의의 예금청구서를 위조한 다음 이를 은행원에게 제출, 행사하여 예금 인출금 명목의 금원을 교부받았다면 강도, 사문서위조, 동행사, 사기의 각 범죄가 성립하고 이들은 실체적 경합관계에 있다고 할 것이다.   O | X

> 해설 대판 1991.9.10. 91도1722

06 범죄 피해신고를 받고 출동한 두 명의 경찰관에게 욕설을 하면서 차례로 폭행을 하여 신고처리 및 수사업무에 관한 정당한 직무집행을 방해한 경우 두 경찰관에 대한 공무집행방해죄는 실체적 경합관계에 있다.   O | X

> 해설 공무집행방해죄는 공무원의 수를 가지고 죄수를 평가하므로 공무원은 두 명이고 동일한 장소에서 동일한 기회에 이루어진 폭행행위는 사회관념상 1개의 행위로 평가하는 것이 상당하므로 위 공무집행방해죄는 형법 제40조에 정한 상상적 경합의 관계에 있다(대판 2009.6.25. 2009도3505).

07 상습성이 있는 자가 같은 종류의 죄를 반복하여 저질렀다 하더라도 상습범을 별도의 범죄유형으로 처벌하는 규정이 없는 한, 각 죄는 원칙적으로 별개의 범죄로서 경합범으로 처단하여야 한다.   O | X

> 해설 상습범이란 어느 기본적 구성요건에 해당하는 행위를 한 자가 범죄행위를 반복하여 저지르는 습벽, 즉 상습성이라는 행위자적 속성을 갖추었다고 인정되는 경우에 이를 가중처벌 사유로 삼고 있는 범죄유형을 가리키므로, 상습성이 있는 자가 같은 종류의 죄를 반복하여 저질렀다 하더라도 상습범을 별도의 범죄유형으로 처벌하는 규정이 없는 한 각 죄는 원칙적으로 별개의 범죄로서 경합범으로 처단할 것이다(대판 2012.5.10. 2011도12131).

08 편취한 약속어음을 그와 같은 사실을 모르는 제3자에게 편취사실을 숨기고 할인받은 경우, 그 약속어음을 취득한 제3자가 선의이고 약속어음의 발행인이나 배서인이 어음금을 지급할 의사와 능력이 있었다면 제3자에 대한 별도의 사기죄는 성립하지 않는다.   O | X

> 해설 약속어음을 편취했으므로 사기죄가 성립하고, 제3자에게 편취사실을 숨기고 할인 받은 경우 피해자를 달리하므로 별도의 사기죄가 성립한다. 설령 그 약속어음을 취득한 제3자가 선의이고 약속어음의 발행인이나 배서인이 어음금을 지급할 의사와 능력이 있었다 하더라도 이러한 사정은 사기죄의 성립에 영향이 없다(대판 2005.9.30. 2005도5236).

정답 04 O 05 O 06 × 07 O 08 ×

09 절도범이 甲의 집에 침입하여 그 집의 방안에서 그 소유의 재물을 절취하고 그 무렵 그 집에 세 들어 사는 乙의 방에 침입하여 재물을 절취하려다 미수에 그쳤다면 위 두 범죄는 그 범행장소와 물품의 관리자를 달리하고 있어서 별개의 범죄를 구성한다. ○ | ×

해설 범행장소와 물품의 관리자를 달리하고 있어서 별개의 범죄를 구성한다(대판 1989.8.8. 89도664).

10 피해자를 2회 강간하여 상해를 입힌 자가 피해자에게 용서를 구하였으나 피해자가 이에 불응하면서 강간사실을 부모에게 알리겠다고 하자 피해자를 살해하여 범행을 은폐시키기로 마음먹고 목을 졸라 질식 사망케 한 경우 강간치상죄와 살인죄의 경합범이 된다. ○ | ×

해설 대판 1987.1.20. 86도2360

11 피고인이 여관에서 종업원을 칼로 찔러 상해를 가하고 객실로 끌고 들어가는 등 폭행·협박을 하고 있던 중, 마침 다른 방에서 나오던 여관의 주인도 같은 방에 밀어 넣은 후, 주인으로부터 금품을 강취하고 1층 안내실에서 종업원 소유의 현금을 꺼내 갔다면, 여관종업원과 주인에 대한 각 강도행위는 실체적 경합범의 관계에 있다. ○ | ×

해설 피고인이 여관에서 종업원을 칼로 찔러 상해를 가하고 객실로 끌고 들어가는 등 폭행·협박을 하고 있던 중, 마침 다른 방에서 나오던 여관의 주인도 같은 방에 밀어 넣은 후, 주인으로부터 금품을 강취하고, 1층 안내실에서 종업원 소유의 현금을 꺼내 갔다면, 여관 종업원과 주인에 대한 각 강도행위가 각별로 강도죄를 구성하되 피고인이 피해자인 종업원과 주인을 폭행·협박한 행위는 법률상 1개의 행위로 평가되는 것이 상당하므로 위 2죄는 상상적 경합범관계에 있다고 할 것이다(대판 1991.6.25. 91도643).

12 은행예금통장을 절취하고 이를 이용하여 마치 진실한 명의인이 예금을 찾는 것처럼 은행원을 기망하여 예금을 인출한 경우 절도죄 외에 따로 사기죄가 성립한다. ○ | ×

해설 절취한 은행예금통장을 이용하여 은행원을 기망해서 진실한 명의인이 예금을 찾는 것으로 오신시켜 예금을 편취한 것이라면 새로운 법익의 침해로 절도죄 외에 따로 사기죄가 성립한다(대판 1974.11.26. 74도2817).

13 공무원이 직무관련자에게 제3자와 계약을 체결하도록 요구하여 계약을 체결하게 한 행위가 제3자뇌물수수죄와 직권남용권리행사방해죄에 모두 해당하는 경우 양 죄는 실체적 경합관계에 있다. ○ | ×

해설 공무원이 직무관련자에게 제3자와 계약을 체결하도록 요구하여 계약체결을 하게 한 행위가 제3자뇌물수수죄의 구성요건과 직권남용권리행사방해죄의 구성요건에 모두 해당하는 경우에는, 제3자뇌물수수죄와 직권남용권리행사방해죄가 각각 성립하되, 이는 사회 관념상 하나의 행위가 수 개의 죄에 해당하는 경우이므로 두 죄는 형법 제40조의 상상적 경합관계에 있다(대판 2017.3.15. 2016도19659).

정답 09 ○ 10 ○ 11 × 12 ○ 13 ×

14 당좌수표를 조합 이사장 명의로 발행하여 지급기일에 지급되지 아니하게 한 사실로 인한 부정수표 단속법 위반죄와 동일한 수표를 발행하여 조합에 대하여 재산상 손해를 가한 사실로 인한 업무상배임죄는 사회적 사실관계가 기본적인 점에서 상이하므로 실체적 경합관계에 있다. ○ⅠX

> [해설] 당좌수표를 조합 이사장 명의로 발행하여 그 소지인이 지급제시기간 내에 지급제시하였으나 거래정지처분의 사유로 지급되지 아니하게 한 사실(부정수표 단속법 위반죄)과 동일한 수표를 발행하여 조합에 대하여 재산상 손해를 가한 사실(업무상배임죄)은 사회적 사실관계가 기본적인 점에서 동일하다고 할 것이어서 1개의 행위가 수 개의 죄에 해당하는 경우로서 형법 제40조에 정해진 상상적 경합관계에 있다(대판 2004.5.13. 2004도1299).

15 공무원이 취급하는 사건에 관하여 청탁 또는 알선을 할 의사와 능력이 없음에도 청탁 또는 알선을 한다고 기망하고 금품을 교부받은 경우, 사기죄와 변호사법 위반죄는 보호법익이 다르므로 실체적 경합관계에 있다. ○ⅠX

> [해설] 공무원이 취급하는 사건에 관하여 청탁 또는 알선을 할 의사와 능력이 없음에도 청탁 또는 알선을 한다고 기망하고, 이에 속은 피해자로부터 이른바 로비자금 명목으로 금원을 송금받은 피고인의 행위가 형법 제347조 제1항(사기죄)과 변호사법 위반죄에 각 해당하고, 이러한 사기죄와 변호사법 위반죄는 상상적 경합의 관계에 있다(대판 2006.1.27. 2005도8704).

16 공무원 甲이 위법사실을 발견하고도 직무상 의무에 따른 적절한 조치를 취하지 아니하고 위법사실을 적극적으로 은폐할 목적으로 허위공문서를 작성·행사한 경우 허위공문서작성죄 및 동행사죄와 직무유기죄의 실체적 경합이다. ○ⅠX

> [해설] 적극적으로 은폐할 목적이 키워드이다. 공무원이 어떠한 위법사실을 발견하고도 직무상 의무에 따른 적절한 조치를 취하지 아니하고 위법사실을 적극적으로 은폐할 목적으로 허위공문서를 작성, 행사한 경우에는 직무위배의 위법상태는 허위공문서작성 당시부터 그 속에 포함되는 것으로 작위범인 허위공문서작성 및 그 행사죄만이 성립하고 부작위범인 직무유기죄는 따로 성립하지 아니한다(대판 2004.3.26. 2002도5004).

17 甲과 乙이 A의 돈을 빼앗자고 공모한 후 A를 강제로 승용차에 태우고 가면서 돈을 강취하고 상해를 가한 뒤에도 계속하여 상당한 거리를 진행하다가 교통사고로 인해 감금행위가 중단되었다면 강도상해죄와 감금죄의 실체적 경합이다. ○ⅠX

> [해설] 감금행위가 단순히 강도상해 범행의 수단이 되는 데 그치지 아니하고 강도상해의 범행이 끝난 뒤에도 계속된 경우에는 1개의 행위가 감금죄와 강도상해죄에 해당하는 경우라고 볼 수 없고, 이 경우 감금죄와 강도상해죄는 형법 제37조의 경합범관계에 있다(대판 2003.1.10. 2002도4380).

18 강도가 한 개의 강도범행을 하는 기회에 다수의 피해자에게 별개의 폭행을 가하여 각 상해를 입힌 경우, 피해자별로 수 개의 강도상해죄가 성립하며 이들은 실체적 경합관계에 있다. ○ⅠX

> [해설] 대판 1987.5.26. 87도527

정답 14 × 15 × 16 × 17 ○ 18 ○

19 甲은 미성년자인 A를 약취한 후 강간을 목적으로 A에게 상해를 가하고 나아가 A에 대한 강간 및 살인미수를 범한 경우, 상해의 결과가 A에 대한 강간 및 살인미수행위 과정에서 발생한 것이라 하더라도 甲에게는 A에 대한 상해 등으로 인한 특정범죄 가중처벌 등에 관한 법률 위반죄 및 A에 대한 강간 및 살인미수행위로 인한 성폭력범죄의 처벌 등에 관한 특례법 위반죄가 각 성립하고 두 죄는 실체적 경합관계에 있다. ○ | ×

해설 대판 2014.2.27. 2013도12301

20 甲이 백화점에서 A의 신용카드를 제시하고 매출표에 서명하여 교부함으로써 물품을 구입하였다면, 甲에게는 여신전문금융업법 위반(신용카드부정사용)죄와 사기죄의 실체적 경합이 성립하고 별도로 사문서위조 및 동행사의 죄는 성립하지 않는다. ○ | ×

해설 대판 1996.7.12. 96도1181

21 형법 제332조에 규정된 상습절도죄를 범한 범인이 그 범행 외에 상습적인 절도의 목적으로 주간에 주거침입을 하였다가 절도에 이르지 아니하고 주거침입에 그친 경우에도 주간 주거침입행위는 상습절도죄와 별개로 주거침입죄를 구성한다. ○ | ×

해설 형법 제330조에 규정된 야간주거침입절도 및 형법 제331조 제1항에 규정된 특수절도(야간손괴침입절도)죄를 제외하고 일반적으로 주거침입은 절도죄의 구성요건이 아니므로 절도범인이 범행수단으로 주거침입을 한 경우에 주거침입행위는 절도죄에 흡수되지 아니하고 별개로 주거침입죄를 구성하여 절도죄와는 실체적 경합의 관계에 서는 것이 원칙이다. 따라서 상습으로 단순절도를 범한 범인이 상습적인 절도범행의 수단으로 주간(낮)에 주거침입을 한 경우에 주간 주거침입행위의 위법성에 대한 평가가 형법 제332조, 제329조의 구성요건적 평가에 포함되어 있다고 볼 수 없다. 그러므로 형법 제332조에 규정된 상습절도죄를 범한 범인이 범행의 수단으로 주간에 주거침입을 한 경우 주간 주거침입행위는 상습절도죄와 별개로 주거침입죄를 구성한다. 또 형법 제332조에 규정된 상습절도죄를 범한 범인이 그 범행 외에 상습적인 절도의 목적으로 주간에 주거침입을 하였다가 절도에 이르지 아니하고 주거침입에 그친 경우에도 주간 주거침입행위는 상습절도죄와 별개로 주거침입죄를 구성한다(대판 2015.10.15. 2015도8169).

22 수수한 메스암페타민을 장소를 이동하여 투약하고서 잔량을 은닉하는 방법으로 소지한 경우 구 향정신성의약품관리법의 향정신성의약품수수죄 외에 별도로 그 소지죄가 성립한다. ○ | ×

해설 대판 1999.8.20. 99도1744

23 절취한 타인의 신용카드를 사용하여 여러 가맹점으로부터 물품을 구매한 경우 부정사용행위는 절도 범행의 불가벌적 사후행위가 되는 것은 아니므로 절도죄, 신용카드부정사용죄, 사기죄의 실체적 경합이 된다. ○ | ×

해설 대판 1996.7.12. 96도1811

정답 19 ○ 20 ○ 21 ○ 22 ○ 23 ○

24 절취한 타인의 신용카드를 사용하여 현금자동지급기에서 현금대출을 받은 경우 절도죄와 컴퓨터 등 사용사기죄의 실체적 경합이 된다. ○ | ×

> 해설 피해자 명의의 신용카드를 부정사용하여 현금자동인출기에서 현금을 인출하고 그 현금을 취득까지 한 행위는 신용카드업법 제25조 제1항의 부정사용죄에 해당할 뿐 아니라 그 현금을 취득함으로써 현금자동인출기 관리자의 의사에 반하여 그의 지배를 배제하고 그 현금을 자기의 지배하에 옮겨 놓는 것이 되므로 별도로 절도죄를 구성하고, 위 양 죄의 관계는 그 보호법익이나 행위태양이 전혀 달라 실체적 경합관계에 있는 것으로 보아야 한다(대판 1995.7.28. 95도997). 지문의 경우 컴퓨터 등 사용사기죄는 성립하지 않는다.

25 甲이 야간에 A(26세, 여)의 주거에 침입하여 A에게 칼을 들이대고 협박하여 A의 반항을 억압한 상태에서 강간행위를 실행하던 도중 범행현장에 있던 A 소유의 핸드백을 뺏은 다음 그 자리에서 강간행위를 계속한 경우, 甲에게는 성폭력범죄의 처벌 등에 관한 특례법 위반(특수강간)죄와 특수강도죄가 성립하고 양 죄는 실체적 경합범관계이다. ○ | ×

> 해설 강간행위 도중 범행현장에 있던 피해자 소유의 핸드백을 가져간 피고인의 행위는 포괄하여 구 성폭력범죄의 처벌 및 피해자보호 등에 관한 법률 위반(특수강도강간 등)죄에 해당한다(대판 2010.12.9. 2010도9630).

26 피해자를 1회 강간하여 상처를 입게 한 후 약 1시간 후에 장소를 옮겨 같은 피해자를 다시 1회 강간한 행위는 그 범행시간과 장소를 달리하고 있을 뿐만 아니라 각 별개의 범의에서 이루어진 행위로서 형법 제37조 전단의 실체적 경합범에 해당한다. ○ | ×

> 해설 대판 1987.5.12. 87도694

27 동일 죄명에 해당하는 수 개의 행위를 단일하고 계속된 범의하에 일정 기간 계속하여 행하고 그 피해법익도 동일한 경우에는 이들 각 행위를 통틀어 포괄일죄로 처단하여야 할 것이나 범의의 단일성과 계속성이 인정되지 아니하거나 범행방법이 동일하지 않은 경우에는 각 범행은 실체적 경합범에 해당한다. ○ | ×

> 해설 대판 2010.11.11. 2007도8645

28 피고인의 금지된 야간시위 참가로 인하여 교통이 방해된 경우, 집회 및 시위에 관한 법률 위반죄와 일반교통방해죄는 구성요건과 보호법익을 달리하고 집회 및 시위에 관한 법률 위반죄의 성립에 교통방해행위가 일반적, 전형적으로 수반되는 것도 아니므로, 양 죄는 실체적 경합관계에 있다. ○ | ×

> 해설 피고인이 야간옥외집회에 참가하여 교통을 방해하였다는 취지로 공소제기된 사안에서, 집회 및 시위와 그로 인하여 성립하는 일반교통방해는 상상적 경합관계에 있다고 보는 것이 타당하다(대판 2011. 8.25. 2008도10960).

정답 24 × 25 × 26 ○ 27 ○ 28 ×

29 본인에 대한 배임행위가 본인 이외의 제3자에 대한 사기죄를 구성한다 하더라도 그로 인하여 본인에게 손해가 생긴 때에는 사기죄와 함께 배임죄가 성립하고 두 죄는 실체적 경합관계에 있다. O | X

> 해설 피고인이 전세임대차계약을 체결할 권한이 없음에도 임차인들을 속이고 전세임대차계약을 체결하여 임차인들로부터 전세보증금 명목으로 돈을 교부받은 행위는 사기죄에 해당하고(제3자에 대한 사기죄가 성립), 전세임대차계약이 아닌 월세임대차계약을 체결하여야 할 업무상 임무를 위반하여 전세임대차계약을 체결하여 건물주로 하여금 전세보증금반환채무를 부담하게 한 행위는 사기죄와 별도로 업무상배임죄에 해당한다(본인에 대한 배임죄가 성립)(대판 2010.11.11. 2010도10690).

30 유사수신행위 금지규정에 위반한 유사수신행위가 별도로 사기죄의 구성요건도 충족하는 경우 유사수신행위의 규제에 관한 법률 위반죄와 사기죄는 별개의 범죄로 성립하고, 양 죄는 실체적 경합관계에 있다. O | X

> 해설 유사수신행위의 규제에 관한 법률 제3조에서 금지하고 있는 유사수신행위 그 자체에는 기망행위가 포함되어 있지 않고, 이러한 위 법률 위반죄와 특정경제범죄 가중처벌 등에 관한 법률 위반(사기)죄는 각 그 구성요건을 달리하는 별개의 범죄로서, 서로 행위의 태양이나 보호법익을 달리하고 있어 양 죄는 상상적 경합관계가 아니라 실체적 경합관계로 봄이 상당할 뿐만 아니라, 그 기본적 사실관계에 있어서도 동일하다고 볼 수 없다(대판 2008.2.29. 2007도10414).

31 피해자 주식회사의 대표이사가 위 피해자 회사의 상가분양사업을 수행하면서 수분양자들을 기망하여 편취한 분양대금은 회사의 소유로 귀속되는 것이므로, 대표이사가 그 분양대금을 횡령하는 것은 사기 범행이 침해한 것과는 다른 법익을 침해하는 것이어서 회사를 피해자로 하는 별도의 횡령죄가 성립된다. O | X

> 해설 대판 2005.4.29. 2005도741

32 미성년자의제강간죄 또는 미성년자의제강제추행죄는 행위시마다 1개의 범죄가 성립한다. O | X

> 해설 대판 1982.12.14. 82도2442

33 주거침입강간죄는 사람의 주거 등을 침입한 자가 피해자를 강간한 경우에 성립하는 것으로서 주거침입죄를 범한 후에 사람을 강간하여야 하는 일종의 신분범이고, 선후가 바뀌어 강간죄를 범한 자가 그 피해자의 주거에 침입한 경우에는 강간죄와 주거침입죄의 실체적 경합범이 된다. O | X

> 해설 대판 2021.8.12. 2020도17796

34 사기의 수단으로 발행한 수표가 지급거절된 경우, 구성요건적 행위에 부분적 동일성이 있거나 목적, 수단 관계에 있다고 하더라도 행위의 태양과 보호법익이 다르므로 부정수표단속법위반죄와 사기죄는 실체적 경합범의 관계에 있다. O | X

> 해설 주의해야 할 판례이다. 하나의 행위로 두 개 이상의 구성요건이 나오면 상상적 경합범이지만, 부정수표단속법위반죄와 사기죄는 태양과 보호법익을 달리하므로 <u>실체적 경합범이 성립한다</u>(대판 2004.6.25. 2004도1751).

정답 29 O 30 O 31 O 32 O 33 O 34 O

Theme 22 / 경합범

> **관련조문**
>
> **형법 제37조(경합범)**
> 판결이 확정되지 아니한 수 개의 죄 또는 금고 이상의 형에 처한 판결이 확정된 죄와 그 판결확정 전에 범한 죄를 경합범으로 한다.
>
> **제38조(경합범과 처벌례)**
> ① 경합범을 동시에 판결할 때에는 다음 각 호의 구분에 따라 처벌한다.
>   1. 가장 무거운 죄에 대하여 정한 형이 사형, 무기징역, 무기금고인 경우에는 가장 무거운 죄에 대하여 정한 형으로 처벌한다.
>   2. 각 죄에 대하여 정한 형이 사형, 무기징역, 무기금고 외의 같은 종류의 형인 경우에는 가장 무거운 죄에 대하여 정한 형의 장기 또는 다액에 그 2분의 1까지 가중하되 각 죄에 대하여 정한 형의 장기 또는 다액을 합산한 형기 또는 액수를 초과할 수 없다. 다만, 과료와 과료, 몰수와 몰수는 병과할 수 있다.
>   3. 각 죄에 대하여 정한 형이 무기징역, 무기금고 외의 다른 종류의 형인 경우에는 병과한다.
> ② 제1항 각 호의 경우에 징역과 금고는 같은 종류의 형으로 보아 징역형으로 처벌한다.
>
> **제39조(판결을 받지 아니한 경합범, 수 개의 판결과 경합범, 형의 집행과 경합범)**
> ① 경합범 중 판결을 받지 아니한 죄가 있는 때에는 그 죄와 판결이 확정된 죄를 동시에 판결할 경우와 형평을 고려하여 그 죄에 대하여 형을 선고한다. 이 경우 그 형을 감경 또는 면제할 수 있다.
> ② <삭제>
> ③ 경합범에 의한 판결의 선고를 받은 자가 경합범 중의 어떤 죄에 대하여 사면 또는 형의 집행이 면제된 때에는 다른 죄에 대하여 다시 형을 정한다.
> ④ 전 3항의 형의 집행에 있어서는 이미 집행한 형기를 통산한다.

문 01 경합범에 대한 설명으로 가장 적절한 것은? (다툼이 있는 경우 판례에 의함)

① 사후적 경합범은 동일인이 범한 수죄 중에서 일부의 죄에 관하여 벌금 이상의 형에 처한 확정판결이 있는 경우에, 판결이 확정된 범죄와 그 판결이 확정되기 전에 범한 죄 사이의 경합관계를 말한다.
② 형법 제37조 후단의 경합범에 있어서 '판결이 확정된 죄'라 함은 수 개의 독립된 죄 중의 어느 죄에 대하여 확정판결이 있었던 사실 그 자체를 의미하고 일반사면으로 형의 선고의 효력이 상실되었는지 여부는 묻지 않는다.
③ 동시적 경합범은 원칙적으로 수죄 전부가 병합심리될 것을 요하지 않는다.
④ 동시적 경합범에서 각 죄에 정한 형이 징역과 금고인 때에는 금고의 형기만큼 징역형으로 처벌할 수 없다.
⑤ 반복적인 절도 범행 등에 대한 누범가중 처벌규정인 특정범죄 가중처벌 등에 관한 법률 제5조의4 제5항 제1호 중 '세 번 이상 징역형을 받은 사람'은 그 문언대로 형법 제329조 등의 죄로 세 번 이상 징역형을 받은 사실이 인정되는 사람을 의미하나, 전범 중 일부가 나머지 전범과 사이에 형법 제37조 후단 경합범의 관계에 있는 경우 이를 처벌조항에 규정된 처벌받은 형의 수를 산정할 때 제외하여야 한다.

[해설]
① (×) 사후적 경합범은 동일인이 범한 수죄 중에서 일부의 죄에 관하여 금고 이상의 형에 처한 판결이 확정된 죄와 그 판결확정 전에 범한 죄를 경합범으로 한다(형법 제37조).
② (○) 대판 1996.3.8. 95도2114
③ (×) 동시적 경합범은 수죄가 하나의 재판에서 같이 판결될 가능성이 있어야 하므로 수죄 전부가 병합심리되어야 한다.
④ (×) 동시적 경합범에서 각 죄에 정한 형이 징역과 금고인 때에는 징역과 금고는 동종의 형으로 간주하여 징역형으로 처벌한다(형법 제38조 제2항).
⑤ (×) 특정범죄 가중처벌 등에 관한 법률 제5조의4 제5항 제1호의 문언 내용 및 입법취지, 형법 제37조 후단과 제39조 제1항의 규정은 법원이 형법 제37조 후단 경합범인 판결을 받지 아니한 죄에 대한 판결을 선고할 경우 판결이 확정된 죄와 동시에 판결할 경우와의 형평을 고려하여야 한다는 형의 양정(형법 제51조)에 관한 추가적인 고려사항과 형평에 맞지 않는다고 판단되는 경우에는 형의 임의적 감면을 할 수 있음을 제시한 것일 뿐 판결이 확정된 죄에 대한 형의 선고와 그 판결확정 전에 범한 죄에 대한 형의 선고를 하나의 형의 선고와 동일하게 취급하라는 것이 아닌 점 등을 고려하면, 처벌조항 중 '세 번 이상 징역형을 받은 사람'은 그 문언대로 형법 제329조 등의 죄로 세 번 이상 징역형을 받은 사실이 인정되는 사람으로 해석하면 충분하고, 전범 중 일부가 나머지 전범과 사이에 후단 경합범의 관계에 있다고 하여 이를 처벌조항에 규정된 처벌받은 형의 수를 산정할 때 제외할 것은 아니다 (대판 2020.3.12. 2019도17381).

[정답] ②

문 02 다음 설명 중 가장 옳은 것은? (다툼이 있는 경우 판례에 의함)

① 피고인에게 이 사건 공소제기된 범죄의 범행 이후에 금고 이상의 형을 선고받아 판결이 확정된 전과가 있으나, 위 범행 당시에는 벌금형 외에 처벌받은 전력이 없었다면 피고인에 대한 형의 선고를 유예한 조치는 정당하다.

② 피고인을 금고 이상의 형에 처한 甲죄에 대한 판결이 확정되고, 그 후에 甲죄 판결확정일 이전에 저질러진 乙죄에 대하여 금고 이상의 형에 처하는 판결이 확정되었는데, 피고인에게 공소제기된 본건 범행이 甲죄 판결확정일과 乙죄 판결확정일 사이에 저질러진 경우, 위 본건 범행에 대한 법령의 적용에서 乙전과의 죄와 동시에 판결을 할 경우와의 형평을 고려하여 형을 선고한 조치는 위법하다.

③ 형법 제37조 후단 경합범에 해당하는 甲죄에 대하여 형을 감경 또는 면제할 것인지는 원칙적으로 그 죄에 대하여 심판하는 법원이 재량에 따라 판단할 수 있으나, 이때 위 판결이 확정된 죄와 甲죄에 대한 선고형의 총합이 위 두 죄에 대하여 형법 제38조를 적용하여 산출한 처단형의 범위 내에 속하도록 甲죄에 대한 형을 정하여야 한다.

④ 무기징역에 처하는 판결이 확정된 죄와 형법 제37조 후단 경합범관계에 있는 죄에 대하여 공소가 제기된 경우, 형법 제37조 제1항 제1호가 형법 제37조 전단 경합범 중 가장 중한 죄에 정한 처단형이 무기징역인 때에는 흡수주의를 취하고 있는 점을 고려하여, 법원은 뒤에 공소제기된 범죄에 대한 형을 필요적으로 면제하여야 한다.

해설 ① (×) [1] 선고유예가 주로 범정이 경미한 초범자에 대하여 형을 부과하지 않고 자발적인 개선과 갱생을 촉진시키고자 하는 제도인 점, 형법은 선고유예의 예외사유를 '자격정지 이상의 형을 받은 전과'라고만 규정하고 있을 뿐 그 전과를 범행 이전의 것으로 제한하거나 형법 제37조 후단 경합범 규정상의 금고 이상의 형에 처한 판결에 의한 전과를 제외하고 있지 아니한 점, 형법 제39조 제1항은 경합범 중 판결을 받지 아니한 죄가 있는 때에는 그 죄와 판결이 확정된 죄를 동시에 판결할 경우와 형평을 고려하여 그 죄에 대하여 형을 선고하여야 하는데 이미 판결이 확정된 죄에 대하여 금고 이상의 형이 선고되었다면 나머지 죄가 위 판결이 확정된 죄와 동시에 판결되었다고 하더라도 선고유예가 선고되었을 수 없을 것인데 나중에 별도로 판결이 선고된다는 이유만으로 선고유예가 가능하다고 하는 것은 불합리한 점 등을 종합하여 보면, 형법 제39조 제1항에 의하여 형법 제37조 후단 경합범 중 판결을 받지 아니한 죄에 대하여 형을 선고하는 경우에 있어서 형법 제37조 후단에 규정된 금고 이상의 형에 처한 판결이 확정된 죄의 형도 형법 제59조 제1항 단서에서 정한 '자격정지 이상의 형을 받은 전과'에 포함된다고 봄이 상당하다.

[2] 피고인에게 이 사건 범행 이후에 금고 이상의 형을 선고받아 판결이 확정된 전과가 있음에도, 피고인에 대한 형의 선고를 유예한 원심판단에 형법 제59조 제1항 단서에 관한 법리오해의 위법이 있다(대판 2010.7.8. 2010도931).

② (○) 피고인을 금고 이상의 형에 처한 甲죄에 대한 판결이 확정되고, 그 후에 甲죄 판결확정일 이전에 저질러진 乙죄에 대하여 금고 이상의 형에 처하는 판결이 확정되었는데, 甲죄 판결확정일과 乙죄 판결확정일 사이에 저질러진 사안에서, 정보통신망 이용촉진 및 정보보호 등에 관한 법률 위반죄와 판결이 확정된 乙죄는 처음부터 동시에 판결을 선고할 수 없었으므로 제1심이 정보통신망 이용촉진 및 정보보호 등에 관한 법률 위반죄에 대하여 형법 제39조 제1항에 따라 乙죄와 동시에 판결할 경우와 형평을 고려하여 형을 선고한 것은 위법하다(대판 2012.9.27. 2012도9295).

③ (×) 형법 제39조 제1항은 '경합범 중 판결을 받지 아니한 죄가 있는 때에는 그 죄와 판결이 확정된 죄를 동시에 판결할 경우와 형평을 고려하여 그 죄에 대하여 형을 선고한다. 이 경우 그 형을 감경 또는 면제할 수 있다'고 정하고 있으므로, 형법 제37조의 후단 경합범에 대하여 형을 감경 또는 면제할 것인지는 원칙적으로 그 죄에 대하여 심판하는 법원이 재량에 따라 판단할 수 있고, 판결이 확정된 죄와 후단 경합범의 죄에 대한 선고형의 총합이 두 죄에 대하여 형법 제38조를 적용하여 산출한 처단형의 범위 내에 속하도록 후단 경합범에 대한 형을 정하여야 하는 제한을 받는 것은 아니다(대판 2011.9.29. 2008도9109).

④ (×) 무기징역에 처하는 판결이 확정된 죄와 형법 제37조의 후단 경합범의 관계에 있는 죄에 대하여 공소가 제기된 경우, 법원은 두 죄를 동시에 판결할 경우와 형평을 고려하여 후단 경합범에 대한 처단형의 범위 내에서 후단 경합범에 대한 선고형을 정할 수 있고, 형법 제38조 제1항 제1호가 형법 제37조의 전단 경합범 중 가장 중한 죄에 정한 처단형이 무기징역인 때에는 흡수주의를 취하였다고 하여 뒤에 공소제기된 후단 경합범에 대한 형을 필요적으로 면제하여야 하는 것은 아니다(대판 2008.9.11. 2006도8376).

정답 ②

문 03 형법상 경합범의 처리에 관한 설명으로 옳지 않은 것은 모두 몇 개인가? (다툼이 있는 경우 판례에 의함)

㉠ 동시적 경합범이란 판결이 확정되지 아니한 수 개의 죄를 말한다.
㉡ 동시적 경합범의 경우에 각 죄에 대하여 정한 형이 무기징역, 무기금고 외의 다른 종류의 형인 경우에는 병과한다.
㉢ 피고인의 두 개의 죄의 판결에 대하여 일죄에 대하여 검사와 피고인이 항소하고 다른 죄에 대하여 피고인이 항소하여 항소심에서 병합심리되었다면 두 죄는 동시적 경합범이 된다.
㉣ 경합범에 의한 판결의 선고를 받은 자가 경합범 중의 어떤 죄에 대하여 사면 또는 형의 집행이 면제된 때에는 다른 죄에 대하여 다시 형을 정한다.

① 없음   ② 1개   ③ 2개   ④ 3개

해설 ㉠ (○) 형법 제37조 참고
㉡ (○) 형법 제38조 제1항 제3호 참고
㉢ (○) 판결이 확정되지 않은 수 개의 죄이므로 동시적 경합범이 성립한다.
㉣ (○) 형법 제39조 제3항

정답 ①

문 04 경합범에 관한 다음 설명 중 가장 옳지 않은 것은? (다툼이 있는 경우 판례에 의함)

① 경합범으로 기소되었어도 그 중 유죄로 인정된 A죄에 대해서는 상고가 제기되지 않아 확정되고 무죄로 선고된 B죄에 대하여만 상고가 제기되어 파기환송된 경우 환송 후 원심은 B죄를 유죄로 인정하여도 A, B죄를 경합범으로 하여 1개의 형으로 선고할 것이 아니라 B죄에 대하여만 별개의 형을 선고하여야 한다.

② 금고 이상의 형에 처한 판결이 확정된 죄와 그 판결확정 전에 범한 죄는 경합범관계에 있으므로 판결확정 전에 범한 죄에 대하여는 판결이 확정된 죄를 동시에 판결할 경우와 형평을 고려하여 그 죄에 대한 형을 선고하여야 한다.

③ 징역형만 규정된 A죄와 징역형과 벌금형을 병과할 수 있도록 규정된 B죄가 상상적 경합관계에 있고, A죄에 정해진 징역형의 상한이 B죄에서 정해진 징역형의 상한보다 높다면 A죄에서 정한 징역형으로 처벌하여야 하고 벌금형을 병과할 수는 없다.

④ 상습범과 같은 포괄일죄의 중간에 별종의 범죄에 대한 확정판결이 있어도 그 포괄일죄와 판결이 확정된 죄는 형법 제37조 후단에서 정한 경합범관계에 있다고 할 수 없다.

⑤ 유죄의 확정판결을 받은 사람이 그 후 별개의 후행범죄를 저질렀는데 유죄의 확정판결에 대하여 재심이 개시된 경우, 후행범죄가 재심대상판결에 대한 재심판결 확정 전에 범하여졌다 하더라도 아직 판결을 받지 아니한 후행범죄와 재심판결이 확정된 선행범죄 사이에는 형법 제37조 후단에서 정한 경합범관계가 성립하지 않는다.

해설
① (○) 대판 1974.10.8. 74도1301
② (○) 형법 제37조, 제39조 제1항
③ (×) 형법 제40조가 규정하는 "한 개의 행위가 여러 개의 죄에 해당하는 경우에는 가장 무거운 죄에 대하여 정한 형으로 처벌한다."라고 함은, <u>수 개의 죄명 중 가장 중한 형을 규정한 법조에 의하여 처단한다는 취지와 함께 다른 법조의 최하한의 형보다 가볍게 처단할 수 없다는 취지 즉, 각 법조의 상한과 하한을 모두 중한 형의 범위 내에서 처단한다</u>는 것을 포함하는 것으로 새겨야 한다. 원심이 상상적 경합관계에 있는 업무상배임죄와 '영업비밀 국외누설로 인한 부정경쟁방지법 위반죄'에 대하여, <u>형이 더 무거운 업무상배임죄에 정한 형으로 처벌하기로 하면서도 징역형과 벌금형을 병과할 수 있도록 규정한 부정경쟁방지법 제18조 제4항에 의하여 벌금형을 병과한 조치는 정당하다</u>(대판 2008.12.24. 2008도9169).
④ (○) 대판 1986.2.25. 85도2767
⑤ (○) 재심판결이 후행범죄 사건에 대한 판결보다 먼저 확정된 경우에 후행범죄에 대해 재심판결을 근거로 후단 경합범이 성립한다고 하려면 재심심판법원이 후행범죄를 동시에 판결할 수 있었어야 한다. 그러나 <u>아직 판결을 받지 아니한 후행범죄는 재심심판절차에서 재심대상이 된 선행범죄와 함께 심리하여 동시에 판결할 수 없었으므로</u> 후행범죄와 재심판결이 확정된 선행범죄 사이에는 후단 경합범이 성립하지 않는다(대판 2019.6.20. 2018도20698 전원합의체).

정답 ③

문 05 경합범에 관한 설명 중 옳은 것을 모두 고른 것은? (다툼이 있는 경우 판례에 의함)

> ㉠ 경합범을 가중처벌하는 경우에 가장 중한 죄에 정한 형의 단기보다 다른 죄에 정한 형의 단기가 중한 때에는 그 중한 단기를 하한으로 해야 한다.
> ㉡ 피고인이 A, B, C죄를 순차적으로 범하고 이 중 A죄에 대하여 벌금형에 처한 판결이 확정된 후, 그 판결확정 전에 범한 B죄와 판결확정 후에 범한 C죄가 기소된 경우 법원은 B죄와 C죄를 동시적 경합범으로 처벌할 수 없다.
> ㉢ 형법 제37조 후단 경합범의 선고형은 그 죄에 선고될 형과 판결이 확정된 죄의 선고형의 총합이 두 죄에 대하여 형법 제38조를 적용하여 산출한 처단형의 범위에서 정하여야 한다.
> ㉣ 금고 이상의 형에 처한 확정판결 전에 범한 A죄와 그 확정판결 후에 범한 B죄에 대하여는 별개의 주문으로 형을 선고해야 한다.

① ㉠, ㉡
② ㉠, ㉣
③ ㉡, ㉢
④ ㉠, ㉢, ㉣
⑤ ㉡, ㉢, ㉣

해설 ㉠ (○) 경합범의 처벌에 관하여 형법 제38조 제1항 제2호 본문은 각 죄에 대하여 정한 형이 사형, 무기징역, 무기금고 외의 같은 종류의 형인 경우에는 가장 무거운 죄에 대하여 정한 형의 장기 또는 다액에 그 2분의 1까지 가중하도록 규정하고 그 단기에 대하여는 명문을 두고 있지 않고 있으나 가장 중한 죄 아닌 죄에 정한 형의 단기가 가장 중한 죄에 정한 형의 단기보다 중한 때에는 위 본문 규정취지에 비추어 그 중한 단기를 하한으로 한다(대판 1985.4.23. 84도2890).
㉡ (×) 피고인이 A, B, C죄를 순차적으로 범하고 이 중 A죄에 대하여 벌금형에 처한 판결이 확정된 후, 그 판결확정 전에 범한 B죄와 판결확정 후에 범한 C죄가 기소된 경우 A죄에 대하여 벌금형에 처한 판결은 제37조 후단의 금고 이상의 형에 처한 판결이 확정된 죄에 해당하지 않는다. 따라서 피고인이 A죄의 벌금형의 확정 전후에 범한 B, C죄는 형법 제37조 전단의 경합범(동시적 경합범)관계에 있으므로 그에 대하여 하나의 형을 선고하여야 한다(대판 2004.6.25. 2003도7124).
㉢ (×) 형법 제37조의 후단 경합범에 대하여 형을 감경 또는 면제할 것인지는 원칙적으로 그 죄에 대하여 심판하는 법원이 재량에 따라 판단할 수 있고, 판결이 확정된 죄와 후단 경합범의 죄에 대한 선고형의 총합이 두 죄에 대하여 형법 제38조를 적용하여 산출한 처단형의 범위 내에 속하도록 후단 경합범에 대한 형을 정하여야 하는 제한을 받는 것은 아니다(대판 2011.9.29. 2008도9109).
㉣ (○) 확정판결 전에 저지른 범죄와 확정판결 후에 저지른 범죄는 형법 제37조에서 말하는 경합범관계에 있는 것이 아니므로, 두 개의 주문으로 각각 따로 선고해야 한다(대판 1970.12.22. 70도2271).

정답 ②

문 06. 형법 제37조 후단의 사후적 경합범에 관한 설명 중 옳지 않은 것은? (다툼이 있는 경우 판례에 의함)

① 2004.1.20. 법률 제7077호로 공포·시행된 형법 개정법률에서는 형법 제37조 후단의 '판결이 확정된 죄'를 '금고 이상의 형에 처한 판결이 확정된 죄'로 개정하면서 특별한 경과규정을 두지 않았다. 그러나 피고인에게 불리하게 되는 등의 특별한 사정이 없는 한 위 개정법률 시행 당시 법원에 계속 중인 사건 중 위 개정법률 시행 전에 벌금형에 처한 판결이 확정된 경우에도 개정법률이 적용되는 것으로 보아야 한다.

② 경합범 중 판결을 받지 아니한 죄가 있는 때에는 그 죄와 판결이 확정된 죄를 동시에 판결할 경우와 형평을 고려하여 그 죄에 대하여 형을 선고한다. 이 경우 그 형을 감경 또는 면제할 수 있다.

③ '판결이 확정된 죄'라 함은 수 개의 독립된 죄 중의 어느 죄에 대하여 확정판결이 있었던 사실 그 자체를 의미하나, 일반사면으로 형의 선고의 효력이 상실된 경우에는 '판결이 확정된 죄'에 해당하지 않는다.

④ 피고인이 경합범관계에 있는 A, B, C, D의 죄를 순차적으로 범하였는데 B와 C 범죄의 중간시점에 금고 이상의 형에 처한 판결이 확정된 경우, 판결 주문은 "피고인을 판시 제1죄(A, B)에 대하여 징역 1년에, 판시 제2죄(C, D)에 대하여 징역 2년에 각 처한다."라는 형식으로 기재된다.

⑤ 위 ④의 경우 피고인만 판시 제1죄에 대하여만 무죄를 주장하며 항소를 하였다면, 판시 제2죄 부분은 항소기간이 지남으로써 확정된다.

해설

① (○) 대판 2005. 7.14. 2003도1166
② (○) 형법 제39조 제1항
③ (×) 형법 제37조 후단의 경합범에 있어서 '판결이 확정된 죄'라 함은 수 개의 독립된 죄 중의 어느 죄에 대하여 확정판결이 있었던 사실 자체를 의미하고 일반사면으로 형의 선고의 효력이 상실된 여부는 묻지 않는다고 해석할 것이므로, 사면됨으로써 형의 선고의 효력이 상실되었다고 하더라도 확정판결을 받은 죄의 존재가 이에 의하여 소멸되지 않는 이상 형법 제37조 후단의 판결이 확정된 죄에 해당한다(대판 1996.3.8. 95도2114).
④ (○) 금고 이상의 형에 처한 판결이 확정된 죄와 그 판결확정 전에 범한 죄만이 사후적 경합범이 된다. 따라서 판결확정 전후의 죄는 경합범이 아니므로 A, B죄와 C, D죄는 경합범이 아니다. 그러나 A, B죄와 C, D죄는 동시적 경합범이므로 각각 1개의 형이 선고된다.
⑤ (○) 판시 제1죄와 판시 제2죄는 별개의 죄이므로 판시 제1죄에 대한 항소제기의 효력은 판시 제2죄에 대해서 미치지 않는다. 따라서 피고인과 검사가 항소하지 아니한 판시 제2죄 부분은 항소기간이 지남으로써 확정된다(대판 2010.11.25. 2010도10985).

정답 ③

| 문07 | 경합범에 관한 설명 중 옳지 않은 것은 모두 몇 개인가? (다툼이 있는 경우 판례에 의함) |

○ 형법 제37조 후단 경합범이란 금고 이상의 형에 처한 판결이 확정된 죄와 그 판결확정 전에 범한 죄를 가리키는데, 여기서 말하는 판결에는 집행유예판결도 포함된다.
○ 확정판결이 있는 죄에 대하여 일반사면이 있는 경우는 형의 선고효력이 상실되지만 그 죄에 대한 확정판결이 있었던 사실 자체는 인정되므로 그 확정판결 이전에 범한 죄와의 관계에서 후단 경합범이 성립한다.
© 경합범에 의한 판결의 선고를 받은 자가 경합범 중의 어떤 죄에 대하여 사면을 받거나 형의 집행이 면제된 때에는 다른 죄에 대하여 다시 형을 정한다.
② 형법 제37조 전단은 '판결이 확정되지 아니한 수 개의 죄'를 경합범으로 규정하고 있으므로, 한 개의 행위가 수 개의 죄에 해당하는 경우도 형법 제37조 전단의 경합범이 될 수 있다.
⑩ 형법 제37조 후단은 '금고 이상의 형에 처한 판결이 확정된 죄와 그 판결확정 전에 범한 죄'를 경합범으로 규정하고 있으므로, 약식명령이 확정된 죄도 형법 제37조 후단의 경합범이 될 수 있다.

① 1개   ② 2개   ③ 3개   ④ 4개

해설 ⊙ (○) 형법 제37조 후단의 경합범에 있어서 '판결이 확정된 죄'에 있어서 확정판결에는 집행유예나 선고유예의 판결도 포함되고 집행유예의 선고나 형의 선고유예를 받은 후 유예기간이 경과하여 형의 선고가 실효되었거나 면소된 것으로 간주된 경우도 포함된다(대판 1992.11.24. 92도1417).
○ (○) 형법 제37조 후단의 경합범에 있어서 '판결이 확정된 죄'라 함은 수 개의 독립된 죄 중의 어느 죄에 대하여 확정판결이 있었던 사실 자체를 의미하고 일반사면으로 형의 선고의 효력이 상실된 여부는 묻지 않으므로 1995.12.2. 대통령령 제14818호로 일반사면령에 의하여 제1심 판시의 확정된 도로교통법 위반의 죄가 사면됨으로써 사면법 제5조 제1항 제1호에 따라 형의 선고의 효력이 상실되었다고 하더라도 확정판결을 받은 죄의 존재가 이에 의하여 소멸되지 않는 이상 형법 제37조 후단의 판결이 확정된 죄에 해당한다(대판 1996.3.8. 95도2114).
© (○) 형법 제39조 제3항
② (×) 한 개의 행위가 수 개의 죄에 해당할 때에는 상상적 경합범이 되고 형법 제37조 전단의 경합범이 될 수 없다.
⑩ (×) 형법 제37조 후단에서 '금고 이상의 형에 처한 판결이 확정된 죄와 그 판결확정 전에 범한 죄'를 경합범으로 규정하고 있으므로, 벌금형을 선고한 판결이나 약식명령이 확정된 죄는 형법 제37조 후단의 경합범이 될 수 없다(대판 2017.7.11. 2017도7287).

정답 ②

1위, 그 이상의 존재감
경찰 수험의 절대공식

PART 02
형법 각론

김승봉 레전드 형사법 테마특강

Theme 23 / 주거침입죄

관련조문

형법 제319조(주거침입, 퇴거불응)
① 사람의 주거, 관리하는 건조물, 선박이나 항공기 또는 점유하는 방실에 침입한 자는 3년 이하의 징역 또는 500만원 이하의 벌금에 처한다.
② 전항의 장소에서 퇴거요구를 받고 응하지 아니한 자도 전항의 형과 같다.

핵심지문 OX Quiz

신체의 극히 일부만 들어갔지만 사실상 주거의 평온을 해할 수 있는 정도에 이르지 않은 경우, 신체일부침입설과 신체전부침입설 모두 주거침입죄의 미수를 인정한다. O | X

[해설] 신체일부침입설과 신체전부침입설 모두 사실상 주거의 평온을 해할 수 있는 정도에 이르지 않은 경우 주거침입죄의 기수는 인정되지 않는다.

정답 O

Theme 24 / 사기죄

관련조문

형법 제347조(사기)
① 사람을 기망하여 재물의 교부를 받거나 재산상의 이익을 취득한 자는 10년 이하의 징역 또는 2천만 원 이하의 벌금에 처한다.
② 전항의 방법으로 제삼자로 하여금 재물의 교부를 받게 하거나 재산상의 이익을 취득하게 한 때에도 전항의 형과 같다.

핵심지문 OX Quiz

01 배당이의 소송의 1심에서 패소판결을 받고 항소한 자가 그 항소를 취하하는 것만으로는 사기죄에서 말하는 재산적 처분행위가 있다고 할 수 없다. ○ | ×

> 해설 배당이의 소송의 제1심에서 패소판결을 받고 항소한 자가 그 항소를 취하하면 그 즉시 제1심판결이 확정되고 상대방이 배당금을 수령할 수 있는 이익을 얻게 되는 것이므로 위 항소를 취하하는 것 역시 사기죄에서 말하는 재산적 처분행위에 해당한다(대판 2002.11.22. 2000도4419).

02 자동차의 명의신탁관계에서 자동차의 명의수탁자가 명의신탁 사실을 고지하지 않고, 나아가 자신 소유라는 말을 하면서 자동차를 제3자(매수인)에게 매도하고 이전등록까지 마쳐준 경우, 제3자(매수인)에 대한 관계에서 사기죄가 성립한다. ○ | ×

> 해설 수탁자가 신탁사실을 고지하지 않고 제3자에게 자동차를 매도했다 하더라도 명의신탁의 법리상 제3자 입장에서 위 자동차는 수탁자 소유이므로 이를 건네받은 제3자는 소유권을 취득한다. 따라서 제3자는 재산상 손해가 없으므로 사기죄가 성립하지 않는다(대판 2007.1.11. 2006도4498).

03 회사를 고의로 부도내려고 준비한 사실 등을 숨긴 채 회사 명의로 대한주택보증 주식회사와 임대보증금 보증약정을 체결해 보증서를 발급받은 경우 사기죄가 성립한다. ○ | ×

> 해설 대한주택보증의 임대보증금 보증서 발급이 피고인 등의 기망행위에 의하여 이루어졌다면 그로써 사기죄는 성립하고, 피고인 등이 취득한 재산상 이익은 대한주택보증이 보증한 임대보증금 상당액이다(대판 2013.11.28. 2011도7229).

04 기망행위로 인하여 부동산가압류를 해제하였으나 사후에 피보전채권이 존재하지 않는 것으로 밝혀진 경우일지라도, 그 가압류해제행위는 사기죄의 처분행위에 해당한다. ○ | ×

> 해설 부동산가압류결정을 받아 부동산에 관한 가압류집행까지 마친 자가 그 가압류를 해제하면 소유자는 가압류의 부담이 없는 부동산을 소유하는 이익을 얻게 되므로, 가압류를 해제하는 것 역시 사기죄에서 말하는 재산적 처분행위에 해당하고, 그 이후 가압류의 피보전채권이 존재하지 않는 것으로 밝혀졌다고 하더라도 가압류의 해제로 인한 재산상의 이익이 없었다고 할 수 없다(대판 2007.9.20. 2007도5507).

정답 01 × 02 × 03 ○ 04 ○

05 甲이 금융기관에 피고인의 명의로 예금을 하면서 자신만이 이를 인출할 수 있게 해달라고 요청하여 금융기관 직원이 예금관련 전산시스템에 '甲이 예금, 인출예정'이라고 입력하였고 피고인도 이의를 제기하지 않았는데, 그 후 피고인이 금융기관을 상대로 예금 지급을 구하는 소를 제기하였다가 금융기관의 변제공탁으로 패소한 경우 사기미수죄가 성립한다. ○ | ×

> 해설 즉, 예금주는 예금명의자인 피고인 이므로 피고인이 예금의 지급을 구하는 소송을 제기하였다가 패소한 것은 사기미수에 해당하지 않는다(대판 2011.5.13. 2009도5386).

06 피고인이 경매절차가 진행 중인 부동산에 관하여 허위의 주장을 하면서 소유권보존등기 말소청구소송을 제기하였더라도 예고등기가 경료되도록 하여 경매가격 하락을 의도한 것일 뿐이라면 사기죄가 성립하지 않는다. ○ | ×

> 해설 피고인 등이 허위의 주장을 하여 소유권보존등기 말소청구소송 등을 제기한 것은 그로 인하여 경매절차가 진행 중인 부동산에 예고등기가 경료되도록 함으로써 경매가격 하락 등을 의도한 것으로 보일 뿐이고, 위 말소청구소송을 통하여 승소판결을 받아 재산상의 이익을 취하려고 한 것으로 보기 어려우므로 사기죄가 성립하지 않는다(대판 2009.4.9. 2009도128).

07 甲이 乙에게 이중매도한 택지분양권을 순차 매수한 丙·丁에게 이중매도 사실을 숨긴 채 자신의 명의로 형식적인 매매계약서를 작성해 준 경우 甲이 직접 매매대금을 수령하지 않았다면 丙·丁에 대한 사기죄가 성립하지 않는다. ○ | ×

> 해설 甲이 직접 매매대금을 수령하지 않았지만 궁극적으로 甲의 분양권 이중매매로 인해 丙과 丁이 손해를 본 것이므로 丙과 丁에 대한 사기죄가 성립한다(대판 2009.1.30. 2008도9985).

08 A회사의 운영자 甲이 A회사의 피해자 B에 대한 채권이 존재하지 않는다는 사실을 알면서도 그 사실을 모르는 A회사의 채권자인 C로 하여금 A회사의 피해자 B에 대한 채권의 압류 및 전부명령을 신청하게 하여 그 명령을 받게 한 경우 사기죄가 성립하지 않는다. ○ | ×

> 해설 피고인(甲회사 운영자)이 '甲회사의 乙에 대한 채권'이 존재하지 않는다는 사실을 알면서 그 사실을 모르는 丙(甲회사에 대한 채권자)에게 '甲회사의 乙에 대한 채권'의 압류 및 전부명령을 신청하게 하여 그 명령을 받게 한 사안에서, 丙이 甲회사에 대하여 진정한 채권을 가지고 있는 이상, 법원을 기망하였다고 볼 수 없고, 丙이 乙을 상대로 전부(추심)금 소송을 제기하지 않은 이상 소송사기의 실행에 착수하였다고 볼 수도 없다(대판 2009.12.10. 2009도9982).

09 부동산 소유권이전등기 절차의 이행을 구하는 소를 제기하여 동시이행의 조건 없이 이행을 명하는 승소확정판결을 받은 甲이 그 판결에 기해 이전등기를 할 수 있었음에도 그렇게 하지 않고 乙에게 위 부동산 이전등기를 경료해 주면 매매잔금을 공탁해 줄 것처럼 거짓말 하여 위 부동산 소유권을 임의로 이전받고 매매잔금을 공탁하지 않은 경우 사기죄가 성립하지 않는다. ○ | ×

> 해설 부동산 소유권이전등기 절차 이행을 구하는 소를 제기하여 동시이행 조건 없이 이행을 명하는 승소확정판결을 받은 피고인이, 부동산 소유권을 이전받더라도 매매잔금을 공탁할 의사나 능력이 없음에도 피해자에게 매매잔금을 공탁해 줄 것처럼 거짓말을 하여 그러한 내용으로 합의한 후 그에 따라 부동산 소유권을 임의로 이전받은 사안에서, 피고인의 행위는 사회통념상 권리행사의 수단으로서 용인할 수 있는 범위를 벗어난 것으로 사기죄의 기망행위에 해당한다(대판 2011.3.10, 2010도14856).

정답 05 × 06 ○ 07 × 08 ○ 09 ×

10 타인의 폭행으로 상해를 입고 병원에서 치료를 받으면서 상해를 입은 경위에 관하여 거짓말을 하여 국민건강보험공단으로부터 보험급여 처리를 받은 경우 위 상해가 '전적으로 또는 주로 피고인의 범죄행위에 기인하여 입은 상해'라고 할 수 없다면 사기죄가 성립하지 않는다. O | X

> [해설] 국민건강보험법 제48조 제1항 제1호에서는 고의 또는 중대한 과실로 인한 범죄행위에 기인하거나 고의로 보험사고를 발생시킨 경우 이에 대한 보험급여를 제한하도록 규정하고 있는데 법 제48조 제1항 제1호에 규정된 '고의 또는 중대한 과실로 인한 범죄행위에 기인한 경우'는 '고의 또는 중대한 과실로 인한 자기의 범죄행위에 전적으로 기인하여 보험사고가 발생하였거나 고의 또는 중대한 과실로 인한 자신의 범죄행위가 주된 원인이 되어 보험사고가 발생한 경우'를 말하는 것으로 해석함이 상당하다. 따라서 '전적으로 또는 주로 피고인의 범죄행위에 기인하여 입은 상해'라고 할 수 없다면 사기죄가 성립하지 않는다(대판 2010.6.10. 2010도1777).

11 자신이 토지의 소유자라고 허위의 주장을 하면서 소유권보존등기 명의자를 상대로 보존등기의 말소를 구하는 소송을 제기하여 보존등기의 말소를 명하는 내용의 확정판결을 받았다면, 아직 자기 앞으로 소유권보존등기를 경료하지 않은 상태라고 하더라도 소송사기죄의 기수에 이르렀다고 할 것이다. O | X

> [해설] 보존등기의 말소를 명하는 내용의 승소확정판결을 받는다면, 그 사실을 증명하여 자기 앞으로의 소유권보존등기를 신청하여 그 등기를 마칠 수 있게 되므로 재산상 이익을 취득하게 된다. 그 경우 기수시기는 위 판결이 확정된 때이다(대판 2006.4.7. 2005도9858 전원합의체).

12 주권을 교부한 자가 그것을 분실하였다고 허위로 공시최고신청을 하여 제권판결을 받아 확정된 경우에는 사기죄가 성립한다. O | X

> [해설] 수표를 분실되었다고 허위로 신고하여 무효로 만드는 것이 제권판결이다. 주권을 교부한 자가 이를 분실하였다고 허위로 공시최고신청을 하여 제권판결을 선고받아 확정되었다면, 그 제권판결의 적극적 효력에 의해 그 자는 그 주권을 소지하지 않고도 주권을 소지한 자로서의 권리를 행사할 수 있는 지위를 취득하였다고 할 것이므로, 이로써 사기죄에 있어서의 재산상 이익을 취득한 것으로 보기에 충분하다(대판 2007.5.31. 2006도8488).

13 어음의 발행인들이 각자 자력이 부족한 상태에서 자금을 편법으로 확보하기 위해 서로 동액의 융통어음을 발행하여 교환한 경우 자기가 발행한 어음이 그 지급기일에 결제되지 않으리라는 점을 예견하였다면 사기죄가 성립한다. O | X

> [해설] 어음의 발행인들이 각자 자력이 부족한 상태에서 자금을 편법으로 확보하기 위하여 서로 동액의 융통어음을 발행하여 교환한 경우에는, 특별한 사정이 없는 한 쌍방은 그 상대방의 부실한 자력상태를 용인함과 동시에, 상대방이 발행한 어음이 지급기일에 결제되지 아니할 때에는 자기가 발행한 어음도 결제하지 않겠다는 약정 하에 서로 어음을 교환하는 것이므로, 자기가 발행한 어음이 그 지급기일에 결제되지 않으리라는 점을 예견하였거나 지급기일에 지급될 수 있다는 확신 없이 상대방으로부터 어음을 교부받았다고 하더라도 사기죄가 성립하는 것은 아니다(대판 2002.4.23. 2001도6570).

정답 10 O 11 O 12 O 13 ×

14 甲은 전매금지된 택지분양권을 A에게 매도한 뒤 이를 다시 B에게 매도한 다음 이중매도한 사실을 고지하지 아니한 채 B가 C에게 이 분양권을 전매하는 매매계약에 형식적인 매도인으로 관여하면서 직접 매매대금을 수령하지 않고 C로 하여금 B에게 매매대금을 교부하게 한 경우 甲에게 사기죄가 성립한다. ○ | ×

> 해설 이 사건 각 매매계약은 당초 피고인이 이 사건 분양권을 이중으로 매도함으로써 초래된 것이고, 그 각 매매대금을 교부받은 성명불상자나 공소외 1은 피고인과 사이에 직접적 또는 형식적으로 이 사건 분양권에 관한 매매계약을 체결한 자들로서 피고인과 전혀 무관계한 제3자라고는 볼 수 없는 점, 피고인은 그 자신의 의사에 기해 형식상 매도인의 지위에서 피해자들에게 각 매매계약서를 작성해 주었고, 그에 따른 사례금도 수령하였던 점, 만약 피고인이 이 사건 각 매매계약에 협력하지 않았더라면, 그 각 실질적 매도인 성명불상자나 공소외 1은 공소외 1이나 공소외 2로부터 각 매매대금을 교부받을 수 없었고, 피고인의 협력으로 인하여 결과적으로 각 상당액의 전매차익을 취하게 되었던 점 등을 앞서 본 법리에 비추어 보면, 피고인에게는 이 사건 각 매매계약에 있어 실질적 매도인인 성명불상자나 공소외 1로 하여금 그 각 매매대금을 취득하게 할 의사가 있었다고 볼 여지가 충분하고, 이는 위 각 매매대금 상당의 경제적 이익이 궁극적으로 피고인에게 연결되지 않았다 하여 달리 볼 것도 아니다(대판 2009.1.30. 2008도9985). 그러므로 甲에게 사기죄가 성립한다.

15 피고인이 부동산을 매수한 일이 없음에도 매수한 것처럼 허위의 사실을 주장하여 해당 부동산에 대한 소유권이전등기를 거친 사람을 상대로 그 이전등기의 말소를 구하는 소송을 제기하여 승소하였더라도, 법원을 기망하여 재물 또는 재산상 이익을 취득한 바가 없기 때문에 사기죄가 성립하지 않는다. ○ | ×

> 해설 피고인이 갑 명의로, 갑이 이 건 임야를 매수한 일이 없음에도 매수한 것 처럼 허위의 사실을 주장하여 위 임야에 대한 소유권이전등기를 거친 자들을 상대로 각 그 소유권이전등기 말소를 구하는 소송을 제기하였다가 취하하였다고 하여도, 위 소송의 결과 원고로 된 갑이 승소한다고 가정하더라도 위 피고들의 등기가 말소될 뿐이고 이것만으로 피고인이 위 임야에 관한 어떠한 권리를 취득하거나 의무를 면하는 것은 아니므로 법원을 기망하여 재물이나 재산상 이익을 편취한 것이라고 보기 어렵다(대판 1981.12.8. 81도1451).

16 위조된 약속어음을 진정한 약속어음인 것처럼 속여 기왕의 물품대금의 변제를 위해 채권자에게 교부한 경우에는 사기죄가 성립하지 않는다. ○ | ×

> 해설 위조된 약속어음을 진정한 약속어음인 것처럼 속여 기왕의 물품대금채무의 변제를 위하여 채권자에게 교부하였다고 하여도 어음이 결제되지 않는 한 물품대금채무가 소멸되지 아니하므로 사기죄는 성립되지 않는다(대판 1983.4.12. 82도2938).

17 부동산 경매절차에서 허위의 공사대금채권을 근거로 유치권 신고를 한 경우 소송사기죄의 실행의 착수가 인정된다. ○ | ×

> 해설 유치권자가 경매절차에서 유치권을 신고하는 경우 법원은 이를 매각물건명세서에 기재하고 그 내용을 매각기일공고에 적시하나, 이는 경매목적물에 대하여 유치권 신고가 있음을 입찰예정자들에게 고지하는 것에 불과할 뿐 처분행위로 볼 수는 없고, 또한 유치권자는 권리신고 후 이해관계인으로서 경매절차에서 이의신청권 등 몇 가지 권리를 얻게 되지만 이는 법률의 규정에 따른 것으로서 재물 또는 재산상 이득을 취득하는 것으로 볼 수도 없다는 점을 근거로 들어, 허위 공사대금채권을 근거로 유치권 신고를 하였더라도 이를 소송사기 실행의 착수가 있다고 볼 수는 없다(대판 2009.9.24. 2009도5900).

정답 14 ○ 15 ○ 16 ○ 17 ×

18 피고인이 피해자에게 불행을 고지하거나 길흉화복에 관한 어떠한 결과를 약속하고 기도비 등의 명목으로 대가를 교부받은 경우에 전통적인 관습 또는 종교행위로서 허용될 수 있는 한계를 벗어났다면 사기죄에 해당한다. O | X

> 해설   사기죄의 구성요건인 편취의 범의는 피고인이 자백하지 아니하는 이상 범행 전후의 피고인의 재력, 환경, 범행의 내용, 기망 대상 행위의 이행가능성 및 이행과정 등과 같은 객관적인 사정 등을 종합하여 판단할 수밖에 없다. 그리고 피고인이 피해자에게 불행을 고지하거나 길흉화복에 관한 어떠한 결과를 약속하고 기도비 등의 명목으로 대가를 교부받은 경우에 전통적인 관습 또는 종교행위로서 허용될 수 있는 한계를 벗어났다면 사기죄에 해당한다(대판 2017.11.9. 2016도12460).

19 가맹점주가 용역의 제공을 가장한 허위의 매출전표임을 고지하지 아니한 채 신용카드회사에 제출하여 대금을 청구한 경우, 신용카드회사가 허위의 매출전표임을 알았더라면 그 대금을 지급하지 아니하였을 관계가 인정된다면, 비록 당시 가맹점주에게 신용카드 이용대금을 변제할 의사와 능력이 있었다고 하더라도 사기죄의 기망행위에 해당한다. O | X

> 해설   신용카드 가맹점주가 신용카드회사로부터 금원을 교부받을 당시 신용카드회사에게 매출전표가 용역의 제공을 가장하여 허위로 작성된 것임을 고지하지 아니한 채 제출하여 대금을 청구하였고, 신용카드회사는 매출전표에 기재된 바와 같은 가맹점의 용역의 제공이 실제로 있은 것으로 오신하여 그에게 그 대금 상당의 금원을 교부한 경우, <u>신용카드회사가 가맹점의 용역의 제공을 가장한 허위 내용의 매출전표에 의한 대금청구에 대하여는 이를 거절할 수 있는 등 매출전표가 허위임을 알았더라면 가맹점주에게 그 대금의 지급을 하지 아니하였을 관계가 인정된다면</u>, 가맹점주가 용역의 제공을 가장한 허위의 매출전표임을 고지하지 아니한 채 신용카드회사에게 제출하여 대금을 청구한 행위는 사기죄의 실행행위로서의 기망행위에 해당하고, 가맹점주에게 이러한 기망행위에 대한 범의가 있었다면, 비록 당시 그에게 신용카드 이용대금을 변제할 의사와 능력이 있었다고 하더라도 사기죄의 범의가 있었음을 인정할 수 있다(대판 1999.2.12. 98도3549).

20 근저당권자의 대리인인 피고인이 채무자 겸 소유자인 피해자를 대리하여 경매개시결정 정본을 받을 권한이 없음에도, 경매개시결정 정본 등 서류의 수령을 피고인에게 위임한다는 내용의 피해자 명의의 위임장을 위조하여 법원에 제출하는 방법으로 경매개시결정 정본을 교부받음으로써 경매절차가 진행되도록 하는 행위는 위 근저당권이 유효하기 때문에 사기죄에 있어서의 기망행위에 해당하지 않는다. O | X

> 해설   근저당권자의 대리인인 피고인이 채무자 겸 소유자인 피해자를 대리하여 경매개시결정 정본을 받을 권한이 없음에도, 경매개시결정 정본 등 서류의 수령을 피고인에게 위임한다는 내용의 피해자 명의의 위임장을 위조하여 법원에 제출하는 방법으로 경매개시결정 정본을 교부받은 사안에서, <u>위 행위는 사회통념상 도저히 용인될 수 없으므로</u> 비록 근저당권이 유효하다고 하더라도 사기죄의 기망행위에 해당한다(대판 2009.7.9. 2009도295).

정답 18 O 19 O 20 ×

Theme 25 / 횡령죄

관련조문

형법 제355조(횡령)
① 타인의 재물을 보관하는 자가 그 재물을 횡령하거나 그 반환을 거부한 때에는 5년 이하의 징역 또는 1천500만원 이하의 벌금에 처한다.

본질

횡령행위의 본질을 어떻게 이해할 것인가에 대하여 다음과 같은 견해가 대립한다.

월권행위설	• 위탁된 물건에 대한 권한을 초월하는 행위를 함으로써 위탁에 의한 신뢰관계를 깨뜨리는 데 횡령의 본질이 있으므로 불법영득의사가 있을 것은 요하지 않는다는 견해이다. • 자기가 점유하는 타인 물건을 손괴·무단사용한 경우에도 횡령죄가 성립한다고 한다.
영득행위설 (다수설·판례)	• 위탁된 타인의 물건을 불법하게 영득하는 것이 횡령의 본질이라는 견해이다. • 자기가 점유하는 타인 재물을 손괴·무단사용한 경우에는 횡령죄가 되지 않는다고 한다.

핵심지문 OX Quiz

횡령죄의 본질

01 횡령죄의 본질에 관한 학설 중 월권행위설에 따르면 본죄가 성립하기 위하여는 불법영득의사가 있어야 한다. ○ | ×

해설 횡령죄의 본질에 관한 학설 중 월권행위설은 월권행위만 있으면 영득행위를 하지 않더라도 횡령죄가 성립하므로 횡령죄 성립에 불법영득의사를 필요로 하지 않는다. 이에 비하여 영득행위설은 횡령죄가 성립하기 위하여는 불법영득의사를 필요로 한다.

02 횡령죄의 본질이 신임관계에 기초하여 위탁된 타인의 물건을 위법하게 영득하는 데 있음에 비추어 볼 때 위탁신임관계는 횡령죄로 보호할 만한 가치 있는 신임에 의한 것으로 한정함이 타당하다. ○ | ×

해설 대판 2021.2.18. 2016도18761 전원합의체

정답 01 × 02 ○

핵심지문 OX Quiz

01 부동산의 입찰절차에서 수인이 대금을 분담하되 그중 1인 명의로 낙찰받기로 약정하여 그에 따라 낙찰이 이루어진 후 낙찰받은 명의인이 임의로 그 부동산을 처분한 경우는 횡령죄가 성립한다.

O | X

[해설] 입찰절차에서 낙찰인의 지위에 서게 되는 사람은 어디까지나 그 명의인이므로 입찰목적부동산의 소유권은 경락대금을 실질적으로 부담한 자가 누구인가와 상관없이 그 명의인이 취득한다. 따라서 위 부동산은 횡령죄의 객체인 타인의 재물이라고 볼 수 없어 명의인이 이를 임의로 처분하더라도 횡령죄를 구성하지 않는다(대판 2000.9.8. 2000도258).

02 피고인이 甲과 특정 토지를 매수하여 전매한 후 전매이익금을 정산하기로 약정한 다음 甲이 조달한 돈 등을 합하여 토지를 매수하고 소유권이전등기는 피고인 등의 명의로 마쳐 두었는데, 위 토지를 제3자에게 임의로 매도한 후 甲에게 전매이익금반환을 거부한 경우 피고인에게 횡령죄가 성립하지 않는다(단, 甲은 토지의 매수 및 전매를 피고인에게 전적으로 일임하고 그 과정에 전혀 관여하지 않았다).

O | X

[해설] 甲이 토지의 매수 및 전매를 피고인에게 전적으로 일임하고 그 과정에 전혀 관여하지 아니한 사정 등에 비추어, 비록 甲이 토지의 전매차익을 얻을 목적으로 일정 금원을 출자하였더라도 이후 업무감시권 등에 근거하여 업무집행에 관여한 적이 전혀 없을 뿐만 아니라 피고인이 아무런 제한 없이 재산을 처분할 수 있었음이 분명하므로 피고인과 甲의 약정은 조합 또는 내적 조합에 해당하는 것이 아니라 '익명조합과 유사한 무명계약'에 해당한다. 따라서 피고인이 타인의 재물을 보관하는 자의 지위에 있지 않다고 보아 횡령죄 성립을 부정한다(대판 2011.11.24. 2010도5014).

03 종중으로부터 토지를 명의신탁받아 보관 중이던 甲이 개인채무변제에 사용할 돈을 차용하기 위해 위 토지에 근저당권을 설정한 후 그 토지를 乙에게 매도한 경우, 甲의 토지 매도행위는 횡령죄에 해당한다.

O | X

[해설] 타인의 부동산을 보관 중인 자가 불법영득의사를 가지고 그 부동산에 근저당권설정등기를 경료함으로써 일단 횡령행위가 기수에 이르렀다 하더라도 그 후 같은 부동산에 별개의 근저당권을 설정하거나 해당 부동산을 매각함으로써 기존의 근저당권과 관계없이 법익 침해의 결과를 발생시켰다면, 이는 당초의 근저당권 실행을 위한 임의경매에 의한 매각 등 그 근저당권으로 인해 당연히 예상될 수 있는 범위를 넘어 새로운 법익 침해의 위험을 추가시키거나 법익 침해의 결과를 발생시킨 것이므로 특별한 사정이 없는 한 불가벌적 사후행위로 볼 수 없고, 별도로 횡령죄를 구성한다(대판 2013.2.21. 2010도10500 전원합의체).

04 골프회원권 매매중개업체를 운영하는 甲이 매수의뢰와 함께 입금받아 다른 회사자금과 함께 보관하던 금원을 일시적으로 다른 회원권의 매입대금 등으로 임의로 소비한 경우 횡령죄를 구성하지 않는다.

O | X

[해설] 다른 회사자금과 함께 보관된 이상 그 특정성을 인정하기 어렵고(타인 소유 부정), 피고인의 불법영득의사를 추단할 수 없으므로 횡령죄를 구성하지 아니한다(대판 2008.3.14. 2007도7568).

정답 01 × 02 O 03 O 04 O

05 법인의 이사를 상대로 한 이사직무집행정지 가처분이 결정되자 법인의 대표자 甲이 위 가처분에 대항하여 항쟁할 필요가 있기 때문에 직무집행정지 가처분결정을 받은 이사에게 그 사건에 관한 소송비용을 법인 경비로 지급한 경우 횡령죄를 구성하지 않는다. O | X

> 해설 법인의 이사를 상대로 한 이사직무집행정지 가처분이 결정된 경우, 당해 법인의 업무를 수행하는 이사의 직무집행이 정지당함으로써 사실상 법인의 업무수행에 지장을 받게 될 것은 명백하므로, 법인으로서는 그 이사 자격의 부존재가 객관적으로 명백하여 항쟁의 여지가 없는 경우가 아닌 한, 위 가처분에 대항하여 항쟁할 필요가 있다. 이와 같이 필요한 한도 내에서 법인의 대표자가 법인 경비에서 당해 가처분 사건의 피신청인인 이사에게 그 사건에 관한 소송비용을 지급하였다면, 이는 법인의 업무수행을 위하여 필요한 비용을 지급한 것에 해당하고, 법인의 경비를 횡령한 것이라고 볼 수는 없다(대판 2009.3.12. 2008도10826).

06 임야의 진정한 소유자와는 전혀 무관하게 신탁자로부터 임야지분을 명의신탁받아 지분이전등기를 경료한 수탁자가 신탁받은 지분을 임의로 처분한 경우 횡령죄가 성립하지 아니한다. O | X

> 해설 임야의 진정한 소유자와는 전혀 무관하게 신탁자로부터 임야 지분을 명의신탁받아 지분이전등기를 경료한 수탁자가 신탁받은 지분을 임의로 처분한 사안에서, 소유자와 수탁자 사이에 위 임야 지분에 관한 법률상 또는 사실상의 위탁신임관계가 성립하였다고 할 수 없고, 또한 어차피 원인무효인 소유권이전등기의 명의자에 불과하여 위 임야 지분을 제3자에게 유효하게 처분할 수 있는 권능을 갖지 아니한 수탁자로서는 위 임야 지분을 보관하는 자의 지위에 있다고도 할 수 없으므로, 그 처분행위가 신탁자에 대해서나 또는 소유자에 대하여 위 임야 지분을 횡령한 것으로 된다고 할 수 없다(대판 2007.5.31. 2007도1082).

07 발행인으로부터 일정한 금액의 범위 내에서 액면을 보충·할인하여 달라는 의뢰를 받고 액면이 백지인 약속어음을 교부받아 보관 중이던 자가 보충권의 한도를 넘어 보충을 한 약속어음을 자신의 채무변제조로 제3자에게 교부하여 임의로 사용하였다고 하더라도 횡령죄가 성립될 수는 없다. O | X

> 해설 무효인 백지어음을 보관하던 자가 이를 보충하여 새롭게 만든 어음은 기존의 보관자의 지위가 유지되지 않는다. 따라서 보관자의 지위가 부정되면 횡령죄는 성립하지 않는다(대판 1995.1.20. 94도2760).

08 채권자가 그 채권의 지급을 담보하기 위하여 채무자로부터 수표를 발행·교부받아 이를 소지한 경우, 그 수표상의 권리가 채권자에게 유효하게 귀속되므로 채권자는 횡령죄의 주체인 타인의 재물을 보관하는 지위에 있다고 볼 수 없다. O | X

> **비교판례**
>
> 위조된 약속어음을 진정한 약속어음인 것처럼 속여 기왕의 물품대금의 변제를 위해 채권자에게 교부한 경우에는 사기죄가 성립하지 않는다. O | X
>
> > 해설 위조된 약속어음을 진정한 약속어음인 것처럼 속여 기왕의 물품대금채무의 변제를 위하여 채권자에게 교부하였다고 하여도 어음이 결제되지 않는 한 물품대금채무가 소멸되지 아니하므로 사기죄는 성립되지 않는다(대판 1983.4.12. 82도2938). 정답 O

정답 05 O 06 O 07 O 08 O

09 피고인과 A가 토지의 각 특정 부분을 1, 2로 구분하여 소유하면서 공유등기를 하였다가(상호명의신탁관계) 토지를 분할하여 분할된 각 토지에 종전 토지의 공유등기가 전사된 후, 피고인이 분할 후 A 소유인 토지 부분에 피고인의 공유지분이 남아 있음을 기화로 그에 대하여 근저당권설정행위를 한 경우, 그 근저당권설정행위는 횡령죄를 구성한다. O | X

해설 대판 2014.12.24. 2011도11084

10 보관자의 지위에 있는 공동명의 예금채권자가 피해자 조합원들이 제기한 소송으로 인하여 조합이 입게 되는 손해에 대한 구상금채권의 집행 확보를 위하여 피해자 조합원들에 대하여 예금계좌에 초과로 입금된 개발부담금의 반환을 거부한 경우에는 불법영득의사가 인정되어 횡령죄가 성립한다. O | X

해설 피고인들이 피해자 조합원들에 대하여 이 사건 예금계좌에 초과로 입금된 개발부담금의 반환을 거부한 것은 피해자 조합원들이 제기한 소송으로 인하여 조합이 입게 되는 손해에 대한 구상금채권의 집행 확보를 위한 것에 불과하고, 위 개발부담금을 영득하기 위한 것이라고 볼 수 없다고 판단하여 피고인들에 대하여 횡령죄가 성립하지 않는다(대판 2008.12.11. 2008도8279).

11 아파트 입주자대표회의 회장이 아파트 특별수선충당금을 구조진단견적비 및 손해배상청구소송의 변호사 선임료로 사용하였으나, 당시에는 특별수선충당금의 용도외 사용이 관리규약에 의해서만 제한되고 있어서 구분소유자들 또는 입주민들로부터 포괄적인 동의를 얻어 특별수선충당금을 위탁의 취지에 부합하는 용도에 사용한 것으로 볼 수 있다면 업무상횡령죄에 해당하지 않는다. O | X

해설 대판 2017.2.15. 2013도14777

12 적법한 종중 총회의 결의가 없는 상태에서 종중의 회장으로부터 담보 대출을 받아달라는 부탁과 함께 종중 소유의 임야를 이전받은 자가 임야를 담보로 금원을 대출받아 임의로 사용한 경우 종중에 대한 관계에서 횡령죄가 성립하지 않는다. O | X

해설 피고인이 종중의 회장으로부터 담보 대출을 받아달라는 부탁과 함께 종중 소유의 임야를 이전받은 다음 임야를 담보로 금원을 대출받아 임의로 사용하고 자신의 개인적인 대출금채무를 담보하기 위하여 임야에 근저당권을 설정하였다면 비록 피고인이 임야를 이전받는 과정에서 적법한 종중 총회의 결의가 없었다고 하더라도 피고인은 임야나 위 대출금에 관하여 사실상 종중의 위탁에 따라 이를 보관하는 지위에 있다고 보아야 할 것이어서 피고인의 위 행위가 종중에 대한 관계에서 횡령죄를 구성한다(대판 2005.6.24. 2005도2413).

13 법인의 임직원이 법인의 운영에 필요한 자금을 조달하기 위하여 법인의 무자료 거래를 통해 비자금을 조성한 경우 법인에 대한 관계에서 횡령죄가 성립하지 않는다. O | X

해설 대판 2016.8.30. 2013도658

정답 09 O 10 × 11 O 12 × 13 O

14 채무자가 본인 소유의 동산을 채권자에게 동산·채권 등의 담보에 관한 법률에 따른 동산담보로 제공한 경우, 채무자가 담보물을 제3자에게 처분하는 등으로 담보가치를 감소 또는 상실시켜 채권자의 담보권 실행이나 이를 통한 채권 실현에 위험을 초래하더라도 배임죄는 성립하지 않는다. O | X

[해설] 채무자가 금전채무를 담보하기 위하여 그 소유의 동산을 채권자에게 동산·채권 등의 담보에 관한 법률(이하 '동산채권담보법'이라 한다)에 따른 동산담보로 제공함으로써 채권자인 동산담보권자에 대하여 담보물의 담보가치를 유지·보전할 의무 또는 담보물을 타에 처분하거나 멸실, 훼손하는 등으로 담보권 실행에 지장을 초래하는 행위를 하지 않을 의무를 부담하게 되었더라도, 이를 들어 채무자가 통상의 계약에서의 이익대립관계를 넘어서 채권자와의 신임관계에 기초하여 채권자의 사무를 맡아 처리하는 것으로 볼 수 없다. 따라서 이러한 경우 채무자를 배임죄의 주체인 '타인의 사무를 처리하는 자'에 해당한다고 할 수 없고, 그가 담보물을 제3자에게 처분하는 등으로 담보가치를 감소 또는 상실시켜 채권자의 담보권 실행이나 이를 통한 채권실현에 위험을 초래하더라도 배임죄가 성립하지 아니한다(대판 2020.8.27. 2019도14770).

15 초·중등교육법에 정한 학교발전기금으로 기부한 금액은 관련 법령상 엄격히 제한된 용도 외에 학교운영에 필요한 특정 공익적 용도로 수수한 것으로 볼 수 있는 예외적 경우가 아닌 한, 학교운영위원회에 귀속되어 법령에서 정한 사용목적으로만 사용되어야 하고, 정해진 용도 외의 사용행위는 원칙적으로 횡령죄를 구성한다. O | X

[해설] 대판 2014.3.13. 2012도6336

16 부동산을 소유자로부터 명의수탁받은 자가 이를 임의로 처분하였다면 명의신탁자에 대한 횡령죄가 성립하며, 그 명의신탁약정 및 이에 따라 행하여진 등기에 의한 물권변동이 무효라고 하여 달리 볼 것이 아니다. O | X

[해설] 부동산 실권리자명의 등기에 관한 법률을 위반한 양자간 명의신탁의 경우 명의수탁자가 신탁받은 부동산을 임의로 처분하여도 명의신탁자에 대한 관계에서 횡령죄가 성립하지 아니한다. 이러한 법리는 부동산 명의신탁이 부동산 실권리자명의 등기에 관한 법률 시행 전에 이루어졌고 같은 법이 정한 유예기간 이내에 실명등기를 하지 아니함으로써 그 명의신탁약정 및 이에 따라 행하여진 등기에 의한 물권변동이 무효 된 후에 처분행위가 이루어진 경우에도 마찬가지로 적용된다(대판 2021.2.18. 2016도18761 전원합의체).

17 타인 소유의 토지에 관하여 허위의 보증서와 확인서를 발급받아 부동산소유권 이전등기 등에 관한 특별조치법에 따른 소유권이전등기를 임의로 마친 사람은 그 원인무효등기에 따라 토지에 대한 처분권능이 새로이 발생하는 것이 아니므로 토지에 대한 '보관자의 지위'에 있다고 할 수 없다. O | X

[해설] 대판 2021.6.30. 2018도18010

정답 14 O 15 O 16 × 17 O

18 甲이 성명불상자로부터 계좌를 빌려주면 대가를 주겠다는 제안을 받고 자신의 계좌에 연결된 체크카드를 양도하였는데, A가 보이스피싱 사기 범행에 속아 위 계좌로 금원을 송금하여 甲이 보관하던 중 이를 현금으로 인출하여 개인 용도로 사용한 경우, 甲이 사기 범행에 이용되리라는 사정을 알지 못한 채 체크카드를 양도한 것이라면 A에 대한 횡령죄가 성립한다. O I X

해설 대판 2018.8.1. 2018도5255

19 횡령죄는 타인의 재물에 대한 재산범죄로서 재물의 소유권 등 본권을 보호법익으로 하는 범죄이다. 따라서 횡령죄의 객체가 타인의 재물에 속하는 이상 구체적으로 누구의 소유인지는 횡령죄의 성립 여부에 영향이 없다. O I X

해설 대판 2019.12.24. 2019도9773

20 甲 주식회사 대표이사인 피고인이 자신의 채권자 乙에게 차용금에 대한 담보로 甲 회사 명의 정기예금에 질권을 설정하여 주었는데, 그 후 乙이 차용금과 정기예금의 변제기가 모두 도래한 이후 피고인의 동의하에 정기예금계좌에 입금되어 있던 甲 회사자금을 전액 인출하였다면 배임죄와 별도로 횡령죄까지 성립한다. O I X

해설 질권이란 채권자가 채권에 대한 담보로 받은 물건을 채무자가 돈을 갚을 때까지 간직하거나, 돈을 갚지 않을 때는 그 물건으로 우선적으로 변제받을 수 있는 권리이다. 질권자는 질권의 목적이 된 채권(정기예금에 들어 있는 돈)을 직접 청구할 수 있으므로, 피고인의 예금인출 동의행위는 이미 배임행위로서 이루어진 질권설정행위의 사후행위에 불과하여 새로운 법익의 침해를 수반하지 않으므로 불가벌적 사후행위에 해당하고, 별도의 횡령죄를 구성하지 않는다(대판 2012.11.29. 2012도10980).

21 甲은 乙 주식회사에서 재직 중 취득한 乙 회사의 영업비밀에 해당하는 파일들을 乙 회사와 경쟁업체인 丙 주식회사로 이직하면서 유출한 경우 업무상횡령죄가 성립한다. O I X

해설 기업의 영업비밀을 사외로 유출하지 않을 것을 서약한 회사의 직원이 경제적인 대가를 얻기 위하여 경쟁업체에 영업비밀을 유출하는 행위는 피해자와의 신임관계를 저버리는 행위로서 업무상배임죄를 구성한다(대판 1999.3.12. 98도4704).

22 소유권의 취득에 등록이 필요한 차량에 대한 횡령죄에서는 타인의 재물을 보관하는 사람의 지위는 등록에 의하여 차량을 제3자에게 법률상 유효하게 처분할 수 있는 권능 유무에 따라 결정된다. O I X

해설 타인 소유의 차량을 인도받아 보관하고 있는 사람이 이를 사실상 처분하면 횡령죄가 성립하며, 보관위임자나 보관자가 차량의 등록명의자일 필요는 없다(대판 2015.6.25. 2015도1944 전원합의체).

정답 18 O 19 O 20 × 21 × 22 ×

23 횡령죄는 타인의 재물에 관한 소유권 등 본권을 보호법익으로 하는 범죄이므로 본권 침해의 결과가 발생하였을 때 성립하는 이른바 침해범이다. ○ | ×

해설 횡령죄는 다른 사람의 재물에 관한 소유권 등 본권을 그 보호법익으로 하고, 본권이 침해될 위험성이 있으면 그 침해의 결과가 발생되지 아니하더라도 성립하는 이른바 위태범이다(대판 2009.2.12. 2008도10971).

24 현금카드 소유자로부터 일정한 금액의 현금을 인출해 오라는 부탁을 받았으나 위임받은 금액을 초과하여 현금을 인출한 경우에는 그 전체 인출액에 대하여 컴퓨터 등 사용사기죄가 성립한다. ○ | ×

해설 예금주인 현금카드 소유자로부터 일정한 금액의 현금을 인출해 오라는 부탁을 받으면서 이와 함께 현금카드를 건네받은 것을 기화로 그 위임을 받은 금액을 초과하여 현금을 인출하는 방법으로 그 차액 상당을 위법하게 이득할 의사로 현금자동지급기에 그 초과된 금액이 인출되도록 입력하여 그 초과된 금액의 현금을 인출한 경우에는 그 인출된 현금에 대한 점유를 취득함으로써 이 때에 그 인출한 현금 총액 중 인출을 위임받은 금액을 넘는 부분의 비율에 상당하는 재산상 이익을 취득한 것으로 볼 수 있으므로 이러한 행위는 그 차액 상당액에 관하여 형법 제347조의2(컴퓨터 등 사용사기)에 규정된 '컴퓨터 등 정보처리장치에 권한 없이 정보를 입력하여 정보처리를 하게 함으로써 재산상의 이익을 취득'하는 행위로서 컴퓨터 등 사용사기죄에 해당된다(대판 2006.3.24. 2005도3516).

정답 **23** × **24** ×

Theme 26 / 배임죄

관련조문

형법 제355조(배임)
② 타인의 사무를 처리하는 자가 그 임무에 위배하는 행위로써 재산상의 이익을 취득하거나 제삼자로 하여금 이를 취득하게 하여 본인에게 손해를 가한 때에도 전항의 형과 같다.

배임죄의 본질

구분	권한남용설	배신설(통설·판례)
의의	타인의 재산을 처분할 수 있는 권한, 즉 대리권이 있는 자가 그 권한을 남용하여 타인에게 재산상 손해를 가하는 데 배임죄의 본질이 있다는 견해이다.	신의성실의 의무에 대한 위배 내지 신임관계의 침해에 배임죄의 본질이 있다는 견해이다.
내용	이 견해에 의하면 배임행위는 법률행위에 제한되며 대리권 없는 법률행위는 물론, 순수한 사실행위에 의한 배임을 부정함으로써 배임죄의 범위를 지나치게 좁게 하는 결점이 있다.	이 견해에 의하면 배임죄는 대외관계에 있어 대리권의 존재를 요하지 않고, 배임행위는 반드시 법률행위에 제한되지 않는다.

핵심지문 OX Quiz

배임죄의 본질

배임죄에 있어서 타인의 사무를 처리하는 자라 함은 양자 간의 신임관계에 기초를 둔 타인의 재산보호 내지 관리의무가 있음을 그 본질적 내용으로 하는 것이므로, 배임죄의 성립에 있어 행위자가 대외관계에서 타인의 재산을 처분할 적법한 대리권이 있음을 요하지 아니한다. O | X

해설 대판 1999.9.17. 97도3219

정답 O

핵심지문 OX Quiz

01 질권설정자가 타인에 대한 채무의 담보로 제3채무자에 대한 채권에 대하여 권리질권을 설정하면서 제3채무자에게 질권설정의 사실을 통지한 때에는, 질권설정자가 질권자의 동의 없이 제3채무자에게서 질권의 목적인 채권의 변제를 받았다 하더라도 배임죄가 성립하지 않는다. O | X

해설 대판 2016.4.29. 2015도5665

02 채무자가 금전채무를 담보하기 위하여 그 소유의 동산을 채권자에게 양도담보로 제공함으로써 채권자인 양도담보권자에 대하여 담보물의 담보가치를 유지·보전할 의무 내지 담보물을 타에 처분하거나 멸실, 훼손하는 등으로 담보권 실행에 지장을 초래하는 행위를 하지 않을 의무를 부담하게 되었더라도, 이를 들어 채무자가 통상의 계약에서의 이익대립관계를 넘어서 채권자와의 신임관계에 기초하여 채권자의 사무를 맡아 처리하는 것으로 볼 수 없다. 따라서 채무자 甲은 배임죄의 주체인 '타인의 사무를 처리하는 자'에 해당한다고 할 수 없다. O | X

해설 대판 2020.2.20. 2019도9756 전원합의체

03 채무자가 금전채무를 담보하기 위한 저당권설정계약에 따라 채권자에게 그 소유의 부동산에 관하여 저당권을 설정할 의무를 부담하게 된 경우에 채무자가 제3자에게 먼저 담보물에 관한 저당권을 설정하거나 담보물을 양도하는 등으로 담보가치를 감소 또는 상실시켜 채권자의 채권 실현에 위험을 초래하는 경우에는 배임죄가 성립한다. O | X

해설 채무자가 금전채무를 담보하기 위한 저당권설정계약에 따라 채권자에게 그 소유의 부동산에 관하여 저당권을 설정할 의무를 부담하게 되었다고 하더라도, 이를 들어 채무자가 통상의 계약에서 이루어지는 이익대립관계를 넘어서 채권자와의 신임관계에 기초하여 채권자의 사무를 맡아 처리하는 것으로 볼 수 없다. 채무자가 저당권설정계약에 따라 채권자에 대하여 부담하는 저당권을 설정할 의무는 계약에 따라 부담하게 된 <u>채무자 자신의 의무이다</u>. 채무자가 위와 같은 의무를 이행하는 것은 채무자 자신의 사무에 해당할 뿐이므로, 채무자를 채권자에 대한 관계에서 '타인의 사무를 처리하는 자'라고 할 수 없다. 따라서 채무자가 제3자에게 먼저 담보물에 관한 저당권을 설정하거나 담보물을 양도하는 등으로 담보가치를 감소 또는 상실시켜 채권자의 채권 실현에 위험을 초래하더라도 배임죄가 성립한다고 할 수 없다(대판 2020.7.9. 2015도3820).

04 피해자는 자금만 투자하고 피고인은 공사 시공 및 일체의 거래행위를 담당하는 내용의 동업계약을 체결하였다가 위 계약이 종료되었는데, 그 정산과정에서 피고인이 임의로 제3자에 대하여 채권양도행위를 한 경우 배임죄가 성립하지 않는다. O | X

해설 위 사안은 익명조합과 유사하다. 동업자 甲은 자금만 투자하고 동업자 乙은 노무와 설비를 투자하여 공사를 수급하여 시공하고 그 대금 등을 추심하는 등 일체의 거래행위를 담당하면서 그 이익을 나누어 갖기로 하는 내용의 동업계약이 체결되었다가 그 계약이 종료된 경우, 위 공사 시공 등 일체의 행위를 담당하였던 乙(피고인)이 자금만을 투자한 甲에게 투자금원을 반환하고 또 이익 또는 손해를 부담시키는 내용의 정산의무나 그 정산과정에서 행하는 채권의 추심과 채무의 변제 등의 행위는 <u>모두 乙 자신의 사무이지 자금을 투자한 甲을 위하여 하는 타인의 사무라고 볼 수는 없다</u>. 따라서 乙의 제3자에 대한 채권양도행위를 배임죄에 있어서 타인의 사무를 처리하는 자로서의 임무위배행위라고 할 수 없다(대판 1992.4.14. 91도2390).

정답 01 O 02 O 03 × 04 O

05 특정경제범죄 가중처벌 등에 관한 법률 제3조 제1항에 의하면 횡령죄로 취득한 재물의 가액, 즉 이득액이 5억 원 이상인 때에는 가중처벌되는데, 여기서 말하는 '이득액'은 단순일죄의 이득액 혹은 포괄일죄가 성립되는 경우 그 이득액의 합산액, 또는 경합범으로 처벌될 수죄에서 그 이득액을 합산한 금액을 의미한다. O | X

해설 특정경제범죄 가중처벌 등에 관한 법률 제3조 제1항에 정한 이득액은 단순일죄의 이득액이나 혹은 포괄일죄가 성립되는 경우의 이득액의 합산액을 의미하는 것이지 경합범으로 처벌될 수죄에 있어서 그 이득액을 합한 금액을 말한다고 볼 수는 없다(대판 2014.2.27. 2013도12155).

06 어음의 할인을 위하여 배서양도의 형식으로 약속어음을 교부받은 자가 이를 자신의 채무변제에 충당한 경우, 이는 위탁의 취지에 반하는 것으로 횡령죄가 성립한다. O | X

해설 약속어음을 할인을 위하여 교부받은 수탁자는 위탁의 취지에 따라 보관하는 것에 불과하고 위 약속어음을 교부할 당시에 그 할인의 편의를 위하여 배서양도의 형식을 취하였다 하더라도 다를 바 없다 할 것이므로 배서양도의 형식으로 위탁된 약속어음을 수탁자가 자신의 채무변제에 충당하였다면 이와 같은 수탁자의 행위는 위탁의 취지에 반하는 것으로서 횡령죄를 구성한다(대판 1983.4.26. 82도3079).

07 권리이전에 등기·등록을 요하는 자동차에 대한 매매계약에 있어 매도인은 매수인에 대하여 그의 사무를 처리하는 자의 지위에 있으므로, 매도인이 매수인에게 소유권이전등록을 하지 아니하고 제3자에게 처분하였다면 배임죄가 성립한다. O | X

해설 동산매매계약에서의 매도인은 매수인에 대하여 그의 사무를 처리하는 지위에 있지 아니하므로, 매도인이 목적물을 타에 처분하였다 하더라도 형법상 배임죄가 성립하지 아니한다. 위와 같은 법리는 권리이전에 등기·등록을 요하는 동산에 대한 매매계약에서도 동일하게 적용되므로, 자동차 등의 매도인은 매수인에 대하여 그의 사무를 처리하는 지위에 있지 아니하므로, 매도인이 매수인에게 소유권이전등록을 하지 아니하고 타에 처분하였다고 하더라도 마찬가지로 배임죄가 성립하지 아니한다(대판 2020.10.22. 2020도6258 전원합의체).

08 채무자가 금전채무에 대한 담보로 부동산에 관하여 양도담보설정계약을 체결하고 이에 따라 채권자에게 소유권이전등기를 해 줄 의무가 있음에도 제3자에게 그 부동산을 처분한 경우에도 배임죄는 성립하지 아니한다. O | X

해설 대판 2020.6.18. 2019도14340 전원합의체

09 피고인이 알 수 없는 경위로 甲의 특정 거래소 가상지갑에 들어 있던 비트코인을 자신의 계정으로 이체받은 후 이를 자신의 다른 계정으로 이체하여 재산상 이익을 취득하고 甲에게 손해를 가하였다 하더라도 배임죄는 성립하지 아니한다. O | X

해설 가상자산권리자의 착오나 가상자산 운영 시스템의 오류 등으로 법률상 원인관계 없이 다른 사람의 가상자산 전자지갑에 가상자산이 이체된 경우, 가상자산을 이체받은 자는 가상자산의 권리자 등에 대한 부당이득반환의무를 부담하게 될 수 있다. 그러나 이는 당사자 사이의 민사상 채무에 지나지 않고 이러한 사정만으로 가상자산을 이체받은 사람이 신임관계에 기초하여 가상자산을 보존하거나 관리하는 지위에 있다고 볼 수 없다(대판 2021.12.16. 2020도9789).

정답 **05** × **06** O **07** × **08** O **09** O

10 부동산 매도인인 피고인이 매수인 甲 등과 매매계약을 체결하고 甲 등으로부터 계약금과 중도금을 지급받은 후 매매목적물인 부동산을 제3자 乙 등에게 이중으로 매도하고 소유권이전등기를 마쳐준 경우에 甲 등과의 신임관계를 저버리는 임무위배행위로서 배임죄가 성립한다. ○ⅠX

해설 대판 2020.6.18. 2019도14340 전원합의체

11 채무자가 제3자에 대한 저당권설정으로 담보가치를 감소 또는 상실시켜 채권자의 채권 실현에 위험을 초래하더라도 배임죄가 성립하지 않는다. ○ⅠX

해설 대판 2020.11.26. 2020도10862

12 채무자가 투자금반환채무의 변제를 위하여 담보로 제공한 임차권 등의 권리를 그대로 유지할 계약상 의무가 있다고 하더라도, 이는 기본적으로 투자금반환채무의 변제의 방법에 관한 것이고, 성실한 이행에 의하여 채권자가 계약상 권리의 만족이라는 이익을 얻는다고 하여도 이를 가지고 통상의 계약에서의 이익대립관계를 넘어서 배임죄에서 말하는 신임관계에 기초하여 채권자의 재산을 보호 또는 관리하여야 하는 '타인의 사무'에 해당한다고 볼 수 없다. ○ⅠX

해설 대판 2015.3.26. 2015도1301

13 배임죄에 있어서 '재산상의 손해를 가한 때'라 함은, 재산상의 현실적인 손해를 발생하게 한 경우뿐만 아니라 현실적인 손해발생의 위험을 생기게 한 경우도 포함하므로, 일반경쟁입찰에 의해 체결하여야 할 공사도급계약을 수의계약에 의하여 체결하였다면 수의계약에 의한 공사대금이 적정한 공사대금의 수준을 벗어나 부당하게 과대하여 일반경쟁입찰에 의해 공사도급계약을 체결할 경우 예상되는 공사대금의 범위를 벗어난 것이 아닐지라도 재산상 손해를 가한 때에 해당한다. ○ⅠX

해설 배임죄에 있어서 '재산상의 손해를 가한 때'라 함은, 재산상의 현실적인 손해를 발생하게 한 경우뿐만 아니라 현실적인 손해발생의 위험을 생기게 한 경우도 포함하지만 이는 경제적인 관점에서 본인의 재산상태를 평가하여 피고인의 행위에 의하여 본인의 재산가치가 감소하거나 증가하여야 할 가치가 증가하지 아니한 때를 말하므로, 일반경쟁입찰에 의하여 체결하여야 할 공사도급계약을 수의계약에 의하여 체결하였다 하더라도 수의계약에 의한 공사대금이 적정한 공사대금의 수준을 벗어나 부당하게 과대하여 일반경쟁입찰에 의하여 공사도급계약을 체결할 경우 예상되는 공사대금의 범위를 벗어난 것이 아니라면 재산상의 손해를 가한 때에 해당한다고 할 수 없다(대판 2005.3.25. 2004도5731).

14 A신용협동조합의 이사장 甲이 자신의 부동산을 A에게 매도하여 유동성의 장애를 발생시킨 경우, A에게는 재산상 손해가 없으므로 업무상배임죄가 성립하지 않는다. ○ⅠX

해설 부동산과 현금은 가치가 다르므로(현금이 가치가 큼) A신용협동조합의 이사장 甲이 자신의 부동산을 A에게 매도하여 (조합의 자본금을 현저히 초과하는 액수의 건물을 매입함으로써 받을 채권이 소멸되고 오히려 채무를 부담하게 되어 그만큼 조합의 자금을 그 본래의 목적인 금융업무에 사용할 수 없게 되는) 유동성의 장애를 발생시킨 경우, A에게는 재산상 손해가 발생했으므로 업무상배임죄가 성립한다(2013.1.24. 2012도10629).

정답 10 ○ 11 ○ 12 ○ 13 × 14 ×

15 새마을금고 임·직원이 동일인 대출한도 제한규정을 위반하여 초과대출행위를 하였더라도 대출채권 회수에 문제가 없는 것으로 판단되는 경우라면 업무상배임죄가 성립하지 않는다. O | X

해설 대판 2008.6.19. 2006도4876 전원합의체

16 회사의 대표이사가 회사가 속한 재벌그룹의 前 회장이 부담하여야 할 원천징수소득세의 납부를 위하여 채권 확보에 필요한 조치를 취하지 아니한 채 다른 회사에 회사자금을 대여한 경우에는 업무상배임죄가 성립한다. O | X

해설 대판 2010.10.28. 2009도1149

17 부동산매매계약에 있어 매도인이 매수인으로부터 계약금과 중도금을 지급받아 매수인의 재산보전에 협력할 의무를 부담하게 되었더라도, 매도인은 통상의 계약에서의 이익대립관계를 넘어 배임죄에서 말하는 신임관계에 기초한 '타인의 사무를 처리하는 자'의 지위에 있다고 할 수는 없다. O | X

해설 부동산매매계약에서 계약금 외에 중도금이 지급되는 등 계약이 본격적으로 이행되는 단계에 이른 때에는 계약이 취소되거나 해제되지 않는 한 매도인은 매수인에게 부동산의 소유권을 이전해 줄 의무에서 벗어날 수 없으므로, 이러한 단계에 이른 때에 매도인은 매수인에 대하여 매수인의 재산보전에 협력하여 재산적 이익을 보호·관리할 신임관계에 있게 된다. 그때부터 매도인은 배임죄에서 말하는 '타인의 사무를 처리하는 자'에 해당한다고 보아야 한다(대판 2020.6.18. 2019도14340 전원합의체).

18 학교법인의 이사장 또는 사립학교 경영자가 학교법인 운영권을 양도하고 양수인으로부터 양수인 측을 학교법인의 임원으로 선임해 주는 대가로 양도대금을 받기로 하는 내용의 청탁을 받았다 하더라도, 특별한 사정이 없는 한 그 청탁을 배임수재죄의 구성요건인 '부정한 청탁'에 해당한다고 할 수 없다. O | X

해설 대판 2014.1.23. 2013도11735

19 직무발명에 대한 권리를 사용자 등에게 승계한다는 취지를 정한 약정 또는 근무규정의 적용을 받는 종업원 A가 직무발명의 완성사실을 사용자 등에게 통지하지 아니한 채 그에 대한 특허를 받을 수 있는 권리를 제3자에게 이중으로 양도하여 제3자가 특허권 등록까지 마치도록 하는 등으로 발명의 내용이 공개되도록 한 경우 배임죄가 성립한다. O | X

해설 직무발명에 대한 특허를 받을 수 있는 권리 등을 사용자 등에게 승계한다는 취지를 정한 약정 또는 근무규정의 적용을 받는 종업원 등은 사용자 등이 이를 승계하지 아니하기로 확정되기 전까지는 임의로 위와 같은 승계약정 또는 근무규정의 구속에서 벗어날 수 없는 상태에 있는 것이어서, 종업원 등이 그 발명의 내용에 관한 비밀을 유지한 채 사용자 등의 특허권 등 권리의 취득에 협력하여야 할 의무는 자기 사무의 처리라는 측면과 아울러 상대방의 재산보전에 협력하는 타인 사무의 처리라는 성격을 동시에 가지게 되므로, 이러한 경우 종업원 등은 배임죄의 주체인 '타인의 사무를 처리하는 자'의 지위에 있다고 할 것이다. 따라서 위와 같은 지위에 있는 종업원 등이 임무를 위반하여 직무발명을 완성하고도 그 사실을 사용자 등에게 알리지 않은 채 그 발명에 대한 특허를 받을 수 있는 권리를 제3자에게 이중으로 양도하여 제3자가 특허권 등록까지 마치도록 하는 등으로 그 발명의 내용이 공개되도록 하였다면, 이는 사용자 등에게 손해를 가하는 행위로서 배임죄를 구성한다(대판 2012.11.15. 2012도6676).

정답 15 O 16 O 17 × 18 O 19 O

20 피고인이 자신의 모(母) 명의를 빌려 자동차를 매수하면서 피해자 甲 주식회사에서 필요한 자금을 대출받고 자동차에 저당권을 설정하였는데, 저당권자인 甲 회사의 동의 없이 이를 성명불상의 제3자에게 양도담보로 제공하였다면 피고인의 행위는 배임죄가 성립하지 않는다. O | X

해설 동산매매계약에서의 매도인은 매수인에 대하여 그의 사무를 처리하는 지위에 있지 아니하므로, 매도인이 목적물을 타에 처분하였다 하더라도 형법상 배임죄가 성립하지 아니한다. 위와 같은 법리는 권리이전에 등기·등록을 요하는 동산에 대한 매매계약에서도 동일하게 적용되므로, 자동차 등의 매도인은 매수인에 대하여 그의 사무를 처리하는 지위에 있지 아니하여, 매도인이 매수인에게 소유권이전등록을 하지 아니하고 타에 처분하였다고 하더라도 마찬가지로 배임죄가 성립하지 아니한다(대판 2020.10.22. 2020도6258 전원합의체).

21 업무상배임죄는 부작위에 의해서도 성립할 수 있는데, 이때 행위자는 부작위 당시 자신에게 주어진 임무를 위반한다는 점만 인식하면 족하고, 그 부작위로 인해 손해가 발생할 위험이 있다는 점을 인식할 필요는 없다. O | X

해설 업무상배임죄는 타인과의 신뢰관계에서 일정한 임무에 따라 사무를 처리할 법적 의무가 있는 자가 그 상황에서 당연히 할 것이 법적으로 요구되는 행위를 하지 않는 부작위에 의해서도 성립할 수 있다. 그러한 부작위를 실행의 착수로 볼 수 있기 위해서는 작위의무가 이행되지 않으면 사무처리의 임무를 부여한 사람이 재산권을 행사할 수 없으리라고 객관적으로 예견되는 등으로 구성요건적 결과 발생의 위험이 구체화한 상황에서 부작위가 이루어져야 한다. 그리고 행위자는 부작위 당시 자신에게 주어진 임무를 위반한다는 점과 그 부작위로 인해 손해가 발생할 위험이 있다는 점을 인식하여야 한다(대판 2021.5.27. 2020도15529).

22 피해자는 제1순위의 근저당권이 설정될 것으로 알고 금원을 대여하고 그런 내용의 근저당권설정에 관한 문서작성을 위촉하였는데도 불구하고 피고인이 후순위인 제2 내지 제3번의 근저당권설정에 관한 문서를 작성하여 그에 따른 신청으로 등기를 경료한 경우, 배임죄가 성립하지 않는다. O | X

해설 저당권 내지 근저당권의 순위는 저당물건의 가액으로부터 어느 저당권이 우선하여 변제를 받을 수 있는가 하는 재산상의 이해에 관하여 우열을 정하는 것이므로 피해자가 제1순위의 근저당권이 설정될 것으로 알고 금원을 대여하고 그런 내용의 근저당권설정에 관한 문서작성을 위촉하였는데도 불구하고 피고인이 후순위인 제2 내지 제3번의 근저당권설정에 관한 문서를 작성하여 그에 따른 신청으로 등기가 경료되었다면 이는 피해자에게 손해를 가하였다고 볼 것이다(대판 1982.11.9. 81도2501).

23 피해자 회사의 사업부 영업팀장인 피고인이 체인점들에 대한 전매입고 금액을 삭제하여 전산상 회사의 체인점들에 대한 외상대금채권이 줄어든 것으로 처리하는 전산조작행위를 한 경우, 업무상배임죄가 성립한다. O | X

해설 피고인의 위 전산조작행위로 인하여 회사의 외상대금채권 행사가 곤란하게 되는 상태가 조성된 것은 사실이라 할 것이나, 회사의 체인점들에 대한 외상대금채권 행사가 사실상 불가능해지거나 또는 현저히 곤란하게 된다고 할 수는 없을 것이므로 회사에게 재산상 실해발생의 위험이 생기는 것도 아니라 할 것이다(대판 2006.7.27. 2006도3145).

정답 20 O 21 × 22 × 23 ×

24 회사 대표이사가 제3자의 채무를 담보하기 위하여 회사 명의의 백지약속어음을 제공하는 배임행위를 한 후 이를 회수하는 대신 보다 법적 효력이 더 확실한 채무보증을 위해 다른 회사가 발행한 새로운 약속어음을 배서·교부하는 등 동일 채무를 위해 기존의 담보방법을 새로운 담보방법으로 교체하는 경우, 새로 제공하는 담보물의 가치와 기존 담보물의 가치를 비교할 필요 없이 회사에 새로운 손해발생의 위험이 발생하였다고 볼 수 있으므로 배임죄가 성립한다. ○ | ×

> [해설] 회사의 대표이사가 제3자의 채무를 담보하기 위하여 회사 명의의 백지약속어음을 제공하는 배임행위를 한 후 법적 효력이 더 확실한 채무보증을 위해 이를 회수하고 대신 다른 회사가 발행한 새로운 약속어음을 배서·교부한 사안에서, 선행 담보제공행위로 백지약속어음을 제공할 때 이미 회사에 그 피담보채무액 상당의 손해발생위험이 발생하였고, 경제적인 관점에서 볼 때 전후의 담보제공에 의해 발생하는 손해발생의 위험성은 결국 동일하므로, 위 담보교체행위로 선행 담보제공으로 인한 기존의 위험과는 별개로 회사에 새로운 손해발생의 위험을 초래하였다고 보기 어렵다(대판 2008.5.8. 2008도484).

25 구 국토이용관리법상의 규제구역 내 토지의 매도인은 토지거래허가절차에 협력할 의무가 있으므로 토지거래허가를 받기 전에 이를 제3자에게 이중으로 양도한 후 토지거래허가를 받고 그 제3자에게 소유권이전등기까지 마쳐 주었다면 최초 매수인에 대하여 배임죄의 죄책을 진다. ○ | ×

> [해설] 국토이용관리법 소정의 규제지역 내 토지의 매매에 대하여 토지거래허가를 받은 바 없다면 그 매매계약은 채권적 효력도 없는 것이어서 매도인에게 그 매수인에 대한 소유권이전등기에 협력할 의무가 생겼다고 볼 수 없고 따라서 매도인은 배임죄의 주체인 타인의 사무를 처리하는 자에 해당하지 아니하며, 매도인이 토지거래허가를 받도록 협력할 의무가 있다 하더라도 이는 아직 타인의 사무로 볼 수 없다(대판 1995.1.20. 94도697).

26 비상장법인의 대표이사가 주식의 시가보다 현저히 낮은 금액을 전환가액으로 한 전환사채를 지분 비율에 따라 인수할 기회를 주주들에게 주었음에도 불구하고 주주들이 인수를 포기하자 그 전환사채를 제3자에게 동일한 발행조건으로 배정하여 발행한 경우, 업무상배임죄가 성립한다. ○ | ×

> [해설] 주식은 회사의 지분을 팔아서 이익을 분배받는 것이고, 사채는 돈을 빌리고 이자를 지급한다. 전환사채란 사채를 빌리면서 그 사채를 주식으로 바꿀 수 있는 권리를 주는 것을 말한다. 대표이사가 주식의 시가보다 현저히 낮은 금액을 전환가액으로 한 전환사채를 지분비율에 따라 인수할 기회를 주주들에게 주었는데 주주들이 포기하자 제3자에게 같은 조건으로 발행했다고 해서 이사가 회사에 대한 관계에서 어떠한 임무에 위배하여 손해를 끼쳤다고 볼 수 없다. 따라서 업무상배임죄가 성립하지 않는다(대판 2009.5.29. 2007도4949 전원합의체).

27 甲회사 대표이사인 피고인이 주주총회 의사록을 허위로 작성하고 이를 근거로 임직원들과 주식매수선택권부여계약을 체결하고 이후 주식의 실질가치에 미달하는 금액만을 받고 신주를 발행해 준 사안에서, 피고인의 업무상배임죄는 위 주식매수선택권부여계약을 체결한 시점에서 기수에 이른다고 보아야 하므로 따라서 공소시효도 위 계약체결시부터 진행한다. ○ | ×

정답 24 × 25 × 26 × 27 ×

해설 [1] 형법 제355조 제2항의 배임죄 또는 형법 제356조의 업무상배임죄는 임무에 위배되는 행위로 재산상 이익을 취득하거나 제3자로 하여금 취득하게 하여 본인에게 손해를 가한 때에 성립하는 범죄인데, 이때 본인에게 재산상의 손해를 가한 것이란 본인의 전체적 재산가치가 감소됨을 가리키는 것으로서 본인에게 현실적인 손해를 입힌 경우뿐만 아니라 재산상 실해발생의 위험을 초래한 경우도 포함한다. 그리고 위와 같은 재산상 손해의 유무는 법률적 판단에 의하지 아니하고 경제적 관점에서 파악하여야 하나, 회사의 대표이사가 회사 명의로 체결한 계약이 관련 법령이나 정관에 위배되어 법률상 효력이 없는 경우에는 그로 인하여 회사가 계약 상대방에게 민법상 불법행위책임을 부담하게 되는 등 특별한 사정이 없는 한 계약의 체결행위만으로 회사에 현실적인 손해가 발생하거나 재산상 실해발생의 위험이 초래되었다고 할 수 없어서, 그것만으로 배임죄 구성요건이 모두 충족되어 범행이 기수에 이르렀거나 범행이 종료되었다고 볼 수 없다.
[2] 상법과 정관에 위배되어 법률상 무효인 계약을 체결한 것만으로는 업무상배임죄 구성요건이 완성되거나 범행이 종료되었다고 볼 수 없고, 임직원들이 이후 계약에 기초하여 甲 회사에 주식매수선택권을 행사하고, 피고인이 이에 호응하여 주식의 실질가치에 미달하는 금액만을 받고 신주를 발행해 줌으로써 비로소 甲 회사에 현실적 손해가 발생하거나 그러한 실해발생의 위험이 초래되었다고 볼 수 있으므로, 피고인에 대한 업무상배임죄는 피고인이 의도한 배임행위가 모두 실행된 때로서 최종적으로 주식매수선택권이 행사되고 그에 따라 신주가 발행된 시점에 종료되었다고 보아야 하고 이때부터 공소시효가 진행한다(대판 2011.11.24. 2010도11394).

28 동일인 대출한도 초과대출행위로 인하여 상호저축은행에 손해를 가함으로써 상호저축은행법 위반죄와 업무상배임죄가 모두 성립한 경우, 위 두 죄는 실체적 경합관계에 있다. O | X

해설 동일인 대출한도 초과대출행위로 인하여 상호저축은행에 손해를 가함으로써 상호저축은행법 위반죄와 업무상배임죄가 모두 성립한 경우, 위 두 죄는 형법 제40조에서 정한 상상적 경합관계에 있다(대판 2012.6.28. 2012도2087).

29 회사의 대표이사가 대표권을 남용하여 회사 명의의 약속어음을 발행한 사실을 상대방이 알았거나 알 수 있었을 때에 해당하여 약속어음 발행이 무효가 되고 그 어음이 실제로 유통되지도 않았다면, 특별한 사정이 없는 한 배임죄의 기수범이 아니라 배임미수죄로 처벌되어야 한다. O | X

📖 비교판례

배임죄에서 '재산상 손해를 가한 때'에는 '재산상 손해발생의 위험을 초래한 경우'도 포함되는 것이므로, 법인의 대표이사 甲이 회사의 이익이 아닌 자기 또는 제3자의 이익을 도모할 목적으로 권한을 남용하여 회사 명의의 금전소비대차 공정증서를 작성하여 법인 명의의 채무를 부담한 경우에는 상대방이 대표이사의 진의를 알았거나 알 수 있었다고 할지라도 배임죄가 성립한다. O | X

해설 배임죄에서 '재산상 손해를 가한 때'에는 현실적인 손해를 가한 경우뿐만 아니라 재산상 실해발생의 위험을 초래한 경우도 포함되나, 그러한 손해발생의 위험조차 초래되지 아니한 경우에는 배임죄가 성립하지 아니한다. 주식회사의 대표이사 등이 회사의 이익을 위해서가 아니라 자기 또는 제3자의 이익을 도모할 목적으로 대표권을 남용한 경우에 상대방들도 피고인이 甲 회사의 이익과 관계없이 자기 또는 제3자의 이익을 도모할 목적으로 공정증서를 작성해 준다는 것을 알았거나 충분히 알 수 있었으므로 모두 무효이고, 그로 인하여 甲 회사에 재산상 손해가 발생하였다거나 재산상 실해발생의 위험이 초래되었다고 볼 수 없다(대판 2012.5.24. 2012도2142). 정답 ×

정답 28 × 29 O

30 배임수증재죄의 제3자에는 다른 특별한 사정이 없는 한 사무처리를 위임한 타인은 포함되지 않는다. ○ | ×

해설 홍보성 기사 작성을 청탁받고 소속 신문사로 계좌입금한 경우 배임수재죄는 성립하지 않는다. 왜냐하면 사무처리를 위임한 타인은 제3자에 해당하지 않기 때문이다(대판 2021.9.30. 2019도17102).

31 본인에게 재산상의 손해를 발생시켰는가의 여부는 배임수재죄의 성립에는 영향이 없다. ○ | ×

해설 대판 1983.12.13. 82도735

32 부정한 청탁을 받고 나서 사후에 재물 또는 재산상 이익을 취득하였다면 재물 또는 재산상 이익이 청탁의 대가이더라도 배임수재죄가 성립하지 아니한다. ○ | ×

해설 부정한 청탁을 받고 나서 사후에 재물 또는 재산상의 이익을 취득하였다고 하더라도 재물 또는 재산상의 이익이 청탁의 대가인 이상 배임수재죄가 성립되며, 또한 부정한 청탁의 결과로 상대방이 얻은 재물 또는 재산상 이익의 일부를 상대방으로부터 청탁의 대가로 취득한 경우에도 마찬가지이다(대판 2013.11.14. 2011도11174).

정답 30 ○ 31 ○ 32 ×

Theme 27 / 장물죄

> **관련조문**
>
> 형법 제362조(장물의 취득, 알선 등)
> ① 장물을 취득, 양도, 운반 또는 보관한 자는 7년 이하의 징역 또는 1천500만 원 이하의 벌금에 처한다.
> ② 전항의 행위를 알선한 자도 전항의 형과 같다.

본질

(1) 추구권설(판례)

본범(재산범죄)의 피해자가 점유를 상실한 장물(재물)에 대하여 사법상의 추구·회복을 곤란하게 하는 데 장물죄의 본질이 있다는 견해이다. 장물범의 성립에 장물범과 본범의 합의는 필요하지 않으며, 추구권(반환청구권)이 없는 경우(예 불법원인급여물, 시효가 완성된 물건, 연쇄장물 등)에는 장물성이 상실된다고 한다.

(2) 유지설

본범(재산범죄로 한정하지 않는다. 즉, 수뢰죄의 경우에도 본범으로 인정한다)에 의하여 이루어진 위법한 재산상태를 본범과 합의하에 유지·존속케 하는 데 장물죄의 본질이 있다는 견해이다. 장물죄의 성립에 본범과 장물범과의 합의를 요하며, 불법원인급여의 경우에도 장물죄의 성립이 인정된다고 한다.

(3) 공범설

본범이 취득한 범죄적 이익에 관여(참여·가담)하는 데 장물죄의 본질이 있다는 견해이다. 이 학설은 이득의사를 중요시하므로 양도, 운반, 보관을 설명하기 어렵다.

(4) 결합설

① 장물죄의 본질이 피해자의 반환청구권의 행사를 곤란하게 하는 것과 위법한 재산상태를 유지하는 것에 있다고 하는 학설이다(다수설). 판례도 결합설의 입장에 선 것이 있다.
② 결합설에 의하면 ㉠선의취득, 가공 등으로 피해자가 반환청구할 수 없는 것은 장물성을 상실하고, ㉡연쇄장물은 장물죄가 본범에 해당하므로 장물성을 인정한다. 그러나 ㉢불법원인급여물과 대장물에 대해서는 견해가 나뉘고 있다.

문 01 장물에 관한 죄에 대한 설명 중 옳은 것을 모두 고른 것은?

㉠ 장물죄의 본질에 관한 추구권설과 유지설 모두 불법원인급여물에 대하여 장물성을 인정한다.
㉡ 장물죄의 본질에 관한 유지설은 장물양도를 장물죄에 포함시킬 수 없다는 비판을 받는다.
㉢ 장물죄의 본질에 관한 추구권설은 장물죄의 성립에 본범과 장물범의 합의를 요건으로 한다.
㉣ 장물죄에는 형법 제346조(동력)가 준용되지 않지만, 판례는 '관리할 수 있는 동력'도 장물이 될 수 있다고 한다.
㉤ 형법은 업무상 과실에 의한 장물죄만 처벌하고 중과실이나 보통과실에 의한 장물죄는 처벌하지 않는다.

① ㉠, ㉡
② ㉡, ㉣
③ ㉠, ㉢, ㉣
④ ㉡, ㉢, ㉣
⑤ ㉡, ㉣, ㉤

해설
㉠ (×) 장물죄의 본질에 관하여 추구권설과 유지설이 대립하는데, 추구권설은 장물죄를 피해자의 입장에서 재산추구를 곤란하게 한다는 점을 장물죄의 본질로 본다. 반면, 유지설은 범인들의 입장에서 본범과 합의하에 불법이 유지된다는 점을 장물죄의 본질로 본다. 따라서 추구권설에 의하면 사법상 추구권이 없으면 장물성이 상실되므로, 민법상 반환청구권이 인정되지 않는 불법원인급여물은 장물이 아니다.
㉡ (○) 유지설은 장물죄의 성립에 본범과의 합의가 전제되어야 하므로 모르고 받아서 알고 넘기는 양도는 장물죄가 될 수 없다.
㉢ (×) 장물죄의 성립에 본범과 장물범 간의 합의가 필요하다고 보는 학설은 유지설이다.
㉣ (○) 장물이란, 재산죄로 인하여 얻어진 재물(관리할 수 있는 동력도 포함된다)을 말하는 것으로서 영득된 재물자체를 두고 말한다(대판 1972.6.13. 72도971).
㉤ (×) 업무상 과실 또는 중대한 과실로 인하여 장물죄를 범한 경우를 처벌하고 있다(형법 제364조).

정답 ②

Theme 28 / 권리행사방해죄

관련조문

형법 제323조(권리행사방해)
타인의 점유 또는 권리의 목적이 된 자기의 물건 또는 전자기록 등 특수매체기록을 취거, 은닉 또는 손괴하여 타인의 권리행사를 방해한 자는 5년 이하의 징역 또는 700만 원 이하의 벌금에 처한다.

핵심지문 OX Quiz

01 무효인 경매절차에서 경매목적물을 경락받아 이를 점유하고 있는 낙찰자의 점유는 동시이행항변권이 있더라도 적법한 점유가 아니므로 그 점유자는 권리행사방해죄에 있어서의 타인의 물건을 점유하고 있는 자라고 할 수 없다. ○ | ×

> [해설] 형법 제323조의 권리행사방해죄에 있어서의 타인의 점유라 함은 권원으로 인한 점유, 즉 정당한 원인에 기하여 그 물건을 점유하는 권리있는 점유를 의미하는 것으로서 본권을 갖지 아니한 절도범인의 점유는 여기에 해당하지 아니하나, 반드시 본권에 의한 점유만에 한하지 아니하고 동시이행항변권 등에 기한 점유와 같은 적법한 점유도 여기에 해당한다. 이러한 법리는 경매절차가 무효로 된 경우에도 마찬가지라고 할 것이므로 무효인 경매절차에서 경매목적물을 경락받아 이를 점유하고 있는 낙찰자의 점유는 적법한 점유로서 그 점유자는 권리행사방해죄에 있어서의 타인의 물건을 점유하고 있는 자라고 할 것이다(대판 2003.11.28. 2003도4257).

02 렌트카회사의 공동대표이사 중 1인이 회사 보유 차량을 자신의 개인적인 채무담보 명목으로 피해자에게 넘겨주었는데 다른 공동대표이사인 피고인이 위 차량을 몰래 회수하도록 한 경우, 위 피해자의 점유는 권리행사방해죄의 보호대상인 점유에 해당한다. ○ | ×

> [해설] 대판 2006.3.23. 2005도4455

03 甲이 자신의 명의로 등록된 자동차를 사실혼관계에 있는 A에게 증여하여 A만이 이를 운행·관리하여 오다가 서로 별거하면서 재산분할 내지 위자료 명목으로 A가 소유하기로 하였는데, 甲이 이를 임의로 운전해 가져갔다면 권리행사방해죄가 성립한다. ○ | ×

> [해설] 피고인이 사실혼관계에 있던 피해자에게 이 사건 승용차를 선물하여 증여한 이래 피해자만이 이 사건 승용차를 운행하며 관리하여 온 사실, 피고인과 피해자가 별거하면서 재산분할 내지 위자료 명목으로 피해자가 이 사건 승용차를 소유하기로 한 사실 등이 인정되므로, 이 사건 승용차는 그 등록명의와 관계없이 피고인과 피해자 사이에서는 피해자를 소유자로 보아야 하므로 피고인의 행위는 절도행위에 해당한다(대판 2013.2.28. 2012도15303).

정답 01 × 02 ○ 03 ×

04 권리행사방해죄에서의 보호대상인 '타인의 점유'에는 일단 적법한 권원에 기하여 점유를 개시하였으나 사후에 점유권원을 상실한 경우의 점유, 점유권원의 존부가 외관상 명백하지 아니하여 법정절차를 통하여 권원의 존부가 밝혀질 때까지의 점유, 권원에 기하여 점유를 개시한 것은 아니나 동시이행항변권 등으로 대항할 수 있는 점유 등이 포함된다. O | X

해설 대판 2010.10.14. 2008도6578

05 A는 강제경매를 통하여 아들인 B 명의로 오피스텔 건물 501호를 매수하였는데, 위 501호에 대해서는 C가 유치권을 행사하고 있었다. A는 열쇠수리공을 불러 501호의 잠금장치를 변경하여 C가 더 이상 유치권 행사를 할 수 없도록 점유를 침탈하였다. A에게는 C에 대한 권리행사방해죄가 성립한다. O | X

해설 형법 제323조의 권리행사방해죄는 타인의 점유 또는 권리의 목적이 된 자기의 물건을 취거, 은닉 또는 손괴하여 타인의 권리행사를 방해함으로써 성립하므로 그 취거, 은닉 또는 손괴한 물건이 자기의 물건이 아니라면 권리행사방해죄가 성립할 수 없다. 부동산경매절차에서 부동산을 매수하려는 사람이 다른 사람과의 명의신탁약정 아래 그 사람의 명의로 매각허가결정을 받아 자신의 부담으로 매수대금을 완납한 때에는 <u>경매목적 부동산의 소유권은 매수대금의 부담 여부와는 관계없이 그 명의인이 취득하게 되는 것이므로</u>, 타인의 명의로 강제경매를 통해 부동산을 매수한 피고인이 당해 부동산에 대한 피해자(유치권자)의 점유를 침탈하였다고 하더라도 피고인의 물건에 대한 타인의 권리행사를 방해한 것으로 볼 수는 없다(대판 2019.12.27. 2019도14623).

06 A 렌트카회사의 공동대표이사 중 1인인 B가 회사 보유 차량을 자신의 개인적인 채무담보 명목으로 C에게 넘겨주었다. 다른 공동대표이사인 D가 C에게 차량반환을 요구하였으나 C가 담보제공약정을 이유로 반환을 거절하자, D는 위 차량을 C 몰래 회수하였다. 회수 당시 위 차량에 대해서는 아직 A 회사 명의로 신규등록은 마쳐지지 않았으나 임시운행허가번호판이 부착된 상태였다. D에게는 C에 대한 권리행사방해죄가 성립한다. O | X

해설 자동차소유권의 득실변경은 등록을 하여야 그 효력이 생기고(자동차관리법 제6조), 권리행사방해죄의 객체는 자기의 소유물에 한한다. 그런데 기록에 의하면, 이 사건 승용차는 렌트카(주)가 구입하여 보유 중이나 이 사건 공소사실 기재일시까지도 아직 위 회사나 피고인 명의로 신규등록절차를 마치지 않은 미등록상태였던 사실을 알 수 있다. 따라서 <u>이 사건 승용차는 이 사건 공소사실 기재 범행 당시 렌트카(주) 혹은 피고인의 소유물이라고 할 수 없어 이를 전제로 하는 권리행사방해죄는 성립되지 아니한다</u>(대판 2006.3.23. 2005도4455).

07 회사의 전직 대표이사가 회사가 타인에게 담보로 제공한 회사 소유의 물건을 타에 매도한 경우 권리행사방해죄를 구성하지 않는다. O | X

해설 대판 1985.5.28. 85도494

정답 04 O 05 × 06 × 07 O

08 공장근저당권이 설정된 선반기계 등을 이중담보로 제공하기 위하여 이를 다른 장소로 옮긴 경우에도 권리행사방해죄가 성립한다. O | X

> 해설 공장근저당권이 설정된 선반기계 등을 이중담보로 제공하기 위하여 이를 다른 장소로 옮긴 경우, 이는 공장저당권의 행사가 방해될 우려가 있는 행위로서 권리행사방해죄에 해당한다(대판 1994.9.27. 94도1439).

09 물건의 소유자가 아닌 사람은 형법 제33조 본문에 따라 소유자의 권리행사방해 범행에 가담한 경우에 한하여 그의 공범이 될 수 있을 뿐이나, 권리행사방해죄의 공범으로 기소된 물건의 소유자에게 고의가 없는 등으로 범죄가 성립하지 않는다면 공동정범이 성립할 여지가 없다. O | X

> 해설 대판 2017.5.30. 2017도4578

정답 08 O 09 O

Theme 29 / 강제집행면탈죄

📋 관련조문

형법 제327조(강제집행면탈)
강제집행을 면할 목적으로 재산을 은닉, 손괴, 허위양도 또는 허위의 채무를 부담하여 채권자를 해한 자는 3년 이하의 징역 또는 1천만 원 이하의 벌금에 처한다.

⚙️ 핵심지문 OX Quiz

01 이혼을 요구하는 처로부터 재산분할청구권에 근거한 가압류 등 강제집행을 받을 우려가 있는 상태에서 남편이 이를 면탈할 목적으로 허위의 채무를 부담하고 소유권이전청구권보전가등기를 경료한 경우 강제집행면탈죄가 성립하지 않는다. ○ | ×

> 해설 가등기만으로는 강제집행면탈죄가 성립하지 않지만 가등기와 허위채무부담이 함께 있으므로 강제집행면탈죄가 성립한다(대판 2008.6.26. 2008도3184).

02 피고인이 자신의 채권담보의 목적으로 채무자 소유의 선박들에 관하여 가등기를 경료하여 두었다가 채무자와 공모하여 위 선박들을 가압류한 다른 채권자들의 강제집행을 불가능하게 할 목적으로 정확한 청산절차도 거치지 않은 채 의제자백판결을 통하여 선순위 가등기권자인 피고인 앞으로 본등기를 경료함과 동시에 가등기 이후에 경료된 가압류등기 등을 모두 직권말소하게 한 경우 '재산상 은닉'에 해당한다. ○ | ×

> 해설 대판 2000.7.28. 98도4558

03 '보전처분 단계에서의 가압류채권자의 지위' 자체는 원칙적으로 민사집행법상 강제집행 또는 보전처분의 대상이 될 수 없어 강제집행면탈죄의 객체에 해당한다고 볼 수 없으나 가압류채무자가 가압류해방금을 공탁한 경우에는 그렇지 아니하다. ○ | ×

> 해설 강제집행면탈죄의 객체는 채무자의 재산 중에서 채권자가 민사집행법상 강제집행 또는 보전처분의 대상으로 삼을 수 있는 것만을 의미하므로, 보전처분 단계에서의 가압류채권자의 지위 자체는 원칙적으로 민사집행법상 강제집행 또는 보전처분의 대상이 될 수 없어 강제집행면탈죄의 객체에 해당하지 않고, <u>이는 가압류채무자가 가압류해방금을 공탁한 경우에도 마찬가지이다</u>(대판 2008.9.11. 2006도8721).

정답 01 × 02 ○ 03 ×

04 강제집행면탈죄는 반드시 채권자를 해하는 결과가 야기되거나 이로 인하여 행위자가 어떤 이득을 취하여야 성립하므로 허위양도한 부동산의 시가액보다 그 부동산에 의하여 담보된 채무액이 더 많다면 그 허위양도로 인하여 채권자를 해할 위험이 없다. ○ | ×

해설 강제집행면탈죄는 이른바 위태범으로서 강제집행을 당할 구체적인 위험이 있는 상태에서 재산을 은닉, 손괴, 허위양도 또는 허위의 채무를 부담하면 바로 성립하는 것이고, 반드시 채권자를 해하는 결과가 야기되거나 이로 인하여 행위자가 어떤 이득을 취하여야 범죄가 성립하는 것은 아니다. 따라서 허위양도한 부동산의 시가액보다 그 부동산에 의하여 담보된 채무액이 더 많다고 하여 그 허위양도로 인하여 채권자를 해할 위험이 없다고 할 수 없다(대판 1999.2.12. 98도2474).

05 채권자에 대한 채무변제로 자기 소유의 건물을 대물변제하기로 하였으나 이를 이행하지 아니하여 채권자가 강제집행을 하려 하자 이를 면하기 위하여 또 다른 채권자와 위 건물에 대하여 대물변제계약을 체결한 경우 강제집행면탈죄가 성립된다. ○ | ×

해설 강제집행면탈죄에 있어서의 허위양도라 함은 진실한 양도가 아님에도 불구하고 표면상 진실한 양도인 것처럼 가장하여 재산의 명의를 변경하는 것을 말하므로 진실한 양도(대물변제계약)라면 그것이 강제집행을 면탈할 목적으로 된 것으로서 채권자를 해할 우려가 있는 행위라고 할지라도 강제집행면탈죄의 구성요건인 허위양도에 해당하지 않는다(대판 1983.9.27. 83도1869).

06 채권자들이 피고인을 상대로 법적 절차를 취하기 위한 준비를 하고 있지 않았지만, 피고인이 어음의 부도가 있기 전에 강제집행을 면탈하기 위해 자기의 형에게 허위채무를 부담하고 가등기하여 주었다면 강제집행면탈죄가 성립한다. ○ | ×

해설 강제집행면탈죄가 성립되려면 행위자의 주관적인 강제집행을 면탈하려는 의도가 객관적으로 강제집행을 당할 급박한 상태하에서 나타나야 한다. 피고인이 그 형에게 빚진 것같이 꾸미고 그 때문에 자기 소유 부동산을 그에게 넘긴 것으로 꾸며 가등기하여 줄 때에는 피고인이 발행한 약속어음들의 지급기일이 되기 전이었으며, 어음의 부도도 있기 전이었으며, 피고인이 어음소지인 등으로부터 어음금의 지급요구를 받는 등 채무변제의 독촉을 받았다거나 채권자들이 피고인을 상대로 법적 절차를 취하기 위한 준비를 하고 있었다는 사실을 인정한 바도 없으니 피고인이 그 재산을 형에게 빼돌린 일이 그가 강제집행을 당할 급박한 객관적 상태하에서 한 것으로 볼 수 없다(대판 1979.9.11. 79도436).

07 압류금지채권의 목적물이 채무자의 예금계좌에 입금된 경우에는 그 예금채권에 대하여 더 이상 압류금지의 효력이 미치지 아니하므로 그 예금은 압류금지채권에 해당하지 않지만, 압류금지채권의 목적물이 채무자의 예금계좌에 입금되기 전까지는 여전히 강제집행 또는 보전처분의 대상이 될 수 없으므로, 압류금지채권의 목적물을 수령하는 데 사용하던 기존 예금계좌가 채권자에 의해 압류된 채무자가 압류되지 않은 다른 예금계좌를 통하여 그 목적물을 수령하더라도 강제집행이 임박한 채권자의 권리를 침해할 위험이 있는 행위라고 볼 수 없어 강제집행면탈죄가 성립하지 않는다. ○ | ×

해설 대판 2017.8.18. 2017도6229

정답 04 × 05 × 06 × 07 ○

08 채무자가 채권자의 가압류집행을 면탈할 목적으로 제3채무자에 대한 채권을 타인에게 허위양도한 경우, 가압류결정 정본이 제3채무자에게 송달되기 전에 채권을 허위로 양도하였다면 강제집행면탈죄가 성립한다. ○ | ×

> [해설] 가압류결정정본과 채권양도의 우선순위는 먼저 도착한 것이 우선하므로 가압류결정 정본이 제3채무자에게 송달되기 전에 채권을 허위로 양도하였다면 강제집행면탈죄가 성립한다(대판 2012.6.28. 2012도3999).

09 허위의 채무를 부담하는 내용의 채무변제계약 공정증서를 작성한 후 이에 기하여 채권압류 및 추심명령을 받은 다음 3개월 후에 실제로 위 강제집행에 따른 추심금을 수령한 경우, 강제집행면탈죄는 위 추심금을 수령한 때에 범죄행위가 종료한다고 보아야 하고 그때부터 공소시효가 진행한다. ○ | ×

> [해설] 허위의 채무를 부담하는 내용의 채무변제계약 공정증서를 작성한 후 이에 기하여 채권압류 및 추심명령을 받은 때에, 강제집행면탈죄가 성립함과 동시에 그 범죄행위가 종료되어 공소시효가 진행한다(대판 2009.5.28. 2009도875).

10 계약명의신탁의 방식으로 명의수탁자가 당사자가 되어 소유자와 부동산에 관한 매매계약을 체결하고 명의수탁자 명의로 소유권이전등기를 마친 경우, 그 부동산은 채무자인 명의신탁자의 재산이 아니기 때문에 형법상 강제집행면탈죄의 객체가 되지 않는다. ○ | ×

> [해설] 명의신탁자와 명의수탁자가 이른바 계약명의신탁 약정을 맺고 명의수탁자가 당사자가 되어 명의신탁 약정이 있다는 사실을 알지 못하는 소유자와 부동산에 관한 매매계약을 체결한 후 그 매매계약에 따라 당해 부동산의 소유권이전등기를 명의수탁자 명의로 마친 경우에는, 명의신탁자와 명의수탁자 사이의 명의신탁 약정의 무효에도 불구하고 부동산 실권리자명의 등기에 관한 법률 제4조 제2항 단서에 의하여 그 명의수탁자는 당해 부동산의 완전한 소유권을 취득한다. 이와 달리 소유자가 계약명의신탁 약정이 있다는 사실을 안 경우에는 수탁자 명의의 소유권이전등기는 무효이고 당해 부동산의 소유권은 매도인이 그대로 보유하게 된다. 어느 경우든지 명의신탁자는 그 매매계약에 의해서는 당해 부동산의 소유권을 취득하지 못하게 되어, 결국 그 부동산은 명의신탁자에 대한 강제집행이나 보전처분의 대상이 될 수 없다(대판 2009.5.14. 2007도2168).

11 토지소유자가 그 지상건물소유자에 대하여 건물철거 및 토지인도청구권을 갖는 경우 채무자인 건물소유자가 제3자에게 허위의 금전채무를 부담하면서 이를 피담보채무로 하여 건물에 관하여 근저당권설정등기를 경료하였다면 직접적으로 토지소유자의 건물철거 및 토지인도청구권에 기한 강제집행을 불능하게 하는 사유에 해당한다고 할 것이므로 건물소유자에게 강제집행면탈죄가 성립한다. ○ | ×

> [해설] 채권자의 채권이 금전채권이 아니라 토지소유자로서 그 지상건물의 소유자에 대하여 가지는 건물철거 및 토지인도청구권인 경우라면, 채무자인 건물소유자가 제3자에게 허위의 금전채무를 부담하면서 이를 피담보채무로 하여 건물에 관하여 근저당권설정등기를 경료하였다는 것만으로는 직접적으로 토지소유자의 건물철거 및 토지인도청구권에 기한 강제집행을 불능케 하는 사유에 해당한다고 할 수 없으므로 건물소유자에게 강제집행면탈죄가 성립한다고 할 수 없다(대판 2008.6.12. 2008도2279).

정답 08 ○ 09 × 10 ○ 11 ×

12 채권자 A가 甲에 대한 연체차임채권을 확보하기 위하여 甲이 임차하여 운영하는 주유소의 신용카드 매출채권을 가압류하자, 甲이 강제집행을 면탈할 목적으로 그 즉시 타인 명의의 신용카드 결제 단말기를 빌려와 수개월 동안 주유대금 결제에 사용하는 수법으로 주유소의 신용카드 매출채권을 은닉한 경우, 비록 甲이 위 가압류 이전부터 A에 대하여 연체차임을 상회하는 보증금반환채권을 보유하고 있음을 근거로 은닉행위 이후 상계의 의사표시를 함으로써 A의 연체차임채권이 모두 소멸되었다고 하더라도 강제집행면탈죄가 성립한다.   O | X

해설 [1] 형법 제327조의 강제집행면탈죄는 채권자의 권리보호를 주된 보호법익으로 하므로 강제집행의 기본이 되는 채권자의 권리, 즉 채권의 존재는 강제집행면탈죄의 성립요건이다. 따라서 채권의 존재가 인정되지 않을 때에는 강제집행면탈죄는 성립하지 않는다. 한편 상계의 의사표시가 있는 경우에는 각 채무는 상계할 수 있는 때에 소급하여 대등액에 관하여 소멸한 것으로 보게 된다. 따라서 상계로 인하여 소멸한 것으로 보게 되는 채권에 관하여는 상계의 효력이 발생하는 시점 이후에는 채권의 존재가 인정되지 않으므로 강제집행면탈죄가 성립하지 않는다.
[2] 피고인이 처 甲 명의로 임차하여 운영하는 주유소의 주유대금 신용카드 결제를, 별도로 운영하는 다른 주유소의 신용카드 결제 단말기로 처리함으로써 甲 명의 주유소의 매출채권을 다른 주유소의 매출채권으로 바꾸는 수법으로 은닉하여 甲에 대하여 연체차임 등 채권이 있어 甲 명의 주유소의 매출채권을 가압류한 乙 주식회사의 강제집행을 면탈하였다는 내용으로 기소된 사안에서, 乙 회사가 甲을 상대로 미지급 차임 등의 지급을 구하는 민사소송을 제기하였으나 甲이 임대차보증금 반환채권으로 상계한다는 주장을 하여 乙 회사의 청구가 기각된 판결이 확정된 사정에 비추어, 상계의 의사표시에 따라 乙 회사의 차임채권 등은 채권 발생일에 임대차보증금 반환채권과 대등액으로 상계되어 소멸되었으므로 피고인의 행위 당시 乙 회사의 채권의 존재가 인정되지 아니하여 강제집행면탈죄가 성립하지 않는다(대판 2003.7.25. 2003도2252).

13 가압류 후에 목적물의 소유권을 취득한 제3취득자가 다른 사람에 대한 허위의 채무에 기하여 근저당권을 설정해 준 행위는 가압류채권자에 대한 관계에서 강제집행면탈죄가 성립하지 않는다.   O | X

해설 가압류에는 처분금지적 효력이 있으므로 가압류 후에 목적물의 소유권을 취득한 제3취득자 또는 그 제3취득자에 대한 채권자는 그 소유권 또는 채권으로써 가압류권자에게 대항할 수 없다. 따라서 가압류 후에 목적물의 소유권을 취득한 제3취득자가 다른 사람에 대한 허위의 채무에 기하여 근저당권 설정등기 등을 경료하더라도 이로써 가압류채권자의 법률상 지위에 어떤 영향을 미치지 않으므로, 강제집행면탈죄에 해당하지 아니한다(대판 2008.5.29. 2008도2476).

14 강제집행면탈죄에서 말하는 강제집행에는 금전채권의 강제집행뿐만 아니라 소유권이전등기의 강제집행도 포함된다.   O | X

해설 대판 1983.10.25. 82도808

정답 **12** ×   **13** O   **14** O

15 예금계좌가 압류된 근로자 甲은 장차 지급받게 될 급여가 기존의 압류된 예금계좌로 입금될 경우 그 급여를 사용할 수 없게 되기에, 새로운 예금계좌를 개설하여 그 새로운 예금계좌로 급여를 지급받았다면, 甲에게는 강제집행면탈죄가 성립한다. ○│✕

> [해설] 압류금지채권의 목적물이 채무자의 예금계좌에 입금된 경우에는 그 예금채권에 대하여 더 이상 압류금지의 효력이 미치지 아니하므로 그 예금은 압류금지채권에 해당하지 않지만, 압류금지채권의 목적물이 채무자의 예금계좌에 입금되기 전까지는 여전히 강제집행 또는 보전처분의 대상이 될 수 없으므로, 압류금지채권의 목적물을 수령하는 데 사용하던 기존 예금계좌가 채권자에 의해 압류된 채무자가 압류되지 않은 다른 예금계좌를 통하여 그 목적물을 수령하더라도 강제집행이 임박한 채권자의 권리를 침해할 위험이 있는 행위라고 볼 수 없어 강제집행면탈죄가 성립하지 않는다(대판 2017. 8.18. 2017도6229).

16 피고인이 장래에 발생할 특정의 조건부채권을 담보하기 위한 방편으로 부동산에 대하여 근저당권을 설정한 것이라면 강제집행면탈죄 소정의 '허위의 채무를 부담'하는 경우에 해당한다고 할 수 없다. ○│✕

> [해설] 대판 1996.10.25. 96도1531

17 강제집행을 당할 우려가 있어 자신이 수탁하고 있던 부동산에 관한 신탁계약을 해지하고 부동산을 신탁자에게 돌려준 행위는 강제집행면탈죄의 허위양도에 해당한다. ○│✕

> [해설] 자신이 수탁하고 있던 부동산에 관한 신탁계약을 해지하고 부동산을 신탁자에게 돌려준 행위는 신탁자의 신탁 재산에 대한 정당한 권리행사이고 비록 강제집행을 면탈할 목적이 있고 채권자에게 불이익을 초래하였다 하더라도 위와 같은 행위가 강제집행면탈죄의 구성요건인 허위양도에 해당된다고 볼 수 없다(대판 1983.7.26. 82도1524).

18 산업재해보상보험법 제52조의 휴업급여를 받을 권리는 강제집행면탈죄의 객체에 해당하지 않는다. ○│✕

> [해설] 산업재해보상보험법 제52조의 휴업급여를 받을 권리는 압류가 금지되는 채권으로서 강제집행면탈죄의 객체에 해당하지 않는다(대판 2017.8.18. 2017도6229).

19 강제집행면탈죄는 채권자의 권리 실현의 이익을 보호법익으로 하는데, 강제집행면탈의 목적으로 채무자가 그의 제3채무자에 대한 채권을 허위로 양도한 경우에 제3채무자에게 채권양도의 통지가 행하여짐으로써 통상 제3채무자가 채권귀속의 변동을 인식할 수 있게 된 시점에서는 채권 실현의 이익이 해하여질 위험이 실제로 발현되었다고 할 것이므로, 늦어도 그 통지가 있는 때에는 그 범죄행위가 종료하여 그때부터 공소시효가 진행된다. ○│✕

> [해설] 대판 2011.10.13. 2011도6855

정답 15 ✕ 16 ○ 17 ✕ 18 ○ 19 ○

Theme 30 / 문서죄

공정증서원본부실기재죄

관련조문

형법 제228조(공정증서원본 등의 부실기재)
① 공무원에 대하여 허위신고를 하여 공정증서원본 또는 이와 동일한 전자기록 등 특수매체기록에 부실의 사실을 기재 또는 기록하게 한 자는 5년 이하의 징역 또는 1천만 원 이하의 벌금에 처한다.
② 공무원에 대하여 허위신고를 하여 면허증, 허가증, 등록증 또는 여권에 부실의 사실을 기재하게 한 자는 3년 이하의 징역 또는 700만 원 이하의 벌금에 처한다.

핵심지문 OX Quiz

01 공정증서원본 등의 부실기재죄에서 '부실의 기재'라고 함은 권리의무관계에서 중요한 의미를 갖는 사항이 객관적인 진실에 반하는 것을 말한다. O│X

　해설 대판 2020.11.5. 2019도12042

02 종중의 적법한 대표 권한이 없는 자가 종중 소유의 토지에 보존등기를 신청하면서 자신이 대표자인 것처럼 허위신고를 함으로써 부동산등기부에 종중의 대표자로 기재된 경우에는 공정증서원본 등 부실기재죄가 성립하지 않는다. O│X

　해설 종중 소유의 부동산은 종중 총회의 결의를 얻어야 유효하게 처분할 수 있다 하더라도 거래 상대방으로서는 부동산등기부상에 표시된 종중 대표자를 신뢰하고 거래하는 것이 일반적이라는 점 등에 비추어 보면, 종중 대표자의 기재는 당해 부동산의 처분권한과 관련된 중요한 부분의 기재로서 이에 대한 공공의 신용을 보호할 필요가 있으므로 이를 허위로 등재한 경우에는 공정증서원본불실기재죄의 대상이 되는 불실의 기재에 해당한다(대판 2006.1.13. 2005도4790).

03 부동산 매수인이 매도인과 사이에 부동산의 소유권이전에 관한 물권적 합의가 없는 상태에서, 소유권이전등기신청에 관한 대리권이 없이 단지 소유권이전등기에 필요한 서류를 보관하고 있을 뿐인 법무사를 기망하여 매수인 명의의 소유권이전등기를 신청하게 하여 그 등기가 완료된 경우, 이는 단지 소유권이전등기 신청절차에 하자가 있는 것에 불과하여 공정증서원본부실기재죄가 성립하지 않는다. O│X

　해설 물권적 합의가 없으면 소유권이전등기가 넘어갈 수 없다. 소유자가 아닌데 법무사를 기망하여 매수인 명의의 소유권이전등기를 신청하게 한 경우 공정증서원본불실기재죄가 성립한다(대판 2006.3.10. 2005도9402).

정답 01 O　02 ×　03 ×

04 토지거래허가구역 안의 토지에 관하여 실제로는 매매계약을 체결하고서도 처음부터 토지거래허가를 잠탈하려는 목적으로 등기원인을 '증여'로 하여 소유권이전등기를 경료한 경우 공정증서원본불실기재죄가 성립한다. ○ | ✕

> [해설] 대판 2007.11.30. 2005도9922

05 종중 소유의 토지를 자신의 개인 소유로 신고하여 토지대장에 올린 경우 공정증서원본불실기재죄가 성립한다. ○ | ✕

> [해설] 형법 제228조에서 말하는 공정증서란 권리의무에 관한 공정증서만을 가리키는 것이고 사실증명에 관한 것은 이에 포함되지 아니하므로, 권리의무에 변동을 주는 효력이 없는 토지대장은 위에서 말하는 공정증서에 해당하지 않는다(대판 1988.5.24. 87도2696).

06 발행인과 수취인이 통모하여 진정한 어음채무 부담이나 어음채권 취득의사 없이 단지 발행인의 채권자에게서 채권추심이나 강제집행을 받는 것을 회피하기 위하여 형식적으로만 약속어음의 발행을 가장한 후 공증인에게 마치 진정한 어음발행행위가 있는 것처럼 허위로 신고하여 어음공정증서원본을 작성·비치하게 한 경우에 공정증서원본불실기재 및 동행사죄가 성립한다. ○ | ✕

> [해설] 형법 제228조 제1항의 공정증서원본불실기재죄는 공무원에 대하여 진실에 반하는 허위신고를 하여 공정증서원본 또는 이와 동일한 전자기록 등 특수매체기록에 실체관계에 부합하지 않는 불실의 사실을 기재 또는 기록하게 함으로써 성립한다. 그런데 발행인과 수취인이 통모하여 진정한 어음채무 부담이나 어음채권 취득에 관한 의사 없이 단지 발행인의 채권자에게서 채권 추심이나 강제집행을 받는 것을 회피하기 위하여 형식적으로만 약속어음의 발행을 가장한 경우 이러한 어음발행행위는 통정허위표시로서 무효이므로, 이와 같이 발행인과 수취인 사이에 통정허위표시로서 무효인 어음발행행위를 공증인에게는 마치 진정한 어음발행행위가 있는 것처럼 허위로 신고함으로써 공증인으로 하여금 어음발행행위에 대하여 집행력 있는 어음공정증서원본을 작성케 하고 이를 비치하게 하였다면, 이러한 행위는 공정증서원본불실기재 및 불실기재공정증서원본행사죄에 해당한다고 보아야 한다(대판 2012.4.26. 2009도5786).

07 부동산에 대해 점유로 인한 소유권취득시효를 완성한 甲이 이미 사망한 그 부동산의 등기명의자를 상대로 매매를 원인으로 하는 소유권이전등기 절차이행청구의 소를 제기하여, 의제자백에 의한 승소판결을 받고 이와 같은 확정판결에 기해 甲 자신의 명의로 그 부동산에 대한 소유권이전등기를 경료한 경우 공정증서원본불실기재 및 동행사죄가 성립한다. ○ | ✕

> [해설] 피고인이 그가 점유하고 있는 토지에 대하여 매매를 원인으로 하는 소유권이전등기소송을 제기하여서 의제자백에 의한 승소판결을 받아 경료된 피고인 명의의 소유권이전등기가 비록 절차상의 하자가 있다 하더라도 점유에 의한 소유권취득시효가 완성함으로써 결국 위 소유권이전등기가 실체적 권리관계에 부합하는 유효한 등기라고 한다면 위의 소송에 있어서 피고인에게 위 토지를 편취하려는 범의가 있었다고 볼 수 없고 또한 위와 같이 경료된 등기 역시 불실의 등기라고도 할 수 없다(대판 1987.3.10. 86도864).

정답 04 ○ 05 ✕ 06 ○ 07 ✕

08 처음부터 진실한 주금납입으로 회사의 자금을 확보할 의사 없이, 형식상 또는 일시적으로 주금을 납입하고 이 돈을 은행에 예치하여 납입의 외형을 갖추고 주금납입증명서를 교부받아 설립등기나 증자등기의 절차를 마친 다음 바로 그 납입한 돈을 인출하고는, 그 인출한 돈을 특별히 회사를 위해 사용하지도 않은 경우 공정증서원본부실기재 및 동행사죄가 성립한다. ○ | ×

> **해설** 상법 제628조 제1항 소정의 납입가장죄는 회사의 자본충실을 기하려는 법의 취지를 유린하는 행위를 단속하려는 데 그 목적이 있는 것이므로, 당초부터 진실한 주금납입으로 회사의 자금을 확보할 의사 없이 형식상 또는 일시적으로 주금을 납입하고 이 돈을 은행에 예치하여 납입의 외형을 갖추고 주금납입증명서를 교부받아 설립등기나 증자등기의 절차를 마친 다음 바로 그 납입한 돈을 인출한 경우에는, 이를 회사를 위하여 사용하였다는 특별한 사정이 없는 한 실질적으로 회사의 자본이 늘어난 것이 아니어서 <u>납입가장죄 및 공정증서원본불실기재죄와 불실기재공정증서원본행사죄가 성립한다</u>(대판 2004.6.17. 2003도7645 전원합의체).

09 甲이 허위의 공정증서에 기해 乙의 부동산에 대한 강제경매신청을 하였고, 이에 의해 동 부동산에 대해 법원의 강제경매개시결정을 원인으로 하는 경매신청등기가 경료된 경우 공정증서원본부실기재 및 동행사죄가 성립한다. ○ | ×

> **해설** 위 경매신청등기는 법원의 직권촉탁에 의하여 경료된 것이며 피고인의 허위신고에 의하여 경료된 것이 아니므로 위 피고인의 본건 강제경매신청에 관한 행위는 <u>공정증서원본불실기재죄를 구성하지 아니하며 따라서 동행사죄도 구성하지 않는다</u>(대판 1976.5.25. 74도568).

10 甲이 중국인 乙과 참다운 부부관계를 설정할 의사가 아니라 단지 乙의 국내 취업을 위한 입국을 가능하게 할 목적으로 형식상 혼인하기로 하고 甲의 본적지 면사무소에 혼인신고를 한 경우 공정증서원본부실기재 및 동행사죄가 성립한다. ○ | ×

> **해설** 피고인들이 중국 국적의 조선족 여자들과 참다운 부부관계를 설정할 의사 없이 단지 그들의 국내 취업을 위한 입국을 가능하게 할 목적으로 형식상 혼인하기로 한 것이라면, 피고인들과 조선족 여자들 사이에는 혼인의 계출에 관하여는 의사의 합치가 있었으나 <u>참다운 부부관계의 설정을 바라는 효과의사는 없었다고 인정되므로 피고인들의 혼인은 우리 나라의 법에 의하여 혼인으로서의 실질적 성립요건을 갖추지 못하여 그 효력이 없고, 따라서 피고인들이 중국에서 중국의 방식에 따라 혼인식을 거행하였다고 하더라도 우리 나라의 법에 비추어 그 효력이 없는 혼인의 신고를 한 이상 피고인들의 행위는 공정증서원본불실기재 및 동행사죄의 죄책을 면할 수 없다</u>(대판 1996.11.22. 96도2049).

11 협의상 이혼의 의사표시가 기망에 의하여 이루어져 호적에 그 협의상 이혼사실이 기재되어 있었다면 공정증서원본불실기재죄가 성립한다. ○ | ×

> **해설** 협의상 이혼의 의사표시가 기망에 의하여 이루어진 경우라 하더라도 그것이 취소되기까지는 유효하게 존재하는 것이므로, 협의상 이혼의사의 합치에 따라 이혼신고를 하여 호적에 그 협의상 이혼사실이 기재되었다면 공정증서원본불실기재죄가 성립하지 아니한다(대판 1997.1.24. 95도448).

정답 08 ○   09 ×   10 ○   11 ×

12 부동산 거래당사자가 '거래가액'을 시장 등에게 거짓으로 신고하여 받은 신고필증을 기초로 사실과 다른 내용의 거래가액이 부동산등기부에 등재되도록 한 경우 공전자기록등부실기재죄가 성립하지 않는다. ○ | ×

[해설] 부동산거래의 거래가액은 투명성을 확보하기 위한 데에 있을 뿐이므로, 부동산등기부에 기재되는 당해 부동산의 권리의무관계에 중요한 의미를 갖는 사항에 해당한다고 볼 수 없다. 따라서 부동산의 거래당사자가 거래가액을 시장 등에게 거짓으로 신고하여 신고필증을 받은 뒤 이를 기초로 사실과 다른 내용의 거래가액이 부동산 등기부에 등재되도록 하였다면, '공인중개사의 업무 및 부동산 거래신고에 관한 법률'에 따른 과태료의 제재를 받게 됨은 별론으로 하고, 형법상의 공전자기록등불실기재죄 및 불실기재공전자기록등행사죄가 성립하지는 아니한다(대판 2013.1.24. 2012도12363).

13 가장매매로 인한 소유권이전등기를 경료한 경우에는 공정증서원본부실기재 및 동행사죄가 성립한다. ○ | ×

[해설] 피고인이 부동산에 관하여 가장매매를 원인으로 소유권이전등기를 경료하였더라도, 그 당사자 사이에는 소유권이전등기를 경료시킬 의사는 있었다고 할 것이므로 공정증서원본불실기재죄 및 동행사죄는 성립하지 않고, 또한 등기의무자와 등기권리자(피고인) 간의 소유권이전등기 신청의 합의에 따라 소유권이전등기가 된 이상, 등기의무자 명의의 소유권이전등기가 원인이 무효인 등기로서 피고인이 그 점을 알고 있었다고 하더라도, 특별한 사정이 없는 한 바로 피고인이 등기부에 불실의 사실을 기재하게 하였다고 볼 것은 아니다(대판 1991.9.24. 91도1164).

14 타인의 부동산을 자기의 소유라고 허위의 사실을 신고하여 소유권이전등기를 경료한 이후라면 그 부동산이 자기의 소유인 것처럼 가장하여 그 부동산에 관하여 자기명의로 채권자와의 사이에 근저당권설정등기를 경료한 경우, 별도로 공정증서원본부실기재 및 동행사죄가 성립하지 않는다. ○ | ×

[해설] 근저당권은 근저당물의 소유자가 아니면 설정할 수 없으므로 타인의 부동산을 자기 또는 제3자의 소유라고 허위의 사실을 신고하여 소유권이전등기를 경료한 후 나아가 그 부동산이 자기 또는 당해 제3자의 소유인 것처럼 가장하여 그 부동산에 관하여 자기 또는 당해 제3자 명의로 채권자와의 사이에 근저당권설정등기를 경료한 경우에는 공정증서원본불실기재 및 동행사죄가 성립한다(대판 1997.7.25. 97도605).

15 부동산의 소유자로 하여금 근저당권자를 자금주라고 믿도록 속여서 근저당권설정등기를 경료케 한 경우라도 정당한 권한 있는 자에 의하여 작성된 문서를 제출하여 그 등기가 이루어진 것이라면 공정증서원본불실기재죄가 성립하지 않는다. ○ | ×

[해설] 부동산의 소유자로 하여금 근저당권자를 자금주라고 믿도록 속여서 근저당권설정등기를 경료케 한 경우라도 정당한 권한있는 자에 의하여 작성된 문서를 제출하여 그 등기가 이루어진 것이라면 당사자의 의사에 합치되는 등기라 할 것이므로 공정증서원본불실기재죄가 성립하지 않는다(대판 1982.7.13. 82도39).

16 불실의 사실이 기재된 공정증서의 정본을 그 정을 모르는 법원 직원에게 교부한 경우에는 불실기재공정증서원본행사죄가 성립한다. ○ | ×

[해설] '공정증서원본'에는 공정증서의 정본이 포함된다고 볼 수 없으므로 불실의 사실이 기재된 공정증서의 정본을 그 정을 모르는 법원 직원에게 교부한 행위는 형법 제229조의 불실기재공정증서원본행사죄에 해당하지 아니한다(대판 2002.3.26. 2001도6503).

정답 12 ○ 13 × 14 × 15 ○ 16 ×

17 소유권보존등기나 소유권이전등기에 절차상 하자가 있거나 등기원인이 실제와 다르다 하더라도 등기 경료 당시를 기준으로 실체적 권리관계에 부합하는 유효한 등기인 경우 공정증서원본부실기재 및 동행사죄가 성립되지 않는다. O | X

해설 대판 2001.11.9. 2001도3959

18 어떤 부동산에 관하여 피상속인에게 실체상의 권리가 없었음에도 피상속인 명의의 소유권이전등기가 경료되어 있었고, 이에 따라 재산상속인이 상속을 원인으로 한 소유권이전등기를 경료한 경우, 재산상속인에게 공정증서원본부실기재 및 동행사죄가 성립한다. O | X

해설 재산상속인은 피상속인의 사망으로 인하여 상속개시된 때로부터 피상속인의 재산에 관한 포괄적 권리의무를 승계하게 되므로 어떤 부동산에 관하여 피상속인에게 실체상의 권리가 없었다 하더라도 재산상속인이 상속을 원인으로 한 소유권이전등기를 경료한 경우에는 그 등기는 당시의 등기부상의 권리관계를 나타내는 것에 불과하므로 그와 같은 등기절차를 밟았다 하여 공정증서원본부실기재나 동행사죄가 성립할 수 없다(대판 1987.4.14. 85도2661).

19 공정증서원본에 기재된 사항이 부존재하거나 외관상 존재한다고 하더라도 무효에 해당되는 하자가 있는 경우뿐만 아니라, 기재된 사항이나 그 원인된 법률행위가 객관적으로 존재하고 다만 거기에 취소사유인 하자가 있을 뿐인 경우에도 취소되기 전의 기재는 공정증서원본의 불실기재에 해당한다. O | X

해설 공정증서원본불실기재죄는 공무원에 대하여 허위신고를 함으로써 공정증서원본에 불실의 사실을 기재하게 하는 경우에 성립하는바, 공정증서원본에 기재된 사항이 부존재하거나 외관상 존재한다고 하더라도 무효에 해당되는 하자가 있다면 그 기재는 불실기재에 해당하는 것이나, 기재된 사항이나 그 원인된 법률행위가 객관적으로 존재하고 다만 거기에 취소사유인 하자가 있을 뿐인 경우 취소되기 전에 공정증서원본에 기재된 이상 그 기재는 공정증서원본의 불실기재에 해당하지는 않는다(대판 2004.9.24. 2004도4012).

정답 17 O 18 × 19 ×

문 01 공정증서원본부실기재죄에 관한 설명 중 적절한 것을 모두 고른 것은? (다툼이 있는 경우 판례에 의함)

> ㉠ 부동산 매수인이 매도인과 사이에 부동산의 소유권이전에 관한 물권적 합의가 없는 상태에서, 소유권이전등기 신청에 관한 대리권이 없이 단지 소유권이전등기에 필요한 서류를 보관하고 있을 뿐인 법무사를 기망하여 매수인 명의의 소유권이전등기를 신청하게 하여 그 등기가 완료된 경우, 이는 단지 소유권이전등기 신청절차에 하자가 있는 것에 불과하여 공정증서원본부실기재죄가 성립하지 않는다.
> ㉡ 토지거래허가구역 안의 토지에 관하여 실제로는 매매계약을 체결하고서도 처음부터 토지거래허가를 잠탈하려는 목적으로 등기원인을 '증여'로 하여 소유권이전등기를 경료한 경우 공정증서원본부실기재죄가 성립한다.
> ㉢ 종중 소유의 토지를 자신의 개인 소유로 신고하여 토지대장에 올린 경우 공정증서원본부실기재죄가 성립한다.
> ㉣ 발행인과 수취인이 통모하여 진정한 어음채무 부담이나 어음채권 취득의사 없이 단지 발행인의 채권자에게서 채권추심이나 강제집행을 받는 것을 회피하기 위하여 형식적으로만 약속어음의 발행을 가장한 후 공증인에게 마치 진정한 어음발행행위가 있는 것처럼 허위로 신고하여 어음공정증서원본을 작성·비치하게 한 경우에 공정증서원본부실기재 및 동행사죄가 성립한다.

① ㉠, ㉡   ② ㉠, ㉣   ③ ㉡, ㉢   ④ ㉡, ㉣

해설 ㉠ (×) 물권적 합의가 없으면 소유권이전등기가 넘어갈 수 없다. 소유자가 아닌데 법무사를 기망하여 매수인 명의의 소유권이전등기를 신청하게 한 경우 공정증서원본불실기재죄가 성립한다(대판 2006. 3.10. 2005도9402).
㉡ (○) 토지거래 허가구역 안의 토지에 관하여 실제로는 매매계약을 체결하고서도 처음부터 토지거래허가를 잠탈하려는 목적으로 등기원인을 '증여'로 하여 소유권이전등기를 경료한 경우, 비록 매도인과 매수인 사이에 실제의 원인과 달리 '증여'를 원인으로 한 소유권이전등기를 경료할 의사의 합치가 있더라도, 허위신고를 하여 공정증서원본에 불실의 사실을 기재하게 한 때에 해당한다(대판 2007.11.30. 2005도9922).
㉢ (×) 형법 제228조에서 말하는 공정증서란 권리의무에 관한 공정증서만을 가리키는 것이고 사실증명에 관한 것은 이에 포함되지 아니하므로, 권리의무에 변동을 주는 효력이 없는 토지대장은 위에서 말하는 공정증서에 해당하지 않는다(대판 1988.5.24. 87도2696).
㉣ (○) 형법 제228조 제1항의 공정증서원본불실기재죄는 공무원에 대하여 진실에 반하는 허위신고를 하여 공정증서원본 또는 이와 동일한 전자기록 등 특수매체기록에 실체관계에 부합하지 않는 불실의 사실을 기재 또는 기록하게 함으로써 성립한다. 그런데 발행인과 수취인이 통모하여 진정한 어음채무 부담이나 어음채권 취득에 관한 의사 없이 단지 발행인의 채권자에게서 채권추심이나 강제집행을 받는 것을 회피하기 위하여 형식적으로만 약속어음의 발행을 가장한 경우 이러한 어음발행행위는 통정허위표시로서 무효이므로, 이와 같이 발행인과 수취인 사이에 통정허위표시로서 무효인 어음발행행위를 공증인에게는 마치 진정한 어음발행행위가 있는 것처럼 허위로 신고함으로써 공증인으로 하여금 어음발행행위에 대하여 집행력 있는 어음공정증서원본을 작성케 하고 이를 비치하게 하였다면, 이러한 행위는 공정증서원본불실기재 및 불실기재공정증서원본행사죄에 해당한다고 보아야 한다(대판 2012.4.26. 2009도5786).

정답 ④

문 02 공정증서원본 등 부실기재죄가 성립하는 경우는 모두 몇 개인가? (다툼이 있으면 판례에 의함)

㉠ 부동산에 대해 점유로 인한 소유권취득시효를 완성한 甲이 이미 사망한 그 부동산의 등기명의자를 상대로 매매를 원인으로 하는 소유권이전등기 절차이행청구의 소를 제기하여, 의제자백에 의한 승소판결을 받고 이와 같은 확정판결에 기해 甲 자신의 명의로 그 부동산에 대한 소유권이전등기를 경료한 경우

㉡ 처음부터 진실한 주금납입으로 회사의 자금을 확보할 의사 없이, 형식상 또는 일시적으로 주금을 납입하고 이 돈을 은행에 예치하여 납입의 외형을 갖추고 주금납입증명서를 교부받아 설립등기나 증자등기의 절차를 마친 다음 바로 그 납입한 돈을 인출하고는, 그 인출한 돈을 특별히 회사를 위해 사용하지도 않은 경우

㉢ 甲이 중국인 乙과 참다운 부부관계를 설정할 의사가 아니라 단지 乙의 국내 취업을 위한 입국을 가능하게 할 목적으로 형식상 혼인하기로 하고 甲의 본적지 면사무소에 혼인신고를 한 경우

㉣ 甲이 허위의 공정증서에 기해 乙의 부동산에 대한 강제경매신청을 하였고, 이에 의해 동 부동산에 대해 법원의 강제경매개시결정을 원인으로 하는 경매신청등기가 경료된 경우

① 1개   ② 2개   ③ 3개   ④ 4개

해설 ㉠ (×) 피고인이 그가 점유하고 있는 토지에 대하여 매매를 원인으로 하는 소유권이전등기 소송을 제기하여서 의제자백에 의한 승소판결을 받아 경료된 피고인 명의의 소유권이전등기가 비록 절차상의 하자가 있다 하더라도 점유에 의한 소유권취득시효가 완성함으로써 결국 위 소유권이전등기가 실체적 권리관계에 부합하는 유효한 등기라고 한다면 위의 소송에 있어서 피고인에게 위 토지를 편취하려는 범의가 있었다고 볼 수 없고 또한 위와 같이 경료된 등기 역시 불실의 등기라고도 할 수 없다(대판 1987.3.10. 86도864).

㉡ (○) 상법 제628조 제1항 소정의 납입가장죄는 회사의 자본충실을 기하려는 법의 취지를 유린하는 행위를 단속하려는 데 그 목적이 있는 것이므로, 당초부터 진실한 주금납입으로 회사의 자금을 확보할 의사 없이 형식상 또는 일시적으로 주금을 납입하고 이 돈을 은행에 예치하여 납입의 외형을 갖추고 주금납입증명서를 교부받아 설립등기나 증자등기의 절차를 마친 다음 바로 그 납입한 돈을 인출한 경우에는, 이를 회사를 위하여 사용하였다는 특별한 사정이 없는 한 실질적으로 회사의 자본이 늘어난 것이 아니어서 납입가장죄 및 공정증서원본불실기재죄와 불실기재공정증서원본행사죄가 성립한다(대판 2004.6.17. 2003도7645 전원합의체).

㉢ (○) 피고인들이 중국 국적의 조선족 여자들과 참다운 부부관계를 설정할 의사 없이 단지 그들의 국내 취업을 위한 입국을 가능하게 할 목적으로 형식상 혼인하기로 한 것이라면, 피고인들과 조선족 여자들 사이에는 혼인의 계출에 관하여는 의사의 합치가 있었으나 참다운 부부관계의 설정을 바라는 효과의사는 없었다고 인정되므로 피고인들의 혼인은 우리 나라의 법에 의하여 혼인으로서의 실질적 성립요건을 갖추지 못하여 그 효력이 없고, 따라서 피고인들이 중국에서 중국의 방식에 따라 혼인식을 거행하였다고 하더라도 우리 나라의 법에 비추어 그 효력이 없는 혼인의 신고를 한 이상 피고인들의 행위는 공정증서원본불실기재 및 동행사죄의 죄책을 면할 수 없다(대판 1996.11.22. 96도2049).

㉣ (×) 위 경매신청등기는 법원의 직권촉탁에 의하여 경료된 것이며 피고인의 허위신고에 의하여 경료된 것이 아니므로 위 피고인의 본건 강제경매신청에 관한 행위는 공정증서원본불실기재죄를 구성하지 아니하며 따라서 동행사죄도 구성하지 않는다(대판 1976.5.25. 74도568).

정답 ②

문 03 다음 중 공정증서원본 등 부실기재죄가 성립하는 경우는 몇 개인가? (다툼이 있는 경우 판례에 의함)

> ㉠ 신주발행이 무효로 확정되기 이전에 그 신주발행의 사실을 담당공무원에게 신고하여 법인등기부에 기재하게 한 경우
> ㉡ 허위의 소유권이전등기를 경료한 자가 자신의 채권자와 합의에 의하여 그 부동산에 근저당설정등기를 경료한 경우
> ㉢ 총발행주식의 과반수를 소유한 대주주가 적법한 소집절차나 임시주주총회의 개최 없이 자신이 임시의장이 되어 임시주주총회 의사록을 작성하여 법인등기를 마친 경우 (나머지 주주들의 임시주주총회에 대한 의결권의 위임이 있는 경우)
> ㉣ 당사자의 합의에 의하여 진정한 채무자가 아닌 제3자를 채무자로 기재한 근저당설정등기를 한 경우
> ㉤ 주식회사의 임시주주총회가 법령 및 정관상 요구되는 이사회의 결의나 소집절차 없이 이루어졌다고 하더라도, 주주 전원이 참석하여 총회를 개최하는 데 동의하고 아무런 이의 없이 만장일치로 결의가 되었고 그 결의에 따라 등기가 이루어진 경우

① 없음 ② 1개 ③ 2개 ④ 3개

해설 ㉠ (×) 주식회사의 신주발행의 경우 신주발행에 법률상 무효사유가 존재한다고 하더라도 그 무효는 신주발행무효의 소에 의해서만 주장할 수 있고, 신주발행무효의 판결이 확정되더라도 그 판결은 장래에 대하여만 효력이 있으므로(상법 제429조, 제431조 제1항), 그 신주발행이 판결로써 무효로 확정되기 이전에 그 신주발행사실을 담당공무원에게 신고하여 공정증서인 법인등기부에 기재하게 하였다고 하여 그 행위가 공무원에 대하여 허위신고를 한 것이라거나 그 기재가 불실기재에 해당하는 것이라고 할 수는 없다(대판 2007.5.31. 2006도8488).
㉡ (○) 근저당권은 근저당물의 소유자가 아니면 설정할 수 없으므로 타인의 부동산을 자기 또는 제3자의 소유라고 허위의 사실을 신고하여 소유권이전등기를 경료한 후 나아가 그 부동산이 자기 또는 당해 제3자의 소유인 것처럼 가장하여 그 부동산에 관하여 자기 또는 당해 제3자 명의로 채권자와의 사이에 근저당권설정등기를 경료한 경우에는 공정증서원본불실기재 및 동행사죄가 성립한다(대판 1997.7.25. 97도605).
㉢ (×) 피고인이 주식회사 원명의 주주 전원의 위임을 받아 임시주주총회 의사록을 작성한 이상, 비록 피고인이 적법한 주주총회 소집절차를 거치지 않았을 뿐 아니라 실제로 주주총회를 개최하지도 않았지만 주주 전원의 의사에 따라 그 내용의 유효한 결의가 있었던 것으로 볼 것이고, 따라서 그 결의에 따른 공소사실 기재 각 등기는 실체관계에 부합하는 것으로 이를 불실의 사항을 기재한 등기라고 할 수 없다(대판 2008.6.26. 2008도1044).
㉣ (×) 진정한 채무자가 아닌 제3자를 채무자로 등기부상 등재하게 하였다 하더라도 그것이 계약당사자 간의 합의에 의하여 이루어진 것이라면 당사자 사이에 이와 같은 등기를 경료하게 할 의사가 있었던 것이므로 이 경우 공정증서원본불실기재죄는 성립되지 않는다(대판 1985.10.8. 84도2461).
㉤ (×) 주식회사의 임시주주총회가 법령 및 정관상 요구되는 이사회의 결의나 소집절차 없이 이루어졌다고 하더라도, 주주 전원이 참석하여 총회를 개최하는 데 동의하고 아무런 이의 없이 만장일치로 결의가 이루어졌다면 그 결의는 특별한 사정이 없는 한 유효하고, 그 결의에 따른 등기는 실체관계에 부합하는 것으로 이를 불실의 사항을 기재한 등기라고 할 수 없다(대판 2014.5.16. 2013도15895).

정답 ②

문 04 공정증서원본 등 부실기재죄에 관한 설명이다. 다음 중 옳은 것은 모두 몇 개인가? (다툼이 있는 경우 판례에 의함)

㉠ 사업자등록증은 공정증서원본 등 부실기재죄의 대상인 등록증에 해당하지 않는다.
㉡ 종중의 적법한 대표 권한이 없는 자가 종중 소유의 토지에 보존등기를 신청하면서 자신이 대표자인 것처럼 허위신고를 함으로써 부동산등기부에 종중의 대표자로 기재된 경우에는 공정증서원본 등 부실기재죄가 성립하지 않는다.
㉢ 민사조정법상의 조정절차에서 작성되는 조정조서는 형법 제228조 제1항에서 말하는 공정증서원본에 해당한다.
㉣ 원래 자신 소유인 부동산에 대하여 허위의 보증서를 작성한 후 등기소에 제출하여 자기 명의로 소유권을 이전받은 경우 공정증서원본 등 부실기재죄가 성립한다.

① 1개   ② 2개   ③ 3개   ④ 4개

해설 ㉠ (○) 형법 제228조 제2항의 공정증서원본부실기재죄에서 말하는 '등록증'은 공무원이 작성한 모든 등록증을 말하는 것이 아니라, 일정한 자격이나 요건을 갖춘 자에게 그 자격이나 요건에 상응한 활동을 할 수 있는 권능 등을 인정하기 위하여 공무원이 작성한 증서를 말하는 것으로서 사업자등록증은 단순한 사업사실의 등록을 증명하는 증서에 불과하여 동법 제228조 제2항의 등록증에 해당하지 않는다(대판 2005.7.15. 2003도6934).
㉡ (×) 종중 소유의 부동산은 종중 총회의 결의를 얻어야 유효하게 처분할 수 있다 하더라도 거래 상대방으로서는 부동산등기부상에 표시된 종중 대표자를 신뢰하고 거래하는 것이 일반적이라는 점 등에 비추어 보면, 종중 대표자의 기재는 당해 부동산의 처분권한과 관련된 중요한 부분의 기재로서 이에 대한 공공의 신용을 보호할 필요가 있으므로 이를 허위로 등재한 경우에는 공정증서원본불실기재죄의 대상이 되는 불실의 기재에 해당한다(대판 2006.01.13. 2005도4790).
㉢ (×) 민사조정법상 조정신청에 의한 조정제도는 원칙적으로 조정신청인의 신청취지에 구애됨이 없이 조정담당판사 등이 제반 사정을 고려하여 당사자들에게 상호 양보하여 합의하도록 권유·주선함으로써 화해에 이르게 하는 제도인 점에 비추어, 그 조정절차에서 작성되는 조정조서는 그 성질상 허위신고에 의해 불실한 사실이 그대로 기재될 수 있는 공문서로 볼 수 없어 공정증서원본에 해당하는 것으로 볼 수 없다(대판 2010.6.10. 2010도3232).
㉣ (×) 허위의 보증서를 발급받아 소유권이전등기를 거쳤더라도 원래 자기 소유 부동산이었으므로 공정증서에 부실의 사실을 기재하였다고는 할 수 없다(대판 1984.12.11. 84도2285).

정답 ①

문 05 공정증서원본불실기재죄 등에 관한 설명 중 옳은 것을 모두 고른 것은? (다툼이 있는 경우 판례에 의함)

> ㉠ 실제로는 채권·채무관계가 존재하지 아니함에도 공증인에게 허위신고를 하여 가장된 금전채권에 대하여 집행력이 있는 공정증서원본을 작성하고 이를 비치하게 한 것이라면 공정증서원본불실기재죄 및 불실기재공정증서원본행사죄가 성립한다.
> ㉡ 소유권보존등기가 되어 있지 않은 종중 소유의 부동산을 종중 명의로 소유권보존등기를 함에 있어서, 종중 대표자를 허위로 등재한 경우, 종중 대표자의 기재는 중요한 부분의 기재가 아니므로 공정증서원본불실기재죄가 성립하지 않는다.
> ㉢ 해외이주의 목적으로 위장결혼을 혼인신고를 하여 그 사실이 호적부에 기재된 경우 공정증서원본부실기재죄가 성립한다.
> ㉣ 유상증자등기의 신청시 발행주식 총수 및 자본의 총액이 증가한 사실이 허위임을 알면서 증자등기를 신청하여 상업등기부 원본에 그 기재를 하게 한 경우, 등기신청서류로 제출된 주금납입금보관증명서가 위조된 것임을 몰랐다고 하더라도 공정증서원본불실기재죄가 성립한다.

① ㉠, ㉢   ② ㉡, ㉢   ③ ㉠, ㉡, ㉣   ④ ㉠, ㉢, ㉣

해설
㉠ (○) 대판 2003.7.25. 2002도638 ; 대판 2007.7.12. 2007도3005
㉡ (×) 종중 대표자의 기재는 당해 부동산의 처분권한과 관련된 중요한 부분의 기재로서 이에 대한 공공의 신용을 보호할 필요가 있으므로 이를 허위로 등재한 경우에는 공정증서원본불실기재죄의 대상이 되는 불실의 기재에 해당한다(대판 2006.01.13. 2005도4790).
㉢ (○) 대판 1985.9.10. 85도1481
㉣ (○) 공정증서원본불실기재죄는 공무원에 대하여 허위신고를 하여 공정증서원본에 진실에 반하는 사실을 기재하게 함으로써 성립하는 것이므로, 유상증자등기의 신청시 발행주식 총수 및 자본의 총액이 증가한 사실이 허위임을 알면서 증자등기를 신청하여 상업등기부원본에 그 기재를 하게 한 경우, 등기신청서류로 제출된 주금납입금보관증명서가 위조된 것임을 몰랐다고 하더라도 공정증서원본불실기재죄가 성립한다(대판 2006.10.26. 2006도5147).

정답 ④

문 06 다음 설명 중 옳은 것은 모두 몇 개인가? (다툼이 있는 경우 판례에 의함)

㉠ 사망한 乙의 단독상속인인 甲이 사망자 명의로 된 아파트에 대한 채권자의 강제집행을 면하기 위하여 乙이 증여한 사실이 없음에도 불구하고 증여를 원인으로 丙 명의의 소유권이전등기를 한 경우 공정증서원본부실기재죄 및 동행사죄가 성립한다.
㉡ 실제로는 채권채무관계가 존재하지 아니함에도 허위의 주장입증으로 확정판결을 받아 법원의 촉탁에 의한 부실의 등기가 이루어진 경우 공정증서원본부실기재죄 및 동행사죄가 성립한다.
㉢ 강제집행을 면탈할 목적으로 허위채권을 만들어 합동법률사무소 명의의 공정증서를 작성한 경우, 공정증서원본부실기재죄가 성립한다.
㉣ 상업등기부는 공정증서원본에 해당한다.

① 1개   ② 2개   ③ 3개   ④ 4개

해설 ㉠ (×) 피고인이 부동산에 관하여 가장매매를 원인으로 소유권이전등기를 경료하였더라도, 그 당사자 사이에는 소유권이전등기를 경료시킬 의사는 있었다고 할 것이므로 공정증서원본불실기재죄 및 동행사죄는 성립하지 않고, 또한 등기의무자와 등기권리자(피고인) 간의 소유권이전등기 신청의 합의에 따라 소유권이전등기가 된 이상, 등기의무자명의의 소유권이전등기가 원인이 무효인 등기로서 피고인이 그 점을 알고 있었다고 하더라도, 특별한 사정이 없는 한 바로 피고인이 등기부에 불실의 사실을 기재하게 하였다고 볼 것은 아니다(대판 2011.7.14. 2010도1025).
㉡ (×) 공정증서원본불실기재죄에 있어서의 불실의 기재는 당사자의 허위신고에 의하여 이루어져야 하므로 법원의 촉탁에 의하여 이루어진 경우에는 가령 그 전제절차에 허위적 요소가 있다 하더라도 그것은 법원의 촉탁에 의하여 이루어진 것이지 당사자의 허위신고에 의하여 이루어진 것이 아니므로 공정증서원본불실기재죄를 구성하지 않는다(대판 1983.12.27. 83도2442).
㉢ (○) 실제로는 채권·채무관계가 존재하지 아니함에도 공증인에게 허위신고를 하여 가장된 금전채권에 대하여 집행력이 있는 공정증서 원본을 작성하고 이를 비치하게 한 것이라면 공정증서원본불실기재죄 및 불실기재공정증서원본 행사죄의 죄책을 면할 수 없다 할 것이다(대판 2003.7.25. 2002도638).
㉣ (○) 공정증서란 공무원이 직무상 작성하는 공문서로서 권리·의무에 관한 사실을 증명하는 효력을 가진 것을 의미한다. 부동산등기부, 상업등기부, 법인등기부 등이 이에 해당된다.

정답 ②

MEMO

1위, 그 이상의 존재감
경찰 수험의 절대공식

PART 03
형사소송법

김승봉 레전드 형사법 테마특강

Theme 31 / 전문법칙

📖 관련조문

형사소송법 제310조의2(전문증거와 증거능력의 제한)
제311조 내지 제316조에 규정한 것 이외에는 공판준비 또는 공판기일에서의 진술에 대신하여 진술을 기재한 서류나 공판준비 또는 공판기일 외에서의 타인의 진술을 내용으로 하는 진술은 이를 증거로 할 수 없다.

제311조(법원 또는 법관의 조서)
공판준비 또는 공판기일에 피고인이나 피고인 아닌 자의 진술을 기재한 조서와 법원 또는 법관의 검증의 결과를 기재한 조서는 증거로 할 수 있다. 제184조 및 제221조의2의 규정에 의하여 작성한 조서도 또한 같다.

제312조(검사 또는 사법경찰관의 조서 등)
① 검사가 작성한 피의자신문조서는 적법한 절차와 방식에 따라 작성된 것으로서 공판준비, 공판기일에 그 피의자였던 피고인 또는 변호인이 그 내용을 인정할 때에 한정하여 증거로 할 수 있다.
② <삭제>
③ 검사 이외의 수사기관이 작성한 피의자신문조서는 적법한 절차와 방식에 따라 작성된 것으로서 공판준비 또는 공판기일에 그 피의자였던 피고인 또는 변호인이 그 내용을 인정할 때에 한하여 증거로 할 수 있다.
④ 검사 또는 사법경찰관이 피고인이 아닌 자의 진술을 기재한 조서는 적법한 절차와 방식에 따라 작성된 것으로서 그 조서가 검사 또는 사법경찰관 앞에서 진술한 내용과 동일하게 기재되어 있음이 원진술자의 공판준비 또는 공판기일에서의 진술이나 영상녹화물 또는 그 밖의 객관적인 방법에 의하여 증명되고, 피고인 또는 변호인이 공판준비 또는 공판기일에 그 기재 내용에 관하여 원진술자를 신문할 수 있었던 때에는 증거로 할 수 있다. 다만, 그 조서에 기재된 진술이 특히 신빙할 수 있는 상태하에서 행하여졌음이 증명된 때에 한한다.
⑤ 제1항부터 제4항까지의 규정은 피고인 또는 피고인이 아닌 자가 수사과정에서 작성한 진술서에 관하여 준용한다.
⑥ 검사 또는 사법경찰관이 검증의 결과를 기재한 조서는 적법한 절차와 방식에 따라 작성된 것으로서 공판준비 또는 공판기일에서의 작성자의 진술에 따라 그 성립의 진정함이 증명된 때에는 증거로 할 수 있다.

제313조(진술서 등)
① 전2조의 규정 이외에 피고인 또는 피고인이 아닌 자가 작성한 진술서나 그 진술을 기재한 서류로서 그 작성자 또는 진술자의 자필이거나 그 서명 또는 날인이 있는 것(피고인 또는 피고인 아닌 자가 작성하였거나 진술한 내용이 포함된 문자·사진·영상 등의 정보로서 컴퓨터용디스크, 그 밖에 이와 비슷한 정보저장매체에 저장된 것을 포함한다. 이하 이 조에서 같다)은 공판준비나 공판기일에서의 그 작성자 또는 진술자의 진술에 의하여 그 성립의 진정함이 증명된 때에는 증거로 할 수 있다. 단, 피고인의 진술을 기재한 서류는 공판준비 또는 공판기일에서의 그 작성자의 진술에 의하여 그 성립의 진정함이 증명되고 그 진술이 특히 신빙할 수 있는 상태하에서 행하여진 때에 한하여 피고인의 공판준비 또는 공판기일에서의 진술에 불구하고 증거로 할 수 있다.
② 제1항 본문에도 불구하고 진술서의 작성자가 공판준비나 공판기일에서 그 성립의 진정을 부인하는 경우에는 과학적 분석결과에 기초한 디지털포렌식 자료, 감정 등 객관적 방법으로 성립의 진정함이 증명되는 때에는 증거로 할 수 있다. 다만, 피고인 아닌 자가 작성한 진술서는 피고인 또는 변호인이 공판준비 또는 공판기일에 그 기재 내용에 관하여 작성자를 신문할 수 있었을 것을 요한다.
③ 감정의 경과와 결과를 기재한 서류도 제1항 및 제2항과 같다.

제314조(증거능력에 대한 예외)
제312조 또는 제313조의 경우에 공판준비 또는 공판기일에 진술을 요하는 자가 사망·질병·외국거주·소재불명 그 밖에 이에 준하는 사유로 인하여 진술할 수 없는 때에는 그 조서 및 그 밖의 서류(피고인 또는 피고인 아닌 자가 작성하였거나 진술한 내용이 포함된 문자·사진·영상 등의 정보로서 컴퓨터용디스크, 그 밖에 이와 비슷한 정보저장매체에 저장된 것을 포함한다)를 증거로 할 수 있다. 다만, 그 진술 또는 작성이 특히 신빙할 수 있는 상태하에서 행하여졌음이 증명된 때에 한한다.

제315조(당연히 증거능력이 있는 서류)
다음에 게기한 서류는 증거로 할 수 있다.
　1. 가족관계기록사항에 관한 증명서, 공정증서등본 기타 공무원 또는 외국공무원의 직무상 증명할 수 있는 사항에 관하여 작성한 문서
　2. 상업장부, 항해일지 기타 업무상 필요로 작성한 통상문서
　3. 기타 특히 신용할 만한 정황에 의하여 작성된 문서

제316조(전문의 진술)
① 피고인이 아닌 자(공소제기 전에 피고인을 피의자로 조사하였거나 그 조사에 참여하였던 자를 포함한다. 이하 이 조에서 같다)의 공판준비 또는 공판기일에서의 진술이 피고인의 진술을 그 내용으로 하는 것인 때에는 그 진술이 특히 신빙할 수 있는 상태하에서 행하여졌음이 증명된 때에 한하여 이를 증거로 할 수 있다.
② 피고인 아닌 자의 공판준비 또는 공판기일에서의 진술이 피고인 아닌 타인의 진술을 그 내용으로 하는 것인 때에는 원진술자가 사망, 질병, 외국거주, 소재불명 그 밖에 이에 준하는 사유로 인하여 진술할 수 없고, 그 진술이 특히 신빙할 수 있는 상태하에서 행하여졌음이 증명된 때에 한하여 이를 증거로 할 수 있다.

제318조(당사자의 동의와 증거능력)
① 검사와 피고인이 증거로 할 수 있음을 동의한 서류 또는 물건은 진정한 것으로 인정한 때에는 증거로 할 수 있다.
② 피고인의 출정 없이 증거조사를 할 수 있는 경우에 피고인이 출정하지 아니한 때에는 전항의 동의가 있는 것으로 간주한다. 단, 대리인 또는 변호인이 출정한 때에는 예외로 한다.

핵심지문 OX Quiz

전문증거의 개념

01 서류에 기재된 진술 내용의 진실성이 범죄사실에 대한 직접 증거로 사용되는 경우는 전문증거가 되나, 압수된 디지털 저장매체로부터 출력한 문건을 진술증거로 사용하는 경우는 그 기재 내용의 진실성에 관하여 전문법칙이 적용되지 않는다. ○ | ×

> [해설] 전문증거는 진술증거와 진실성 여부가 문제가 될 때이다. 따라서 압수된 디지털 저장매체로부터 출력한 문건을 진술증거로 사용하고 그 진실성에 관해서는 전문법칙이 적용된다(대판 2013.6.13. 2012도16001).

02 제1심 법정에서 피해자 甲이 '피고인 乙이 88체육관 부지를 공시지가로 매입하게 해 주고 KBS와의 시설이주 협의도 2개월 내로 완료하겠다고 말하였다'고 진술한 경우 위와 같은 원진술의 존재 자체가 피고인 乙의 각 사기죄 또는 변호사법 위반죄에 있어서의 요증사실이므로, 이를 직접 경험한 甲이 乙로부터 위와 같은 말을 들었다고 하는 진술은 전문증거가 아니라 본래증거에 해당한다. ○ | ×

> [해설] 전문증거는 진술증거이어야 한다. 그리고 요증사실과의 관련성은 원진술 내용의 진실성 여부가 문제되어야 하며, 그 여부에 의해서 요증사실을 입증할 때 전문증거가 된다. 위 사안에서 '88체육관 부지를 공시지가로 매입하게 해 주고 KBS와의 시설이주 협의도 2개월 내로 완료하겠다'고 말한 것은 이 말 자체가 사기죄의 증거가 되므로 전문증거가 아니라 본래증거가 된다(대판 2012.7.26. 2012도2937).

03 피고인이 수표를 발행하였으나 예금부족 또는 거래정지처분으로 지급되지 아니하게 하였다는 부정수표 단속법 위반의 공소사실을 증명하기 위하여 제출되는 수표는 그 서류의 존재 또는 상태 자체가 증거가 되는 것이어서 증거물인 서면에 해당하고 어떠한 사실을 직접 경험한 사람의 진술에 갈음하는 대체물이 아니므로, 증거능력은 증거물의 예에 의하여 판단하여야 하고, 이에 대하여는 형사소송법 제310조의2에서 정한 전문법칙이 적용될 여지가 없다. ○ | ×

> [해설] 수표가 부도나면 부정수표 단속법으로 처리되며 수표를 증거로 제출한다. 이것은 진술증거가 아니라 증거물이기 때문에 전문법칙이 적용되지 않는다(대판 2015.4.23. 2015도2275).

04 "甲이 乙을 살해하는 것을 목격했다."라는 丙의 말을 들은 丁이 丙의 진술 내용을 증언하는 경우, 甲의 살인사건에 대하여는 전문증거이지만, 丙의 명예훼손사건에 대하여는 전문증거가 아니다. ○ | ×

> [해설] '살해하는 것을 목격했다'는 것을 살인죄의 증거로 쓴다면 전문증거이지만, 명예훼손사건에서는 전문증거가 아니다.

정답 01 × 02 ○ 03 ○ 04 ○

05 A가 진술 당시 술에 취하여 횡설수설하였다는 것을 확인하기 위하여 제출된 A의 진술이 녹음된 녹음테이프는 전문증거에 해당한다. ○ | ×

> 해설 녹음테이프에 대한 검증의 내용이 그 진술 당시 진술자의 상태 등을 확인하기 위한 것인 경우에는, 녹음테이프에 대한 검증조서의 기재 중 진술 내용을 증거로 사용하는 경우에 관한 위 법리는 적용되지 아니하고, 따라서 위 검증조서는 법원의 검증의 결과를 기재한 조서로서 형사소송법 제311조에 의하여 당연히 증거로 할 수 있다(대판 2008.7.10. 2007도10755). 즉, A가 진술 당시 술에 취하여 횡설수설하였다는 것을 확인하기 위하여 제출된 A의 진술이 녹음된 녹음테이프는 전문증거가 아니다.

06 "甲이 도둑질하는 것을 보았다."라는 乙의 발언사실을 A가 법정에서 증언하는 경우, 乙의 명예훼손 사건에 대한 전문증거로서 전문법칙이 적용된다. ○ | ×

> 해설 원진술의 내용인 사실이 요증사실인 경우에는 전문증거이나, 원진술의 존재 자체가 요증사실인 경우에는 본래증거이지 전문증거가 아니다(대판 2012.7.26. 2012도2937). 위 사안에서 乙의 명예훼손 사건에 대해서는 乙의 진술 자체가 요증사실이 되므로 전문증거가 아니라 원본증거이다.

07 사기죄에 대한 공판절차에서 증인이 '피고인이 피해자에게 토지를 싸게 구입하여 주겠다고 거짓말을 했다'는 취지로 진술한 경우, 이 진술은 본래증거이므로 전문법칙의 적용을 받지 않는다. ○ | ×

> 해설 원진술 내용의 진실성을 입증하기 위해서가 아니라 그런 진술을 하였다는 것이므로 전문증거가 아닙니다.

08 어떤 진술이 기재된 서류가 어떠한 내용의 진술을 하였다는 사실 자체에 대한 정황증거로 사용될 것이라는 이유로 서류의 증거능력을 인정한 다음 그 사실을 다시 진술 내용이나 그 진실성을 증명하는 간접사실로 사용하는 경우에 그 서류는 전문증거에 해당한다. ○ | ×

> 해설 대판 2019.8.29. 2018도14303 전원합의체

09 어떤 진술이 기재된 서류가 그 진술의 진실성과 관계없는 간접사실에 대한 정황증거로 사용될 경우 반드시 전문증거가 되는 것은 아니다. ○ | ×

> 해설 대판 2013.6.13. 2012도16001

정답 05 × 06 × 07 ○ 08 ○ 09 ○

문 01 다음 중 전문증거에 해당하는 것을 모두 고른 것은? (다툼이 있는 경우 판례에 의함)

㉠ 건축허가를 둘러싼 A의 알선수재사건에서 "건축허가 담당공무원에게 내(B)가 사례비 2,000만 원을 주기로 A와 상의하였다."라는 B의 증언
㉡ 휴대전화기에 공포심이나 불안감을 유발하는 글을 반복적으로 상대방에게 도달하게 하는 행위를 하였다는 C에 대한 공소사실의 유죄증거로 C의 휴대전화기에 저장된 위와 같은 내용의 문자정보
㉢ 횡령죄로 기소된 D의 의뢰를 받은 변호사가 작성하여 D에게 이메일로 전송한 '법률의견서'를 출력한 사본
㉣ 반국가단체로부터 지령을 받고 국가기밀을 탐지·수집하였다는 공소사실로 기소된 E의 컴퓨터에 저장된 국가기밀문건
㉤ F가 한 진술의 내용인 사실이 요증사실인 경우, F의 진술을 내용으로 하는 G의 진술
㉥ 甲이 반국가단체 구성원 A와 회합한 후 A로부터 지령을 받고 국가기밀을 탐지·수집하였다는 공소사실로 기소되었고, 甲의 컴퓨터에서 "A 선생 앞: 2011년 면담은 1월 30일 북경에서 하였으면 하는 의견입니다."라는 등의 내용이 담겨져 있는 파일이 발견되었는데, 이 파일이 甲과 A의 회합을 입증하기 위한 증거로 제출된 경우

① ㉠, ㉢ ② ㉡, ㉣ ③ ㉠, ㉡, ㉢
④ ㉢, ㉤, ㉥ ⑤ ㉠, ㉡, ㉣, ㉥

해설 ㉠ (×) 원진술의 내용인 사실이 요증사실인 경우에는 전문증거이나, 원진술의 존재 자체가 요증사실인 경우에는 본래증거이지 전문증거가 아니다. 따라서 제3자가 피고인으로부터 건축허가 담당공무원이 외국연수를 가므로 사례비를 주어야 한다는 말을 들었다는 취지로 한 진술은 피고인의 위와 같은 원진술의 존재 자체가 이 사건 알선수재죄에 있어서의 요증사실이므로, 피고인에 대한 알선수재죄에 있어 전문증거가 아니라 본래증거에 해당된다(대판 2008.11.13. 2008도8007).

㉡ (×) 문자정보는 범행의 직접적인 수단이고 경험자의 진술에 갈음하는 대체물에 해당하지 않으므로, 전문법칙이 적용되지 않는다(대판 2008.11.13. 2006도2556).

㉢ (○) 변호사가 법률자문과정에 작성하여 甲 회사측에 전송한 전자문서를 출력한 '법률의견서'에 대하여 피고인들이 증거로 함에 동의하지 아니하고, 변호사가 원심 공판기일에 증인으로 출석하였으나 증언할 내용이 甲 회사로부터 업무상 위탁을 받은 관계로 알게 된 타인의 비밀에 관한 것임을 소명한 후 증언을 거부한 사안에서, 위 법률의견서는 압수된 디지털 저장매체로부터 출력한 문건으로서 실질에 있어서 형사소송법 제313조 제1항에 규정된 '피고인 아닌 자가 작성한 진술서나 그 진술을 기재한 서류'에 해당한다(대판 2012.5.17. 2009도6788 전원합의체).

㉣ (×) 반국가단체의 구성원과 문건을 주고받는 방법으로 통신을 한 경우, 반국가단체로부터 지령을 받고 국가기밀을 탐지·수집하였다는 공소사실과 관련하여 수령한 지령 및 탐지·수집하여 취득한 국가기밀이 문건의 형태로 존재하는 경우나 편의제공의 목적물이 문건인 경우 등에는, 문건 내용의 진실성이 문제되는 것이 아니라 그러한 내용의 문건이 존재하는 것 자체가 증거가 되는 것으로서, 위와 같은 공소사실에 대하여는 전문법칙이 적용되지 않는다(대판 2013.7.26. 2013도2511).

㉤ (○) 타인의 진술을 내용으로 하는 진술이 전문증거인지 여부는 요증사실과의 관계에서 정하여지는 것이므로, 원 진술의 내용인 사실이 요증사실인 경우에는 전문증거이다(대판 2014.2.27. 2013도12155). 따라서 F가 한 진술의 내용인 사실이 요증사실인 경우, F의 진술을 내용으로 하는 G의 진술은 전문증거이다.

| 해설 | ⑭ (○) 피고인들이 북한 공작원들과 그 일시경 실제로 회합하였음을 증명하려고 하는 경우에는 문건 내용이 진실한지가 문제되므로 전문법칙이 적용된다(대판 2013.7.26. 2013도2511).

정답 ④

문 02. 다음의 내용 중 전문증거가 될 수 없는 것으로 모두 짝지어진 것은 어느 것인가?

㉠ A가 B에게 수명의 혐의자 중 강도범이 누구인지 지적하여 달라고 하자 B는 C를 지적하였는데 A가 법정에서 B의 지적 행동을 증언한 경우, A의 증언
㉡ B가 C를 껴안은 행동이 폭행인지 우정의 표현인지를 설명하기 위하여 그 장면을 목격한 A가 법정에서 "B는 C에게 나쁜 놈이라고 격노에 찬 말을 하였다."라고 증언한 경우, A의 증언
㉢ B에 대하여 무고죄로 기소된 사건에서 A가 B로부터 "C가 훔치는 것을 보았다."라는 말을 전해 들었다고 증언한 경우, A의 증언
㉣ 피고인 B의 정신상태를 나타내기 위해 A가 "평소 B는 자신이 신이라고 말하였다."라고 증언한 경우, A의 증언

① ㉠-㉡
② ㉠-㉢
③ ㉠-㉡-㉣
④ ㉡-㉢-㉣

| 해설 | ㉠ (○) 전문법칙은 진술증거에 적용되므로 손으로 지적하는 것은 언어적 진술이므로 전문증거가 될 수 있다.
㉡ (×) 전문법칙은 진술증거가 원진술의 내용이 된 사실을 입증하기 위하여 사용될 때, 즉 요증사실을 증명할 때 적용되므로, 행동을 설명하기 위해서 사용될 때, 요증사실을 입증하는 것이 아닐 때, 정신상태를 확인하기 위해서 쓸 때는 전문증거가 아니다.
㉢ (×) 무고죄로 기소되었는데 절도죄를 증언하고 있으므로 요증사실을 입증하기 위한 것이 아니다. 따라서 전문증거가 아니다.
㉣ (×) 요증사실을 입증하기 위한 것이 아니라 정신상태를 증명하기 위해서 쓰는 것이므로 전문증거가 아니다.

정답 ④

Theme 31 전문법칙 179

핵심지문 OX Quiz

전문법칙

01 범행의 직접적인 수단이 된 문자정보가 저장된 휴대전화기의 화면을 촬영한 사진이 증거로 제출된 경우, 이를 증거로 사용하려면 문자정보가 저장된 휴대전화기를 법정에 제출할 수 없거나 그 제출이 곤란한 사정이 있고, 그 사진의 영상이 휴대전화기의 화면에 표시된 문자정보와 정확하게 같다는 사실이 증명되어야 한다. O | X

해설 원칙적으로 원본을 증거로 사용하고 사본은 지문과 같은 요건을 갖추어야 증거로 쓸 수 있다(대판 2008.11.13. 2006도2556).

02 디지털 저장매체에 저장된 로그파일을 복사한 사본의 일부 내용을 요약·정리하여 작성한 새로운 문서파일에서 출력한 문서를 진술증거로 사용하기 위해서는 그 작성자 또는 진술자의 진술에 의하여 성립의 진정이 증명되어야 한다. O | X

해설 대판 2015.8.27. 2015도3467

03 피고인 아닌 자가 작성한 진술서에 대하여 작성자가 그 진정성립을 부인하는 경우에는 과학적 분석 결과에 기초한 디지털포렌식 자료, 감정 등 객관적인 방법으로 성립의 진정이 증명되고, 반대신문의 기회가 제공되었다면 증거로 할 수 있다. O | X

해설 형사소송법 제313조 제1항, 제2항

04 압수된 디지털 저장매체로부터 출력한 문건을 진술증거로 사용하는 경우 그 기재 내용의 진실성에 관하여는 전문법칙이 적용되므로 형사소송법 제313조 제1항에 따라 공판준비나 공판기일에서의 그 작성자 또는 진술자의 진술에 의하여 그 성립의 진정함이 증명된 때에 한하여 이를 증거로 사용할 수 있다. O | X

해설 대판 2012.7.26. 2012도2937

05 피해자가 남동생에게 도움을 요청하면서 피고인으로부터 당한 공갈 등 피해 내용을 담아 보낸 문자 메시지를 촬영한 사진은 형사소송법 제313조에 규정된 '피해자의 진술서'에 준하는 것으로 보아야 한다. O | X

해설 대판 2010.11.25. 2010도8735

06 체포·구속인접견부는 특히 신용할 만한 정황에 의하여 작성된 문서로서 형사소송법 제315조 제2호·제3호에 규정된 '당연히 증거능력이 있는 서류'에 해당된다. O | X

해설 체포·구속인접견부는 유치된 피의자가 죄증을 인멸하거나 도주를 기도하는 등 유치장의 안전과 질서를 위태롭게 하는 것을 방지하기 위한 목적으로 작성되는 서류로 보일 뿐이어서 형사소송법 제315조 제2호·제3호에 규정된 당연히 증거능력이 있는 서류로 볼 수는 없다(대판 2012.10.25. 2011도5459).

정답 01 O 02 O 03 O 04 O 05 O 06 ×

07 범죄현장을 목격한 자를 참고인으로 조사한 경찰관이 법정에서 '참고인이 범죄현장을 목격했다고 말했다'는 취지로 증언하더라도, 원진술자가 법정에 출석하여 그런 진술을 한 적이 없다고 부인한다면 경찰관의 법정진술은 증거능력이 없다. O | X

[해설] 전문진술을 증거로 쓰기 위해서는 필요성과 특신상황이 있어야 하는데, 원진술자(참고인)가 법정에 출석하였으므로 필요성이 부정되어 경찰관의 법정진술은 사용할 수 없다.

08 수사기관이 아닌 사인이 피고인 아닌 사람과의 대화 내용을 녹음한 녹음테이프는 형사소송법 제311조, 제312조 규정 이외의 피고인 아닌 자의 진술을 기재한 서류와 다를 바 없으므로, 피고인이 그 녹음테이프를 증거로 할 수 있음에 동의하지 아니하는 이상 어떠한 경우라도 증거능력이 없다. O | X

[해설] 수사기관 아닌 사인(私人)이 피고인 아닌 사람과의 대화 내용을 녹음한 녹음테이프는 피고인의 증거동의가 없는 이상 그 증거능력을 부여하기 위해서는, 첫째 녹음테이프가 원본이거나 인위적 개작 없이 원본 내용 그대로 복사된 사본일 것, 둘째 형사소송법 제313조 제1항에 따라 공판준비나 공판기일에서 원진술자의 진술에 의하여 녹음테이프에 녹음된 각자의 진술 내용이 자신이 진술한 대로 녹음된 것이라는 점이 인정되어야 한다(대판 2011.9.8. 2010도7497).

[정답] 07 O 08 ×

문 03 형사소송법 제311조에 따라서 증거능력이 인정되는 전문증거는 모두 몇 개인가? (다툼이 있는 경우 판례에 의함)

> ㉠ 당해 사건에서 상소심에 의한 파기환송 전의 공판조서
> ㉡ 당해 사건에서 공판절차 갱신 전의 공판조서
> ㉢ 당해 사건의 공판준비절차에서 작성된 감정인신문조서
> ㉣ 당해 사건의 공판기일에서 피고인이 행한 진술
> ㉤ 증거보전절차에서 작성된 증인신문조서 중 증인에 대한 반대신문과정에서 피의자가 진술한 내용을 기재한 부분

① 2개　　　② 3개　　　③ 4개　　　④ 5개

[해설]
㉠ (O)
㉡ (O) 공판기일에 피고인의 진술을 기재한 조서로서 형사소송법 제311조가 적용된다.
㉢ (O) 공판준비절차에서 피고인 아닌 자의 진술을 기재한 조서에 해당하므로 형사소송법 제311조가 적용된다.
㉣ (×) 원본증거이므로 전문법칙이 적용되지 않는다.
㉤ (×) 증인신문조서가 증거보전절차에서 피고인이 증인으로서 증언한 내용을 기재한 것이 아니라 증인(甲)의 증언 내용을 기재한 것이고 다만 피의자였던 피고인이 당사자로 참여하여 자신의 범행사실을 시인하는 전제하에 위 증인에게 반대신문한 내용이 기재되어 있을 뿐이라면, 위 조서는 공판준비 또는 공판기일에 피고인 등의 진술을 기재한 조서도 아니고, 반대신문과정에서 피의자가 한 진술에 관한 형사소송법 제184조에 의한 증인신문조서도 아니므로 위 조서 중 피의자의 진술기재 부분에 대하여는 형사소송법 제311조에 의한 증거능력을 인정할 수 없다(대판 1984.5.15. 84도508).

[정답] ②

핵심지문 OX Quiz

재전문증거

01 형사소송법은 전문진술에 대하여 제316조에서 실질상 단순한 전문의 형태를 취하는 경우에 한하여 예외적으로 그 증거능력을 인정하는 규정을 두고 있을 뿐, 재전문진술이나 재전문진술을 기재한 조서에 대하여는 달리 그 증거능력을 인정하는 규정을 두고 있지 아니하고 있으므로, 피고인이 증거로 하는 데 동의하더라도 이를 증거로 할 수 없다. ○ | ×

해설 형사소송법은 전문진술에 대하여 제316조에서 실질상 단순한 전문의 형태를 취하는 경우에 한하여 예외적으로 그 증거능력을 인정하는 규정을 두고 있을 뿐, 재전문진술이나 재전문진술을 기재한 조서에 대하여는 달리 그 증거능력을 인정하는 규정을 두고 있지 아니하고 있으므로, 피고인이 증거로 하는 데 동의하지 아니하는 한 형사소송법 제310조의2의 규정에 의하여 이를 증거로 할 수 없다(대판 2012.5.24. 2010도5948).

02 전문진술이 기재된 조서로서 재전문서류는 형사소송법 제312조 또는 제314조의 전문서류의 증거능력 인정요건을 갖추어야 함은 물론 나아가 형사소송법 제316조 제2항의 전문진술의 증거능력 인정요건을 모두 갖추어야 증거능력이 인정된다. ○ | ×

해설 대판 2012.5.24. 2010도5948

03 성폭력 피해아동이 어머니에게 진술한 내용을 어머니가 상담원에게 전한 후, 상담원이 그 내용을 검사 면전에서 진술하여 작성된 진술조서는 이른바 '재전문진술을 기재한 조서'로서, 피고인이 동의하지 않는 한 증거능력이 인정되지 아니한다. ○ | ×

해설 대판 2000.3.10. 2000도159

04 피해자가 어머니에게 진술한 내용을 전해들은 아버지가 법정에서 그 내용을 진술한 경우 피해자와 어머니의 진술불능과 원진술의 특신상태가 증명되면 유죄의 증거로 할 수 있다. ○ | ×

해설 형사소송법은 전문진술에 대하여 제316조에서 실질상 단순한 전문의 형태를 취하는 경우에 한하여 예외적으로 그 증거능력을 인정하는 규정을 두고 있을 뿐, 재전문진술이나 재전문진술을 기재한 조서에 대하여는 달리 그 증거능력을 인정하는 규정을 두고 있지 아니하고 있으므로, 피고인이 증거로 하는 데 동의하지 아니하는 한 형사소송법 제310조의2의 규정에 의하여 이를 증거로 할 수 없다(대판 2000.3.10. 2000도159). 이 경우도 재전문진술에 해당하므로 원칙적으로 증거로 쓸 수 없다.

정답 01 × 02 ○ 03 ○ 04 ×

문 04 전문법칙에 관한 설명으로 가장 적절하지 않은 것은? (다툼이 있는 경우 판례에 의함)

> ㉠ 형사소송법은 헌법이 요구하는 적법절차를 구현하기 위하여 사건의 실체에 대한 심증형성은 법관의 면전에서 본래증거에 대한 반대신문이 보장된 증거조사를 통하여 이루어져야 한다는 실질적 직접심리주의와 전문법칙을 채택하고 있다.
> ㉡ 검사가 피의자 아닌 자의 진술을 기재한 조서에 대하여 그 원진술자가 공판기일에서 그 조서의 내용과 다른 진술을 하거나 변호인 또는 피고인의 반대신문에 대하여 아무런 답변을 하지 아니하였다 하여 곧 증거능력 자체를 부정할 사유가 되지는 아니한다.
> ㉢ 행위자가 아닌 법인 또는 개인이 양벌규정에 따라 기소된 경우, 검사 이외의 수사기관이 행위자에 대하여 작성한 피의자신문조서는 행위자가 그 내용을 인정한 경우라도 당해 피고인인 법인 또는 개인이 그 내용을 부인하는 경우에는 형사소송법 제312조 제3항이 적용되어 증거능력이 없고, 형사소송법 제314조를 적용하여 증거능력을 인정할 수도 없다.

① 없음   ② 1개   ③ 2개   ④ 3개

해설
㉠ (O) 대판 2019.11.21. 2018도13945 전원합의체
㉡ (O) 검사가 피의자 아닌 자의 진술을 기재한 조서는 원진술자의 공판준비 또는 공판기일에서의 진술에 의하여 그 성립의 진정함이 인정되면 증거로 할 수 있고, 여기에서 성립의 진정이라 함은 간인, 서명, 날인 등 조서의 형식적인 진정과 그 조서의 내용이 진술자의 진술내용대로 기재되었다는 실질적인 진정을 뜻하는 것이므로, 검사가 피의자 아닌 자의 진술을 기재한 조서에 대하여 그 원진술자가 공판기일에서 그 성립의 진정을 인정하면 그 조서는 증거능력이 있는 것이고, 원진술자가 공판기일에서 그 조서의 내용과 다른 진술을 하거나 변호인 또는 피고인의 반대신문에 대하여 아무런 답변을 하지 아니하였다 하여 곧 증거능력 자체를 부정할 사유가 되지는 아니한다(대판 2001.9.14. 2001도1550).
㉢ (O) 대판 2020.6.11. 2016도9367

정답 ①

문 05 전문증거에 관한 설명 중 옳은 것은 모두 몇 개인가? (다툼이 있는 경우 판례에 의함)

㉠ 검사가 작성한 피고인에 대한 피의자신문조서를 피고인에 대한 유죄의 증거로 사용하기 위해서는 피고인 또는 변호인이 공판정에서 그 내용을 인정하여야 한다.
㉡ 진술자의 진술 내용을 보충하기 위해 검증조서나 감정서에 첨부된 사진은 진술증거의 일부를 이루는 보조수단으로 진술증거인 검증조서나 감정서와 일체로 증거능력이 판단된다.
㉢ 검사 또는 사법경찰관이 피고인 아닌 자의 진술을 기재한 조서는 적법한 절차와 방식에 따라 작성된 것으로서 그 조서가 검사 또는 사법경찰관 앞에서 진술한 내용과 동일하게 기재되어 있음이 원진술자의 공판준비 또는 공판기일에서의 진술이나 영상녹화물 또는 그 밖의 객관적인 방법에 의하여 증명되고, 피고인 또는 변호인이 공판준비 또는 공판기일에 그 기재 내용에 관하여 원진술자를 신문할수 있었던 때에는 증거로 할 수 있다. 다만, 그 조서에 기재된 진술이 특히 신빙할 수 있는 상태하에서 행하여졌음이 증명된 때에 한한다.

① 없음 ② 1개 ③ 2개 ④ 3개

해설 ㉠ (○) 형사소송법 제312조 제1항
㉡ (○) 사진이 진술자의 진술 내용을 보충하기 위해서 진술증거의 일부로 사용되는 경우 이러한 사진은 진술증거의 일부를 이루는 보조수단에 불과하므로 사진의 증거능력도 진술증거인 검증조서나 감정서 등과 일체적으로 판단된다고 할 것이다.
㉢ (○) 형사소송법 제312조 제4항

정답 ④

문 06 甲이 공무원 乙에게 1,000만 원을 제공하였다는 뇌물사건을 수사하던 검사는 甲의 직장동료인 丙으로부터 "甲이 '乙에게 뇌물을 주었다'고 내게 말했다."라는 참고인 진술을 확보하고 甲과 乙을 공동피고인으로 기소하였다. 그러나 공판정에 출석한 丙은 일체의 증언을 거부하였고, 일관되게 범행을 부인하던 甲이 심경의 변화를 일으켜 뇌물공여 혐의를 모두 자백하였으나, 乙은 뇌물을 받은 사실이 없다고 주장하며 혐의를 부인하고 있다. 이에 대한 설명으로 가장 적절하지 <u>않은</u> 것은? (다툼이 있는 경우 판례에 의함)

① 甲은 소송절차가 분리되면 乙에 대한 공소사실에 관하여 증인이 될 수 있다.
② 甲이 공판정에서 한 자백은 丙에 대한 참고인진술조서 가운데 "甲이 '乙에게 뇌물을 주었다'고 내게 말했다."라는 진술 내용으로 보강할 수 있다.
③ 甲이 공판정에서 한 자백은 乙의 혐의에 대해서 유죄 인정의 증거가 될 수 있다.
④ 변론분리 후 甲이 증언하는 과정에서 "뇌물을 제공받은 乙이 저에게 '귀하에게 받은 돈은 나라와 민족을 위해 필요한 곳에 쓰겠습니다.'라고 말했습니다."라고 진술한 경우, 乙의 위 진술 내용은 그 진술이 특히 신빙할 수 있는 상태하에서 행하여졌음이 증명된 때에 한하여 이를 증거로 할 수 있다.

해설 ① (○) 공범인 공동피고인은 당해 소송절차에서는 피고인의 지위에 있으므로 다른 공동피고인에 대한 공소사실에 관하여 증인이 될 수 없으나, 소송절차가 분리되어 피고인의 지위에서 벗어나게 되면 다른 공동피고인에 대한 공소사실에 관하여 증인이 될 수 있다(대판 2008.6.26. 2008도3300).
② (×) 피고인의 자백을 내용으로 하고 있는 이와 같은 진술기재내용을 피고인의 자백의 보강증거로 삼는다면 결국 피고인의 자백을 피고인의 자백으로서 보강하는 결과가 되어 아무런 보강도 하는 바 없는 것이니 보강증거가 되지 못하고 오히려 보강증거를 필요로 하는 피고인의 자백과 동일하게 보아야 할 성질의 것이라고 할 것이다(대판 1981.7.7. 81도1314). 그러므로 甲이 공판정에서 한 자백은 丙에 대한 참고인진술조서 가운데 "甲이 '乙에게 뇌물을 주었다'고 내게 말했다."라는 진술내용으로 보강할 수 없다.
③ (○) 공범인 피고인들의 각 자백은 상호보강증거가 되므로 그들의 자백만으로 범죄사실이 인정된다(대판 1983.6.28. 83도1111).
④ (○) 피고인 아닌 자(甲)의 진술이 피고인의 진술(乙)을 그 내용으로 할 때에는 특신상황이 있으면 증거로 할 수 있다(형사소송법 제316조 제1항).

정답 ②

문 07

다음 <보기 1>의 사례를 전제로 할 때, <보기 2>에서 옳은 설명(○)과 옳지 않은 설명(×)을 올바르게 조합한 것은? (다툼이 있는 경우 판례에 의함)

<보기 1>

2022년 5월 12일 저녁 10시경 노량진 고시촌에서 발생한 乙에 대한 강도사건을 조사하던 사법경찰관 C는 甲을 범인으로 확신하고 甲을 긴급체포하면서 현장에서 甲으로부터 범행 일체를 자백받았고, 그 후 피의자신문조서 및 甲으로부터 진술서를 받았다. 한편 증인 A는 공판정에서 '甲이 乙을 칼로 찌르는 것을 보았다'고 증언하였으나, 그 사건 직후 '신음소리를 듣고 현장에 달려가 보니 乙이 쓰러져 있었으며 범인은 보지 못하였다'는 말을 자기 친구 B에게 한 사실이 밝혀졌다.

<보기 2>

㉠ C가 작성한 피의자신문조서 및 甲이 제출한 진술서는 공판정에서 甲 또는 甲의 변호인이 내용의 진정을 인정해야 증거능력이 있다.
㉡ 甲은 증인 A의 증언을 탄핵하기 위하여 친구 B의 진술을 제출할 수 있다.
㉢ 증인 B의 전문진술은 A가 법정에 출석하는 경우, 요증사실에 대해서는 증거능력을 가질 수 없다.
㉣ B의 진술을 들은 사법경찰관 C가 참고인진술조서를 작성하여 법원에 제출하는 경우, A가 공판정에 출석할 수 없고 B에 대한 참고인진술조서가 증거능력을 갖추는 경우, 즉 형사소송법 제316조 제2항 및 제312조 또는 제314조의 규정에 의하여 각 그 증거능력이 인정될 수 있는 경우에는 예외적으로 증거능력이 인정된다.

① ㉠(○), ㉡(○), ㉢(○), ㉣(○)
② ㉠(○), ㉡(○), ㉢(○), ㉣(×)
③ ㉠(×), ㉡(×), ㉢(×), ㉣(×)
④ ㉠(×), ㉡(×), ㉢(○), ㉣(○)

해설 ㉠ (○) 형사소송법 제312조 제3항, 제312조 제5항 참고

관련조문

형사소송법 제312조(검사 또는 사법경찰관의 조서 등)
③ 검사 이외의 수사기관이 작성한 피의자신문조서는 적법한 절차와 방식에 따라 작성된 것으로서 공판준비 또는 공판기일에 그 피의자였던 피고인 또는 변호인이 그 내용을 인정할 때에 한하여 증거로 할 수 있다.
⑤ 제1항부터 제4항까지의 규정은 피고인 또는 피고인이 아닌 자가 수사과정에서 작성한 진술서에 관하여 준용한다.

㉡ (○) 자기모순의 진술이므로 탄핵증거가 될 수 있다.

ⓒ (O) 피고인 아닌 자의 공판준비 또는 공판기일에서의 진술이 피고인 아닌 타인의 진술을 그 내용으로 하는 것인 때에는 원진술자가 사망, 질병, 외국거주, 소재불명 그 밖에 이에 준하는 사유로 인하여 진술할 수 없고, 그 진술이 특히 신빙할 수 있는 상태하에서 행하여졌음이 증명된 때에 한하여 이를 증거로 할 수 있다(형사소송법 제316조 제2항). A가 법정에 출석하는 경우 필요성의 요건이 탈락되어 증거능력이 부정된다.
ⓔ (O) 전문진술이 기재된 조서로서 재전문서류는 형사소송법 제312조 또는 제314조의 전문서류의 증거능력 인정요건을 갖추어야 함은 물론 나아가 형사소송법 제316조 제2항의 전문진술의 증거능력 인정요건을 모두 갖추어야 증거능력이 인정된다(대판 2012.5.24. 2010도5948).

[정답] ①

문 08 다음 <보기> 중 전문법칙과 관련된 설명으로 옳은 것은 모두 몇 개인가? (다툼이 있는 경우 판례에 의함)

<보기>
㉠ 피고인의 진술을 그 내용으로 하는 전문진술이 기재된 조서는 형사소송법 제312조 내지 제314조의 규정에 의하여 각 그 증거능력이 인정될 수 있는 경우에 해당하여야 함은 물론, 나아가 형사소송법 제316조 제1항의 규정에 따라 피고인의 진술이 특히 신빙할 수 있는 상태하에서 행하여진 때에는 이를 증거로 할 수 있다.
㉡ 검사 작성 피의자신문조서의 성립의 진정은 피고인의 진술에만 의하여야 하고, 영상녹화물의 방법으로는 증명할 수 없다.
㉢ 검사 또는 사법경찰관 작성의 검증의 결과를 기재한 조서는 적법한 절차와 방식에 따라 작성되어야 하고 특신상태의 증명이 필요하다.
㉣ 피의자신문과정에 피의자의 진술을 녹화한 영상증거물은 그 피의자의 범죄사실을 유죄로 증명하기 위한 본증으로는 사용할 수 없다.

① 1개 ② 2개 ③ 3개 ④ 4개

[해설] ㉠ (O) 대판 2000.9.8. 99도4814
㉡ (X) 검사 작성 피의자신문조서는 공판기일에 그 피의자였던 피고인 또는 변호인이 그 내용을 인정한 때 한정하여 증거로 할 수 있고(형사소송법 제312조 제1항), 영상녹화물의 방법으로는 증명할 수 있는 조항은 현행법에서 삭제되었다.
㉢ (X) 검사 또는 사법경찰관이 검증의 결과를 기재한 조서는 적법한 절차와 방식에 따라 작성된 것으로서 공판준비 또는 공판기일에서의 작성자의 진술에 따라 그 성립의 진정함이 증명된 때에는 증거로 할 수 있다(형사소송법 제312조 제6항). 특신상태는 필요 없다.
㉣ (O) 영상녹화물은 본증으로 사용할 수 없다.

[정답] ②

문 09 다음 전문법칙에 관한 설명 중 가장 옳은 것은? (다툼이 있는 경우 판례에 의함)

① 참고인진술조서는 피고인 또는 변호인이 공판준비 또는 공판기일에 원진술자에 대하여 반대신문할 수 있었어야 그 증거능력을 인정받을 수 있기 때문에 반드시 참고인에 대한 증인신문 후에 참고인진술조서에 대한 증거조사를 하여야 한다.
② 사법경찰관이 피의자신문조서에 기재됨이 마땅한 피의자의 진술 내용을 진술서의 형식으로 기재하여 제출케 한 경우 그 진술서는 사법경찰관 작성의 피의자신문조서와 마찬가지로 형사소송법 제312조 제3항에 따라 내용을 인정할 때 한하여 증거능력이 인정된다.
③ 참고인이 수사과정에서 자발적으로 진술서를 작성하였다면 수사기관이 그에 대한 조사과정을 기록하지 아니하였더라도 특별한 사정이 없는 한 적법한 절차와 방식으로 작성한 진술조서와 동일하게 그 진술서의 증거능력을 인정할 수 있다.
④ 양벌규정에 따라 처벌되는 행위자와 행위자가 아닌 법인 또는 개인 사이는 공범관계라고 볼 수 없으므로 법인 또는 개인이 피고인인 사건에서 사법경찰관 작성의 행위자에 대한 피의자신문조서에는 피고인이 아닌 자의 진술을 기재한 조서에 관한 형사소송법 제312조 제4항이 적용된다.

해설
① (×) 반대신문의 기회를 주기만 하면 된다. 현실적으로 반대신문이 이루어져야 하는 것은 아니다.
② (○) 대판 1982.9.14. 82도1479 전원합의체
③ (×) 형사소송법 제312조 제5항은 피고인 또는 피고인이 아닌 자가 수사과정에서 작성한 진술서의 증거능력에 관하여는 형사소송법 제312조 제1항부터 제4항까지 준용하도록 규정하고 있으므로, 위와 같은 법리는 피고인이 아닌 자가 수사과정에서 작성한 진술서의 증거능력에 관하여도 그대로 적용된다고 할 것이다. 피고인이 아닌 자가 수사과정에서 진술서를 작성하였지만 수사기관이 그에 대한 조사과정을 기록하지 아니하여 형사소송법 제244조의4 제3항, 제1항에서 정한 절차를 위반한 경우에는, 특별한 사정이 없는 한 '적법한 절차와 방식'에 따라 수사과정에서 진술서가 작성되었다 할 수 없으므로 그 증거능력을 인정할 수 없다(대판 2015.4.23. 2013도3790).
④ (×) [1] 양벌규정은 법인의 대표자나 법인 또는 개인의 대리인, 사용인, 그 밖의 종업원 등 행위자가 법규 위반행위를 저지른 경우, 일정 요건하에 이를 행위자가 아닌 법인 또는 개인이 직접 법규 위반행위를 저지른 것으로 평가하여 행위자와 같이 처벌하도록 규정한 것으로서, 이때의 법인 또는 개인의 처벌은 행위자의 처벌에 종속되는 것이 아니라 법인 또는 개인의 직접책임 내지 자기책임에 기초하는 것이기는 하다. 그러나 양벌규정에 따라 처벌되는 행위자와 행위자가 아닌 법인 또는 개인 간의 관계는 행위자가 저지른 법규 위반행위가 사업주의 법규 위반행위와 사실관계가 동일하거나 적어도 중요 부분을 공유한다는 점에서 내용상 불가분적 관련성을 지닌다고 보아야 하고, 따라서 형법 총칙의 공범관계 등과 마찬가지로 인권보장적 요청에 따라 형사소송법 제312조 제3항이 이들 사이에서도 적용된다고 보는 것이 타당하다.
[2] 형사소송법 제312조 제3항은 검사 이외의 수사기관이 작성한 해당 피고인에 대한 피의자신문조서를 유죄의 증거로 하는 경우뿐만 아니라 검사 이외의 수사기관이 작성한 해당 피고인과 공범관계에 있는 다른 피고인이나 피의자에 대한 피의자신문조서를 해당 피고인에 대한 유죄의 증거로 채택할 경우에도 적용된다.
[3] 이는 법인의 대표자나 법인 또는 개인의 대리인, 사용인, 그 밖의 종업원 등 행위자의 위반행위에 대하여 행위자가 아닌 법인 또는 개인이 양벌규정에 따라 기소된 경우, 이러한 법인 또는 개인과 행위자 사이의 관계에서도 마찬가지로 적용된다(대판 2020.6.11. 2016도9367). 즉 양벌규정에 따라 처벌되는 행위자와 행위자가 아닌 법인 또는 개인 사이는 공범관계라고 볼 수 있으므로 사법경찰관 작성의 행위자에 대한 피의자신문조서에 대해서는 제312조 제3항이 적용된다.

정답 ②

문 10 다음 <사례>에 관한 설명 중 가장 적절하지 않은 것은? (다툼이 있는 경우 판례에 의함)

―<사례>―

甲은 자신에게서 빌려간 돈을 갚지 않은 乙을 찾아가서 '돈을 내놓지 않으면 죽인다'고 말하면서 乙의 지갑에서 현금을 빼앗아갔다. 乙은 이 사실을 친구 丙에게 말하였다. 丙은 '甲이 乙의 현금을 빼앗아갔다'고 丁에게 말하였다. 乙은 甲을 강도죄로 신고하였다. 검사 S는 甲에 대한 피의자신문조서, 乙에 대한 진술조서, 丙과 丁에 대하여 참고인 진술조서를 작성하였다.

甲은 검찰조사에서 乙에 대한 강도 범행을 부인하였다. 기소된 후 甲은 공판정에서 공소사실을 부인하였고 S가 작성한 피의자신문조서의 내용을 부인하였으며, 모든 증거를 부동의하였다. S는 乙을 증인으로 신청하였지만, 乙은 교통사고로 사망하여 불출석하였다. 그리고 S는 丙과 丁을 증인으로 신청하였고 乙, 丙, 丁에 대한 각 검사 작성 진술조서를 증거로 제출하였으며, 丙과 丁은 공판정에서 자신에 대한 진술조서의 진정성립을 인정하였다(조서작성방식과 절차는 적법하였고, 증인신문절차에서의 반대신문의 기회는 보장되었다).

① S가 작성한 甲에 대한 피의자신문조서는 증거능력이 없다.
② S가 작성한 乙에 대한 진술조서는 乙의 진술이 특히 신빙할 수 있는 상태에서 행하여졌다면 증거능력이 있다.
③ S가 작성한 丙에 대한 참고인 진술조서 중 '甲이 乙의 현금을 빼앗아갔다'는 취지의 부분은 丙의 검찰 진술이 특히 신빙할 수 있는 상태에서 행하여졌다면 증거능력이 있다.
④ 丁은 '甲이 乙의 현금을 빼앗아갔다'는 취지의 증언을 한 경우 丁의 진술이 특히 신빙할 수 있는 상태에서 행하여졌다면 丁의 위 증언은 증거능력이 있다.

해설 ① (O) 검사 작성의 피의자신문조서는 피고인이 내용을 부인하고 있으므로 증거능력이 없다(형사소송법 제312조 제1항 참조).
② (O) 乙이 사망하였으므로 특신상황만 있으면 형사소송법 제314조가 적용되어 증거로 사용할 수 있다.
③ (O) 전문진술이 기재된 조서이므로 형사소송법 제316조와 제312조의 요건을 갖추어야 증거로 쓸 수 있으므로 丙의 검찰 진술이 특히 신빙할 수 있는 상태에서 행해졌다면 형사소송법 제316조와 제312조의 요건이 충족되어 증거능력이 있다.
④ (×) 재전문진술이 기재된 조서는 동의가 없는 한 증거로 사용할 수 없다.

정답 ④

문 11 사법경찰관 P1은 甲이 지하철역 에스컬레이터에서 휴대전화 카메라를 이용하여 A의 치마 속을 몰래 촬영하는 것을 발견하고 甲을 현행범인으로 체포하면서 甲의 휴대전화를 압수하였고, 사건을 인계받은 사법경찰관 P2는 甲을 피의자로 신문한 후 석방하였다. 이후 甲은 음주 후 승용차를 운전하던 중 음주단속을 피하기 위하여 도망가다가 운전 중인 승용차로 단속 중이던 사법경찰관 P3을 고의로 들이받아 전치 6주의 상해를 입혔다. 검사는 甲을 위 범죄사실로 기소하였다. 이에 관한 설명 중 옳지 않은 것을 모두 고른 것은? (다툼이 있는 경우 판례에 의함)

㉠ P1의 현행범인 체포절차가 적법하지 않은 경우, 체포를 면하려고 저항하는 과정에서 甲이 P1을 폭행하더라도 이는 정당방위로서 공무집행방해죄가 성립하지 않는다.

㉡ P1이 甲의 휴대전화를 적법하게 압수하면서 작성한 압수조서의 '압수경위'란에 '甲이 지하철역 에스컬레이터에서 짧은 치마를 입고 올라가는 여성을 쫓아가 뒤에 밀착하여 치마 속으로 휴대전화를 집어넣는 등 해당 여성의 신체를 몰래 촬영하는 행동을 하였다'는 내용이 기재되어 있고, 그 하단에 甲의 범행을 직접 목격하고 위 압수조서를 작성한 P1의 기명날인이 있는 경우, 위 압수조서의 '압수경위'란에 기재된 내용은 형사소송법 제312조 제5항의 '피고인이 아닌 자가 수사과정에서 작성한 진술서'에 준하는 것으로 볼 수 있다.

㉢ 만약 위 휴대전화에 대한 압수가 위법한 경우, P1이 작성한 압수조서 중 '압수경위'란에 기재된 내용은 위법하게 수집된 증거에 터잡아 획득한 2차적 증거로서 피고인이 증거로 함에 동의하더라도 원칙적으로 증거능력이 없다.

㉣ P2는 조사과정의 영상녹화를 위해 미리 영상녹화사실을 甲과 A에게 각각 알려주었으나 甲은 촬영을 거부하고 A는 이에 동의한 경우, 甲에 대한 영상녹화물은 기억환기를 위한 자료로 활용할 수 없지만, A에 대한 영상녹화물은 참고인진술조서의 실질적 진정성립을 증명하기 위한 방법으로 사용할 수 있다.

㉤ P3에 대한 범죄사실과 관련하여 甲에게는 특수공무집행방해치상죄만 성립하고 이와 별도로 특수상해죄는 성립하지 않는다.

① ㉠, ㉢
② ㉡, ㉤
③ ㉠, ㉡, ㉣
④ ㉠, ㉢, ㉣
⑤ ㉡, ㉢, ㉣, ㉤

해설 ㉠ (×) 체포절차가 적법하지 않은 경우 적법한 공무집행방해죄에 해당하지 않고 구성요건해당성이 없으므로 공무집행방해죄가 성립하지 않는다.

㉡ (○) 위 압수조서 중 '압수경위'란에 기재된 내용은 피고인이 범행을 저지르는 현장을 직접 목격한 사람의 진술이 담긴 것으로서 형사소송법 제312조 제5항에서 정한 '피고인이 아닌 자가 수사과정에서 작성한 진술서'에 준하는 것으로 볼 수 있다(대판 2019.11.14. 2019도13290).

㉢ (×) 피고인이 증거로 함에 동의한 압수조서상에 피고인의 범행장면을 현장에서 목격한 사법경찰관리가 이를 묘사한 진술 내용이 포함된 경우, 이러한 내용은 형사소송법 제312조 제5항에서 정한 '피고인이 아닌 자가 수사과정에서 작성한 진술서'에 준하는 것으로서, 압수절차가 적법하였는지 여부에 영향을 받지 않는 별개의 독립적인 증거에 해당한다(대판 2019.11.14. 2019도13290). 따라서 압수절차가 위법하더라도 압수경위'란에 기재된 내용은 증거능력이 있다.

㉣ (×) 조사과정의 영상녹화는 피의자의 경우 알려주면 족하고 참고인의 경우 동의를 얻어야 한다. 따라서 피의자 甲이 촬영을 거부했더라도 영상녹화물을 기억환기를 위한 자료로 활용하는 것은 허용된다. 또한 A에 대한 영상녹화물은 참고인진술조서의 실질적 진정성립을 증명하기 위한 방법으로 사용할 수 있다.

ⓒ (O) 특수공무집행방해치상죄는 부진정결과적 가중범이고 특수상해죄보다 법정형이 높기 때문에 특수공무집행방해치상죄만 성립한다.

정답 ④

문 12 다음 <사례>에 대한 설명으로 옳지 않은 것은? (다툼이 있는 경우 판례에 의함)

―<사례>―

사법경찰관이 수사한 결과를 기재한 수사보고서에 의하면, "X승용차는 A가 구입한 것으로 A가 실질적인 소유주이고, 다만 장애인에 대한 면세 혜택의 적용을 받기 위해 甲의 어머니 乙의 명의를 빌려 등록한 것에 불과하다. 甲은 乙과 공모하여 乙로부터 X승용차 매도에 필요한 자동차등록증 등 모든 서류를 교부받았다. 다음 날 甲은 A가 운전 후 A의 집 앞에 주차해 둔 X승용차를 그 안에 꽂혀 있던 키를 사용하여 몰래 운전해 가 관련 서류를 매수인 B에게 교부하여 X자동차를 매도하였다."라고 기재되어 있다. 사법경찰관은 참고인 A의 피해진술을 조서에 기재하였고, 그 후 공소제기된 甲과 乙이 A에 대한 진술조서에 증거부동의하자 A는 공판기일에 증인으로 출석하여 그 조서에 대한 실질적 진정성립을 인정하고 검사의 주신문에 대하여 진술하였으나, 변호인의 반대신문에 대해서는 특별한 사정이 없음에도 정당한 이유 없이 진술을 거부하였다.

① 위 수사보고서에 기재된 내용 중 X승용차 취거에 관하여 甲과 乙은 절도죄의 공동정범의 죄책을 진다.
② A에 대한 진술조서는 형사소송법 제312조 제4항에 따른 증거능력이 부정된다.
③ 위 수사보고서에 기재된 내용 중 甲이 X승용차를 B에게 매도한 행위는 B에 대한 사기죄를 구성한다.
④ A에 대한 진술조서는 형사소송법 제314조에 따른 증거능력이 부정된다.

해설 ① (O) 공모하고 실행했으므로 공동정범이 성립한다.
② (O) 반대신문권의 보장은 피고인에게 불리한 주된 증거의 증명력을 탄핵할 수 있는 기회가 보장되어야 한다는 점에서 형식적·절차적인 것이 아니라 실질적·효과적인 것이어야 한다. 따라서 피고인에게 불리한 증거인 증인이 주신문의 경우와 달리 반대신문에 대하여는 답변을 하지 아니하는 등 진술 내용의 모순이나 불합리를 그 증인신문 과정에서 드러내어 이를 탄핵하는 것이 사실상 곤란하였고, 그것이 피고인 또는 변호인에게 책임 있는 사유에 기인한 것이 아닌 경우라면, 관계 법령의 규정 혹은 증인의 특성 기타 공판절차의 특수성에 비추어 이를 정당화할 수 있는 특별한 사정이 존재하지 아니하는 이상, 이와 같이 실질적 반대신문권의 기회가 부여되지 아니한 채 이루어진 증인의 법정진술은 위법한 증거로서 증거능력을 인정하기 어렵다(대판 2022.3.17. 2016도17054). 즉, 위 사안에서 피고인 또는 변호인에게 반대신문의 기회가 보장되지 않은 것으로 보아 증거능력이 부정된다.
③ (×) 명의수탁자는 대외관계에서는 소유자이므로, B는 소유권을 취득한다. 따라서 사기죄는 성립하지 않는다.
④ (O) 원진술자가 진술을 거부하는 경우 형사소송법 제314조가 적용되지 않는다.

정답 ③

문 13 甲과 乙은 丙과 공모하여 피해자 A로부터 금품을 갈취한 공소사실로 기소되었는데, 丙은 경찰 수사 단계에서 범행을 자백하는 취지의 진술서를 작성한 이후 갑자기 사망하였다. 검사는 丙의 동생인 B가 丙으로부터 "나는 甲, 乙과 함께 A의 금품을 갈취하였다."라는 말을 들었다는 것을 알고, B를 조사하여 그와 같은 내용의 B에 대한 진술조서를 작성하였다. 甲과 乙은 공판과정에서 위 공소사실을 다투고 있다. 이에 관한 설명 중 옳은 것은? (다툼이 있는 경우 판례에 의함)

① 甲이 사법경찰관이 작성한 乙에 대한 피의자신문조서에 대하여 증거로 함에 동의하지 않은 경우라도 乙이 법정에서 경찰 수사 도중 위 피의자신문조서에 기재된 것과 같은 내용으로 진술하였다는 취지로 증언하였다면 이러한 증언은 甲에 대한 유죄 인정의 증거로 사용할 수 있다.

② 乙이 출석한 공판기일에서 乙을 조사한 사법경찰관이 법정에 증인으로 출석하여 乙에 대한 피의자신문을 하면서 乙이 자백하는 것을 들었던 내용을 증언한 경우, 그 증언은 乙의 진술이 특히 신빙할 수 있는 상태하에서 행하여졌음이 증명된 경우라도 甲의 증거동의가 없는 한 甲에 대한 유죄 인정의 증거로 사용할 수 없다.

③ 丙이 경찰에서 작성한 진술서는 그 작성이 특히 신빙할 수 있는 상태에서 행하여졌음이 증명된다면 甲이 증거로 사용함에 동의하지 않더라도 甲에 대한 유죄 인정의 증거로 사용할 수 있다.

④ B에 대한 진술조서는 B가 증언을 거부하여 진정성립이 인정되지 않더라도 丙이 사망하여 진술할 수 없는 경우에 해당하므로 甲에 대한 유죄 인정의 증거로 사용할 수 있다.

⑤ B에 대한 진술조서는 전문진술을 기재한 서류이므로 乙이 증거동의하더라도 乙에 대한 유죄 인정의 증거로 사용할 수 없다.

> **해설** ① (×) 공동피고인이 법정에서 경찰 수사 도중 피의자신문조서에 기재된 것과 같은 내용으로 진술하였다는 취지로 증언하였다고 하더라도, 이러한 증언은 원진술자인 공동피고인이 그 자신에 대한 경찰 작성의 피의자신문조서의 진정성립을 인정하는 취지에 불과하여 위 조서와 분리하여 독자적인 증거가치를 인정할 것은 아니므로, 위 조서의 증거능력이 부정되는 이상 위와 같은 증언 역시 이를 유죄 인정의 증거로 쓸 수 없다고 보아야 한다(대판 2009.10.15. 2009도1889).
> ② (O) 위 사안에서 乙의 자백을 들었다는 사법경찰관의 진술은 피고인 아닌 자(사법경찰관)의 피고인 아닌 타인(乙)의 원진술을 전문진술하는 것이기 때문에 제316조 제2항에 따라 원진술(乙)이 진술불능일 것을 요하는데, 乙이 출석하여 공범으로 함께 재판받고 있으므로 제316조 제2항 소정 진술불능에 해당하지 않아 증거능력이 없다. 따라서 제316조 제2항의 요건은 탈락된다. 또한 甲의 동의도 없으므로 증거로 쓸 수 없다.
> ③ (×) 피고인과 공범관계에 있는 자들에 대한 사경작성 피신조서와 자술서는 당해 피고인이나 그 변호인이 증거로 함에 동의하지 않으면 그 내용을 인정하지 않는다는 취지로 본다(대판 2004.7.15. 2003도7185 전원합의체). 따라서 丙이 경찰에서 작성한 진술서는 甲이 증거로 동의하지 않으면 甲에 대한 유죄증거로 사용할 수 없다.
> ④ (×) 증언거부는 제314조에 해당하지 않는다.
> ⑤ (×) 동의가 있으면 전문법칙도 증거로 쓸 수 있으므로 유죄인정의 증거로 사용할 수 있다.
>
> **정답** ②

문 14 甲과 乙은 A를 살해하기로 공모하고 A의 집으로 찾아가, 乙이 망을 보고 있는 동안 甲은 가지고 있던 식칼로 A를 찔러 살해하였다. 우연히 이를 목격한 행인 B가 경찰에 신고하였고, 사법경찰관 P는 甲과 乙의 범행 직후 A의 집에 도착하여 그 현장에서 甲을 적법하게 체포하고, 甲으로부터 범행에 사용한 식칼을 임의로 제출받아 압수하면서 즉석에서 현장검증을 실시하여 검증조서를 작성하였다. 한편 P는 위 압수한 식칼에 관하여 사후에 압수영장을 발부받지 않았고, B에 대하여는 진술조서를 작성하였다. 이에 관한 설명 중 옳지 <u>않은</u> 것을 모두 고른 것은? (다툼이 있는 경우 판례에 의함)

> ㉠ P가 실시한 현장검증은 체포현장에서의 검증에 해당하여 영장 없이 할 수 있다.
> ㉡ 甲이 B에 대한 진술조서를 증거로 함에 동의하지 않은 경우라도 위 진술조서에 기재된 B의 주소로 보낸 증인소환장이 주소불명으로 송달되지 않자 검사가 증인신청을 철회하였다면, 위 진술조서를 甲에 대한 유죄 인정의 증거로 사용할 수 있다.
> ㉢ 甲이 B에 대한 진술조서를 증거로 함에 동의하지 않아 B를 증인으로 소환하였으나 B가 증인소환장을 송달받고도 법원의 소환에 계속하여 불응하고 구인장도 집행되지 않아 B에 대한 법정에서의 신문이 불가능한 경우, 검사가 B에 대한 구인장의 강제력에 기하여 B의 법정출석을 위한 가능하고도 충분한 노력을 다하였음에도 불구하고 부득이 B의 법정출석이 불가능하게 되었다는 사정을 입증하더라도 위 진술조서를 甲에 대한 유죄 인정의 증거로 사용할 수 없다.
> ㉣ 검사가 위 식칼을 乙에 대한 증거로 제출하였다면, 乙이 이를 증거로 함에 동의하지 않은 경우라도 乙에 대한 유죄 인정의 증거로 사용할 수 있다.

① ㉡
② ㉠, ㉣
③ ㉡, ㉢
④ ㉠, ㉡, ㉢
⑤ ㉡, ㉢, ㉣

해설
㉠ (○) P는 범행 직후 도착해서 甲을 체포하고 현장검증을 실시했으므로 옳은 지문이다(형사소송법 제216조 제1항 제2호 참조).
㉡ (×) 단순송달불능만으로는 형사소송법 제314조 소정의 진술불능으로 볼 수 없다(대판 2013.10.17. 2013도5001).
㉢ (×) 진술을 요할 자에 대한 소재탐지촉탁 결과 그 소재를 알지 못하게 된 경우 또는 진술을 요할 자가 법원의 소환에 불응하고 그에 대한 구인장이 집행되지 않은 경우가 형사소송법 제314조에 정한 '공판정에 출석하여 진술을 할 수 없는 때'에 해당하고(대판 2005.9.30. 2005도2654), 법원이 증인이 소재불명이거나 그 밖에 이에 준하는 사유로 인하여 진술할 수 없는 때에 해당한다고 인정할 수 있으려면 증인의 법정 출석을 위한 가능하고도 충분한 노력을 다하였음에도 부득이 증인의 법정 출석이 불가능하게 되었다는 사정을 검사가 입증한 경우이어야 한다(대판 2013.10.17. 2013도5001). 따라서 위와 같은 사정을 입증한 경우 위 진술조서를 甲에 대한 유죄 인정의 증거로 사용할 수 있다.
㉣ (○) 甲으로부터 적법하게 임의제출받은 증거물이므로 乙에 대해서도 증거능력이 인정된다.

정답 ③

문 15 甲과 乙은 카드 뒷면에 형광물질로 표시를 하여 특수한 콘택트렌즈를 끼면 상대의 패를 볼 수 있는 특수카드를 이용하여 사기도박을 하기로 공모하고, 피해자 A와 B를 도박장소에 유인하여 처음 40분 동안은 정상적인 도박을 하다가 몰래 특수카드로 바꾼 다음 피해자들의 패를 보면서 도박을 하여 피해자들로부터 각 1,000만 원을 편취하였다. 甲과 乙은 위 범행으로 기소되어 공동피고인으로 재판을 받게 되었다. 이에 관한 설명으로 옳은 것을 모두 고른 것은? (다툼이 있는 경우 판례에 의함)

> ㄱ. 甲과 乙이 처음 40분 동안 한 도박은 사기죄의 실행행위에 포함되는 것이어서 별도로 도박죄가 성립하지 않는다.
> ㄴ. A가 甲과 동거하지 않는 사촌관계인 경우, A가 甲과 乙을 고소하였다가 제1심 법정에서 甲에 대한 고소를 취소하였다면, 법원은 甲과 乙의 A에 대한 사기죄에 대하여 모두 공소기각판결을 선고하여야 한다.
> ㄷ. 甲이 제1심 법정에서 '乙과 함께 사기도박 범행을 저지른 것이 맞다'고 자백하였다면, 위 자백은 乙의 반대신문권이 보장되어 있어 독립한 증거능력이 있다.
> ㄹ. 검찰에서 B에 대한 참고인 진술조서가 작성되고 B가 제1심 법정에 증인으로 출석하여 정당한 사유 없이 증언을 거부하였다면, 위 진술조서는 특별한 사정이 없는 한 형사소송법 제314조에 따라 증거능력이 있다.

① ㄱ, ㄴ ② ㄱ, ㄷ ③ ㄴ, ㄹ
④ ㄷ, ㄹ ⑤ ㄱ, ㄷ, ㄹ

해설 ㄱ (○) 대판 2011.1.13. 2010도9330
ㄴ (×) 사기죄에 관한 친족 간 특례가 적용되는 자는 피해자 A와 친족관계인 甲뿐이므로 甲에 대하여는 형사소송법 제327조 제5호 소정의 공소기각사유가 인정되지만, 乙에게는 실체판결을 선고해야 한다.
ㄷ (○) 甲과 乙은 사기죄의 공동정범이므로 상호 간 공범인 공동피고인이며, 일방의 법정자백은 타방에 대해 증거능력이 있다.
ㄹ (×) 수사기관에서 진술한 참고인이 법정에서 증언을 거부하여 피고인이 반대신문을 하지 못한 경우에는 정당하게 증언거부권을 행사한 것이 아니라도, 피고인이 증인의 증언거부상황을 초래하였다는 등의 특별한 사정이 없는 한 형사소송법 제314조의 '그 밖에 이에 준하는 사유로 인하여 진술할 수 없는 때'에 해당하지 않는다(대판 2019.11.21. 2018도13945 전원합의체).

정답 ②

문 16 전문법칙의 예외에 관한 설명 중 가장 적절한 것은? (다툼이 있는 경우 판례에 의함)

① 사법경찰관이 적법한 절차와 방식에 따라 작성한 검증조서에 피의자 아닌 자의 진술이 기재된 경우, 그 진술이 영상녹화물에 의하여 증명되고 공판기일에서 작성자인 사법경찰관의 진술에 따라 그 성립의 진정함이 증명된 때에는 증거로 할 수 있다.

② A는 살인현장을 목격한 친구 B가 "甲이 길가던 여자를 죽였다."라고 말한 내용을 자필 일기장에 작성하였고, 훗날 이 일기장이 甲의 살인죄 공판에 증거로 제출된 경우, 이 일기장은 형사소송법 제313조 제1항의 진술기재서(류)에 해당된다.

③ 자기에게 맡겨진 사무를 처리한 내역을 그때 그때 계속적, 기계적으로 기재한 문서라 하더라도 불법적인 업무과정에서 작성한 문서는 신용성이 없으므로 당연히 증거능력이 인정되지 않는다.

④ 甲이 살인죄로 공소제기된 공판에서 A가 증인으로 출석하여 교통사고로 사망한 B가 생전에 자신에게 "甲이 C를 살해하는 것을 보았다."라는 말을 한 적이 있다고 진술한 경우, B의 진술이 특히 신빙할 수 있는 상태하에서 행하여졌음이 증명된 때에 한하여 이를 증거로 할 수 있다.

해설 ① (×) 사법경찰관이 작성한 검증조서에 피의자 아닌 자의 진술이 기재된 경우 이는 형사소송법 제312조 제6항이 적용되지 않고 제312조 제4항이 적용되는 참고인진술조서로 보아야 한다. 따라서 사법경찰관 앞에서 진술한 내용과 동일하게 기재되어 있음이 원진술자의 공판준비 또는 공판기일에서의 진술이나 영상녹화물 또는 그 밖의 객관적인 방법에 의하여 증명되고 피고인 또는 변호인이 공판준비 또는 공판기일에 그 기재내용에 관하여 원진술자를 신문할 수 있었던 때에는 증거로 할 수 있다. 다만, 그 조서에 기재된 진술이 특히 신빙할 수 있는 상태하에서 행하여졌음이 증명된 때에 한한다(제312조 제4항).

② (×) 자필일기장(들은 내용을 그대로 받아적은게 아니라 일기장에 작성)은 전문진술이 기재된 서류이고 제316조에 해당한다. 제313조 제1항의 진술기재서류가 되려면 불러주는 걸 그대로 받아 적어야 한다.

③ (×) 상업장부나 항해일지, 진료일지 또는 이와 유사한 금전출납부 등과 같이 범죄사실의 인정 여부와는 관계없이 자기에게 맡겨진 사무를 처리한 내역을 그때그때 계속적, 기계적으로 기재한 문서는 사무처리 내역을 증명하기 위하여 존재하는 문서로서 형사소송법 제315조 제2호에 의하여 당연히 증거능력이 인정된다(대판 2017.12.5. 2017도12671).

④ (○) 피고인 아닌 자의 공판준비 또는 공판기일에서의 진술이 피고인 아닌 타인의 진술을 그 내용으로 하는 것인 때에는 원진술자가 사망, 질병, 외국거주, 소재불명 그 밖에 이에 준하는 사유로 인하여 진술할 수 없고, 그 진술이 특히 신빙할 수 있는 상태하에서 행하여졌음이 증명된 때에 한하여 이를 증거로 할 수 있다(형사소송법 제316조 제2항). 원진술자인 B가 사망하였으므로 B의 진술이 특히 신빙할 수 있는 상태하에서 행하여졌음이 증명된 때에 한하여 이를 증거로 할 수 있다.

정답 ④

문 17 전문증거에 관한 설명 중 가장 적절하지 않은 것은? (다툼이 있는 경우 판례에 의함)

① 녹음파일에 담긴 진술 내용의 진실성이 증명의 대상이 되는 때에는 전문법칙이 적용된다고 할 것이나, 녹음파일에 담긴 진술 내용의 진실성이 아닌 그와 같은 진술이 존재하는 것 자체가 증명의 대상이 되는 경우에는 전문법칙이 적용되지 아니한다.
② "피해자로부터 '피고인이 자신을 추행했다'는 취지의 말을 들었다."라는 A의 진술을 "피고인이 자신을 추행했다."라는 피해자의 진술 내용의 진실성을 증명하는 간접사실로 사용하는 경우에는 전문증거에 해당하지 않는다.
③ 전문증거라도 당사자가 동의한 경우에는 전문법칙이 적용되지 않으며, 증인의 신용성을 탄핵하기 위한 탄핵증거로 제출된 경우에도 전문법칙이 적용되지 않는다.
④ A에 대한 사기죄로 공소제기된 甲의 공판에서 甲이 자신의 처에게 보낸 "내가 A를 속여 투자금을 받았는데 그 돈을 송금한다."라는 내용의 문자 메시지가 증거로 제출되었다면 이 메시지는 전문증거에 해당한다.

해설 ① (○) 대판 2015.1.22. 2014도10978 전원합의체
② (×) 어떤 진술 내용의 진실성이 범죄사실에 대한 직접증거로 사용될 때는 전문증거가 되지만, 그와 같은 진술을 하였다는 것 자체 또는 진술의 진실성과 관계없는 간접사실에 대한 정황증거로 사용될 때는 반드시 전문증거가 되는 것이 아니다. 그러나 어떠한 내용의 진술을 하였다는 사실 자체에 대한 정황증거로 사용될 것이라는 이유로 진술의 증거능력을 인정한 다음 그 사실을 다시 진술 내용이나 그 진실성을 증명하는 간접사실로 사용하는 경우에 그 진술은 전문증거에 해당한다. 그 진술에 포함된 원진술의 내용인 사실을 증명하는 데 사용되어 원진술의 내용인 사실이 요증사실이 되기 때문이다(대판 2021.2.25. 2020도17109). 따라서 피해자의 진술 내용의 진실성을 증명하는 간접사실로 사용하는 경우에는 전문증거에 해당한다.
③ (○) 형사소송법 제318조 제1항, 제318조의2 제1항
④ (○) 원진술의 내용의 진실이 요증사실이므로 전문증거에 해당한다. 위 사안에서 A의 사기죄 사건에 대해서는 A가 보낸 문자메시지의 진실성이 요증사실이 되므로 전문증거이다.

정답 ②

문 18 다음 <사례>에 대한 설명으로 옳지 <u>않은</u> 것은? (다툼이 있는 경우 판례에 의함)

―<사례>―
甲은 관급공사를 수주받기 위하여 공무원 乙에게 뇌물을 제공하고, 乙은 그 뇌물을 받은 혐의로 함께 기소되어 공동피고인으로 재판을 받고 있다. 검사는 사법경찰관 작성의 공범 甲에 대한 피의자신문조서와 乙에 대한 진술조서 및 乙의 진술을 적법하게 녹화한 영상녹화물을 증거로 제출하였다. 甲에 대한 피의자신문조서에는 甲이 乙에게 뇌물을 제공했다고 자백한 사실이 기재되어 있다.

① 乙의 진술이 담긴 영상녹화물은 乙의 공소사실을 직접 증명하는 독립적인 증거로 사용할 수 없다.
② 甲이 자신에 대한 피의자신문조서의 내용을 인정했더라도 乙이 공판기일에 甲에 대한 피의자신문조서의 내용을 부인하면 甲에 대한 피의자신문조서는 乙에게 증거능력이 없다.
③ 乙에 대한 진술조서는 乙에 대한 피의자신문조서로 보아야 한다.
④ 만약 공판이 진행되던 중 甲이 사망한 경우에는 甲에 대한 피의자신문조서는 특신상태만 증명되면 乙의 공소사실을 증명하는 증거로 사용할 수 있다.

해설
① (O) 영상녹화물은 본증으로 사용할 수 없다.
② (O) 사법경찰관 작성의 공동피고인에 대한 피의자신문조서는 형사소송법 제312조 제3항이 적용되므로 내용을 부인하면 증거로 사용할 수 없다.
③ (O) 범죄혐의를 조사한 것이므로 피의자신문조서로 보아야 한다.
④ (×) 사법경찰관 작성의 피의자신문조서는 형사소송법 제314조가 적용되지 않는다.

정답 ④

문 19 다음 <사례>에 대한 설명 중 옳은 것은 모두 몇 개인가? (다툼이 있는 경우 판례에 의함)

―<사례>―
甲은 A를 인적이 드문 곳으로 유인한 후, 권총으로 살해하였다. 범행장면은 현장 인근의 건물에 적법하게 설치된 CCTV에 녹화되었다. 사법경찰관 P는 CCTV 관리자가 녹화저장장치에서 甲의 범행장면이 복사된 이동식 저장장치(이하 'USB')를 건네주자 이를 압수하였다. 이후 P는 권총의 구매경위를 수사하기 위하여 甲의 이메일 계정을 압수하였다. 압수된 이메일에는 B가 甲에게 "권총을 구매하여 택배로 보냈다."라는 내용이 있었다. 검사는 甲을 살인죄로 기소하면서 USB와 이메일 파일을 증거로 제출하였다.

㉠ USB에 저장된 파일이 복사과정에서 편집되는 등 인위적 개작 없이 원본 내용을 그대로 복사한 사본이라는 점이 증명되어야 한다.
㉡ CCTV에 녹화된 甲의 얼굴 등은 개인정보에 해당하지만 CCTV 관리자가 정보주체의 동의 없이 임의제출하였더라도 위법수집증거에 해당하지 않는다.
㉢ USB에 저장된 CCTV 영상이 범죄 당시 현장의 영상이라는 사실이 요증사실인 경우에는 전문법칙이 적용되지 않는다.
㉣ 이메일 작성자인 B가 증인으로 출석하여 "甲에게 이메일을 보낸 기억이 없다."라고 진술한 경우에는 과학적 분석결과에 기초한 디지털포렌식 자료, 감정 등 객관적 방법으로 성립의 진정함이 증명되는 때에도 증거로 할 수 없다.

① 1개 ② 2개 ③ 3개 ④ 4개

해설 ㉠ (○) 대판 2015.1.22. 2014도10978 전원합의체
㉡ (○) 국가정보원 수사관이 피씨(PC)방과 △△대학교 측으로부터 해당 폐쇄회로 텔레비전(CCTV) 영상녹화물과 개인용 컴퓨터(PC) 사용정보를 임의제출받았고, 그중 폐쇄회로 텔레비전(CCTV) 영상녹화물은 개인정보 보호법상 개인정보에 해당하나 그 임의제출로 인한 피고인의 사생활이나 개인의 권익에 대한 침해 정도와 피고인이 행한 범죄의 중대성 등을 비롯한 공익을 비교형량하면 위와 같은 임의제출로 취득한 폐쇄회로 텔레비전(CCTV) 영상녹화물 등이 위법수집증거여서 증거능력이 부정된다고 할 수 없다(대판 2017.11.29. 2017도9747).
㉢ (○) CCTV 영상내용이 진실한지가 문제되는 것이 아니라 범죄 당시 현장의 영상이라는 사실 자체가 증거가 되는 경우에 해당하는 것이므로, 전문법칙이 적용되지 않는다.
㉣ (×) 제313조 제2항에 따라 진술서의 작성자가 공판준비나 공판기일에서 그 성립의 진정을 부인하는 경우에는 과학적 분석결과에 기초한 디지털포렌식 자료, 감정 등 객관적 방법으로 성립의 진정함이 증명되는 때에는 증거로 할 수 있다. 다만, 피고인 아닌 자가 작성한 진술서는 피고인 또는 변호인이 공판준비 또는 공판기일에 그 기재 내용에 관하여 작성자를 신문할 수 있었을 것을 요한다.

정답 ③

MEMO

MEMO